BLポーズ集

[**❻ セレブ篇**]

監修 北上れん

■ イラスト使用例

北上れん先生が掲載写真を使ってイラストを描きました。

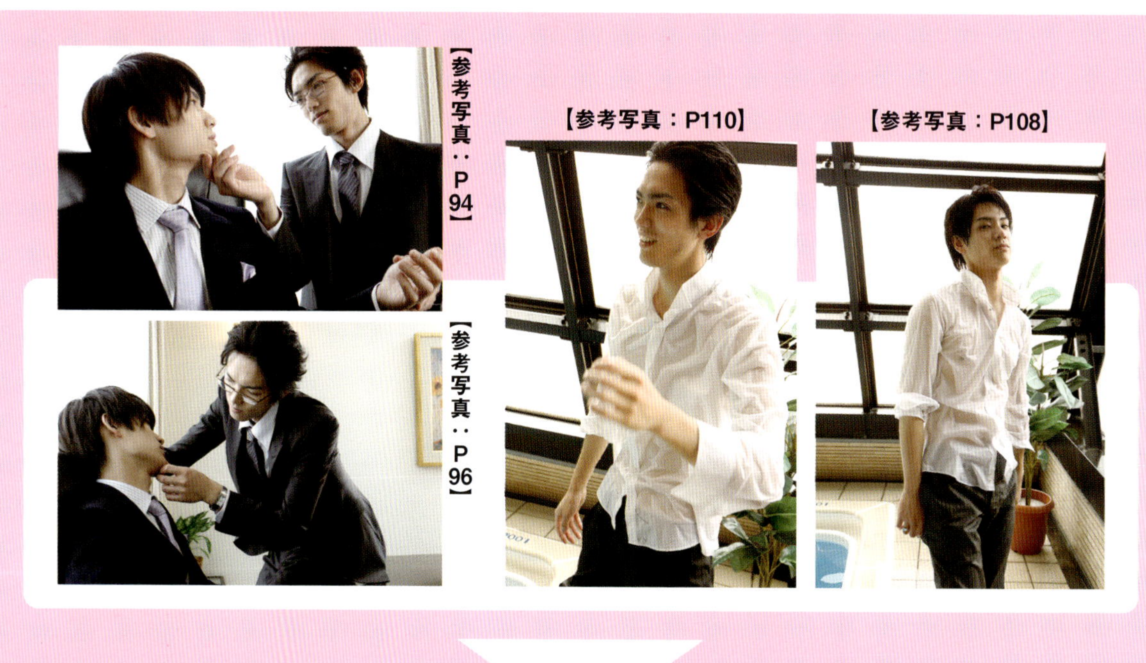

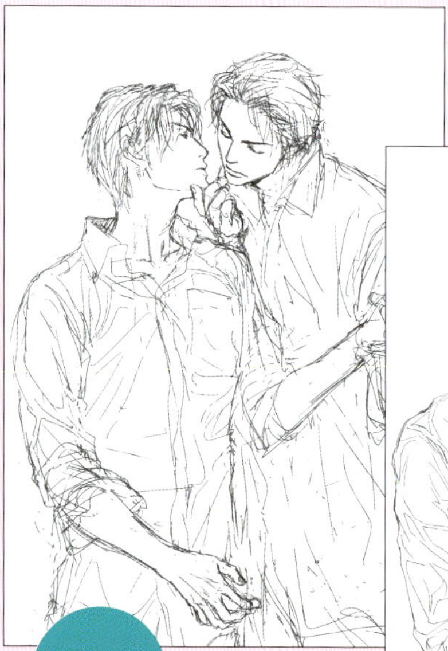

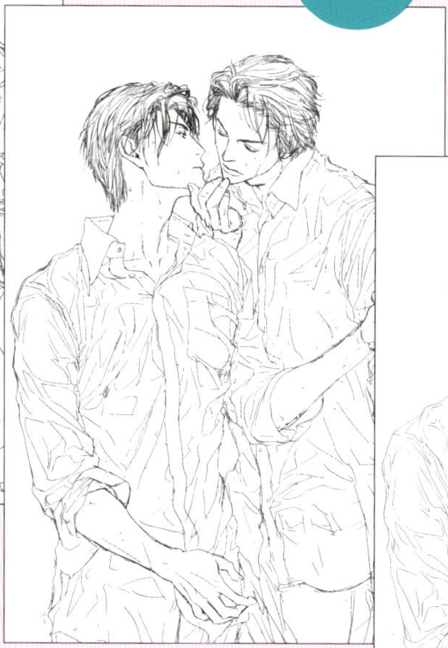

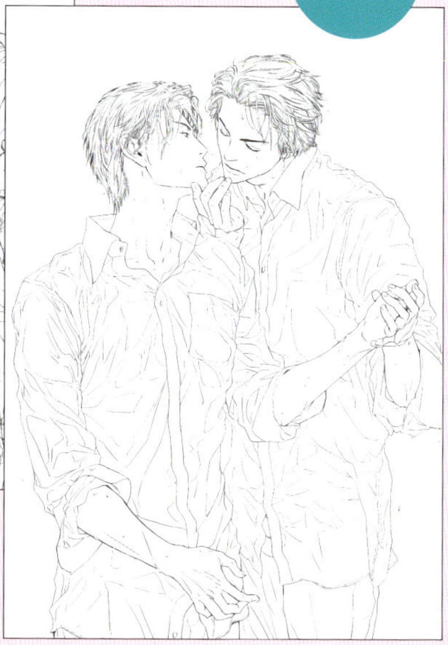

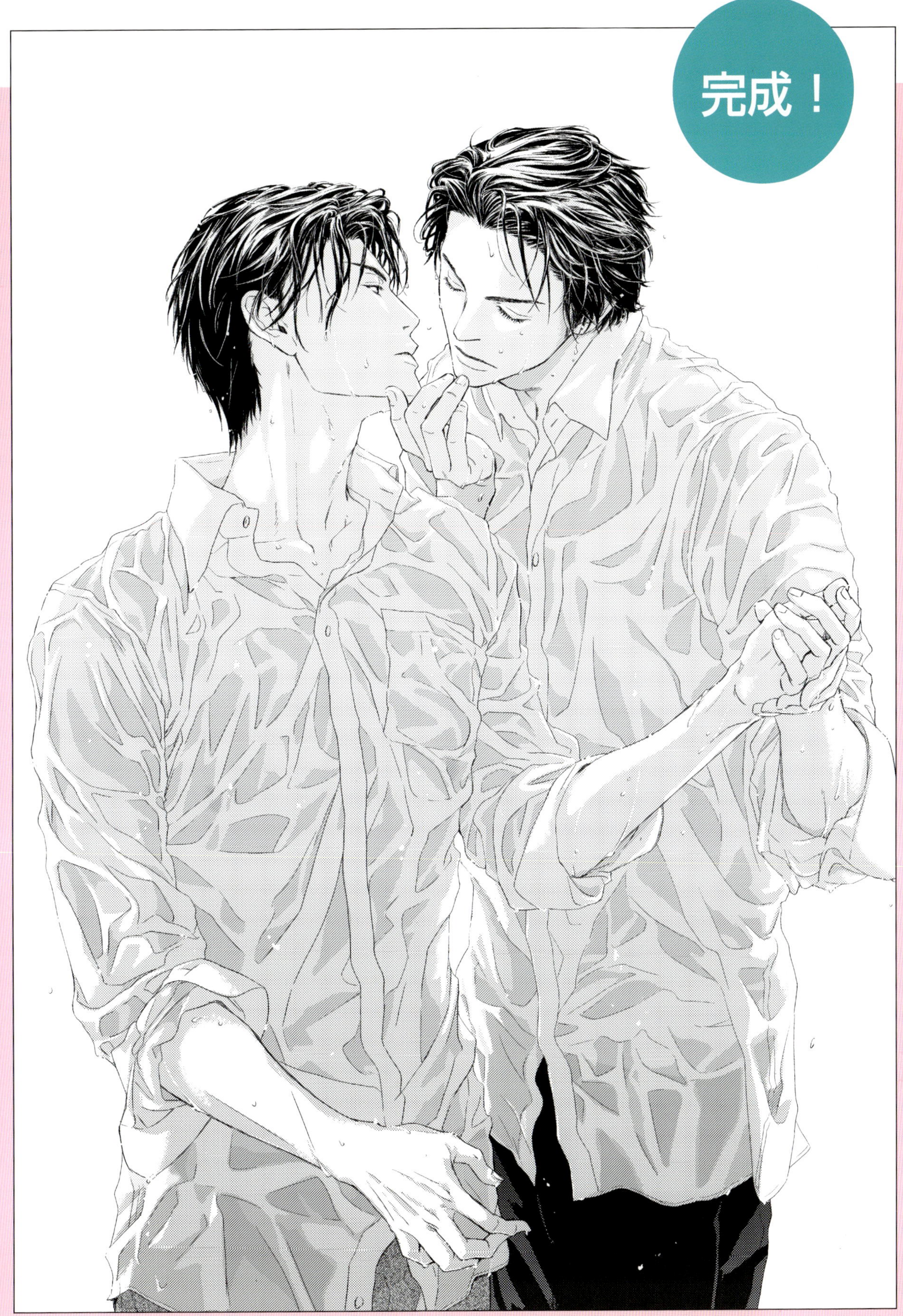

完成！

BLポーズ集 contents
[❻ セレブ篇]

設定

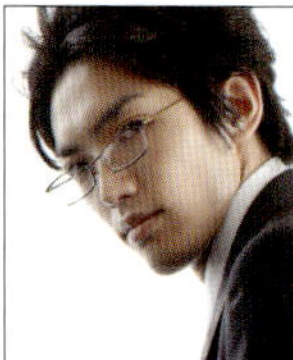

【攻】
社長秘書。仕事も家事も完璧にこなし、ちょっと口うるさいくらいに世話をやきまくるところがある。社長の面倒をみることが好き。去年の社長の誕生日には指輪をプレゼント（社長の右手薬指に注目！）。今年の誕生日は真紅の薔薇とシャンパンを用意してプロポーズする予定。

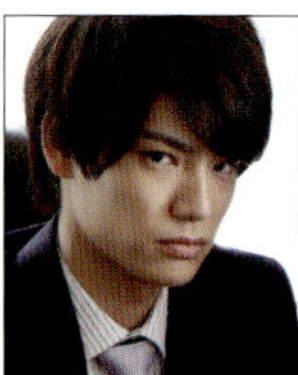

【受】
財閥御曹司。現在経営しているのは実家関係なく自分で起こしたエンターテイメント会社。無防備で秘書になにかとお任せしちゃうところがあるが、一企業の代表取締役としての統率力や手腕はある。実は世話焼きの秘書の好きなようにさせてあげている。とっても甘え上手。

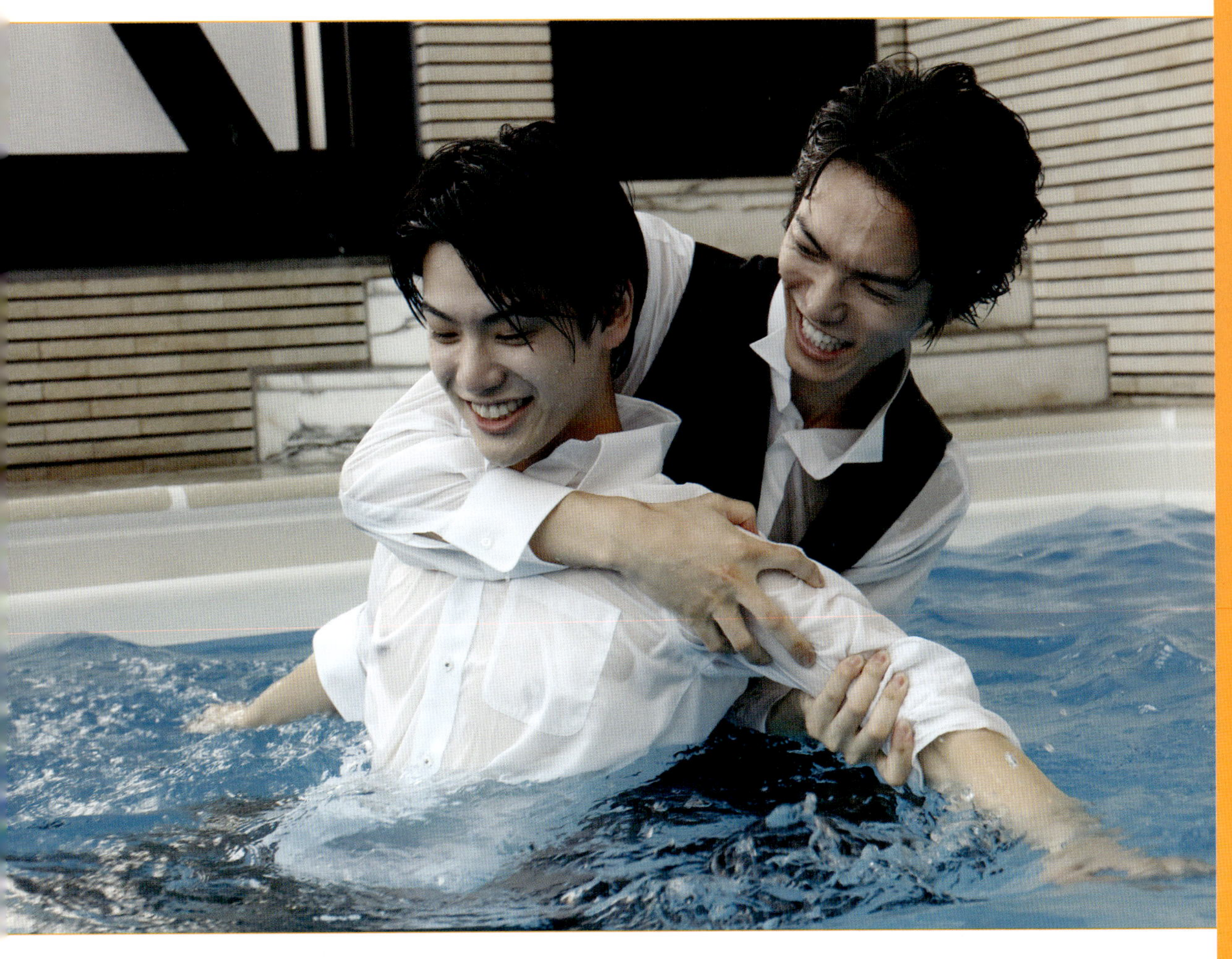

SUNDAY MORNING
- AFTERNOON

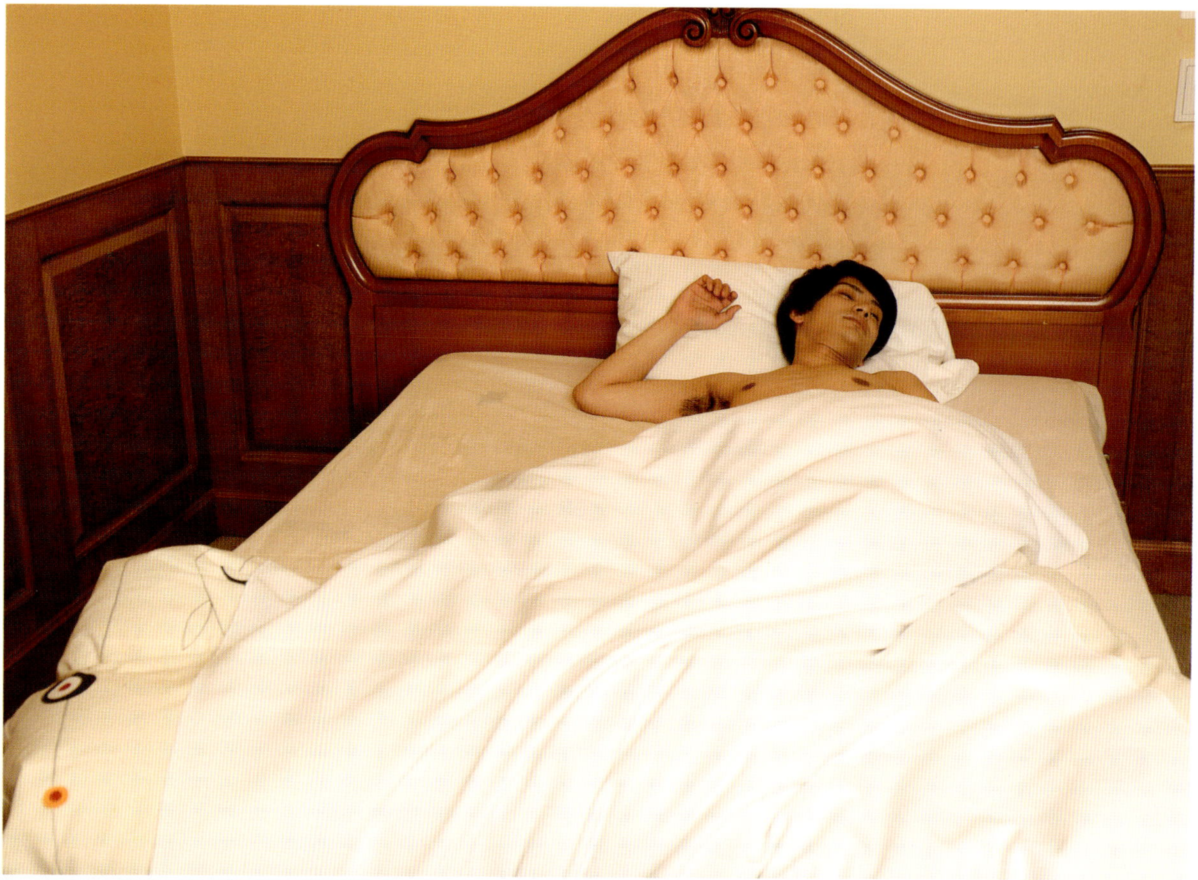

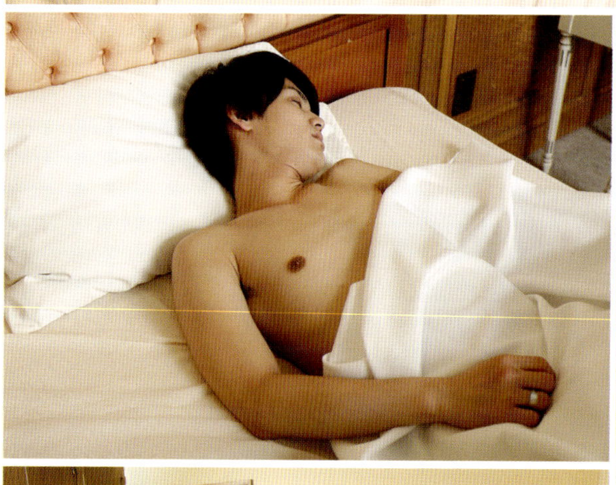

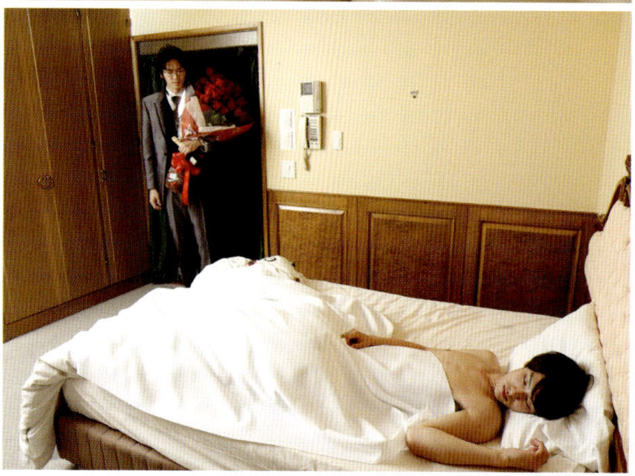

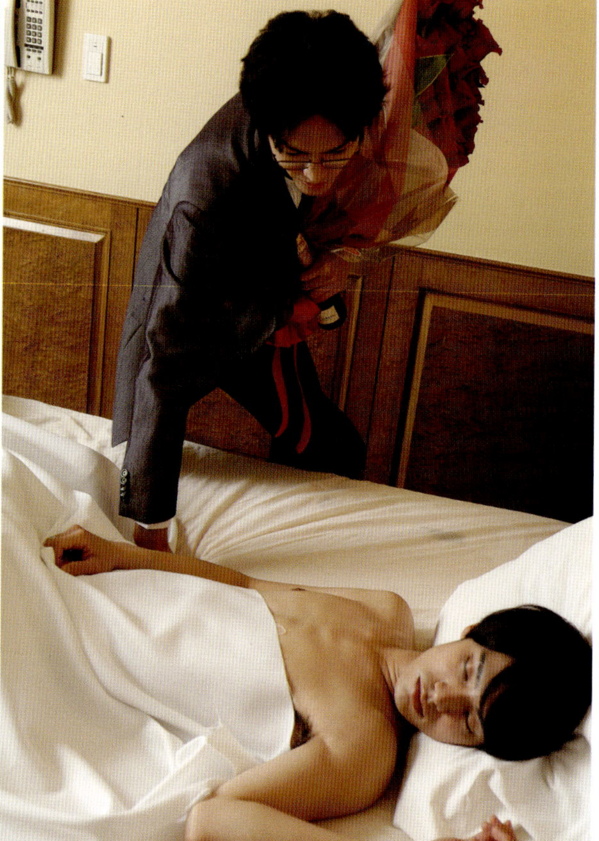

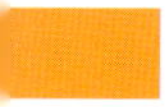

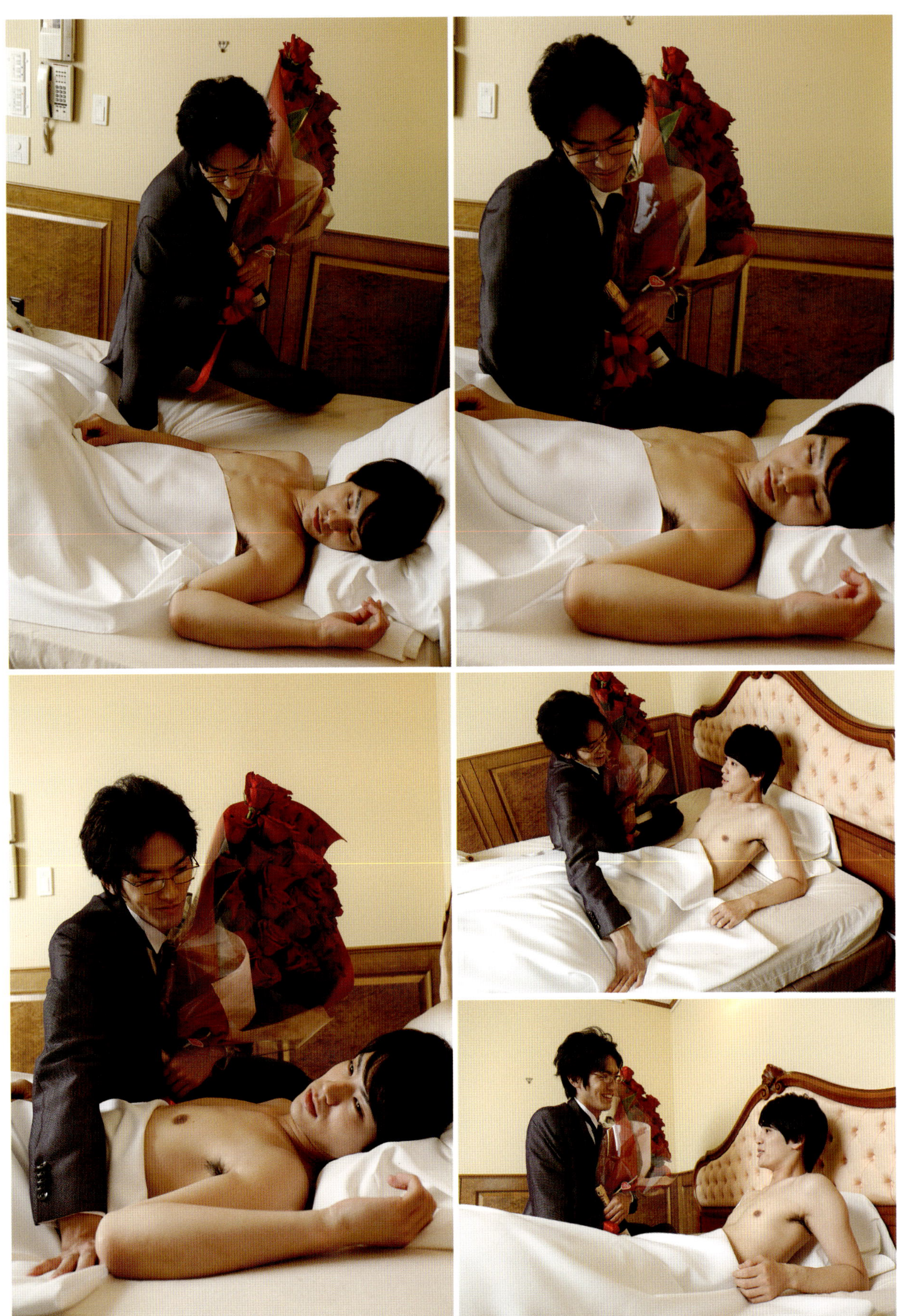

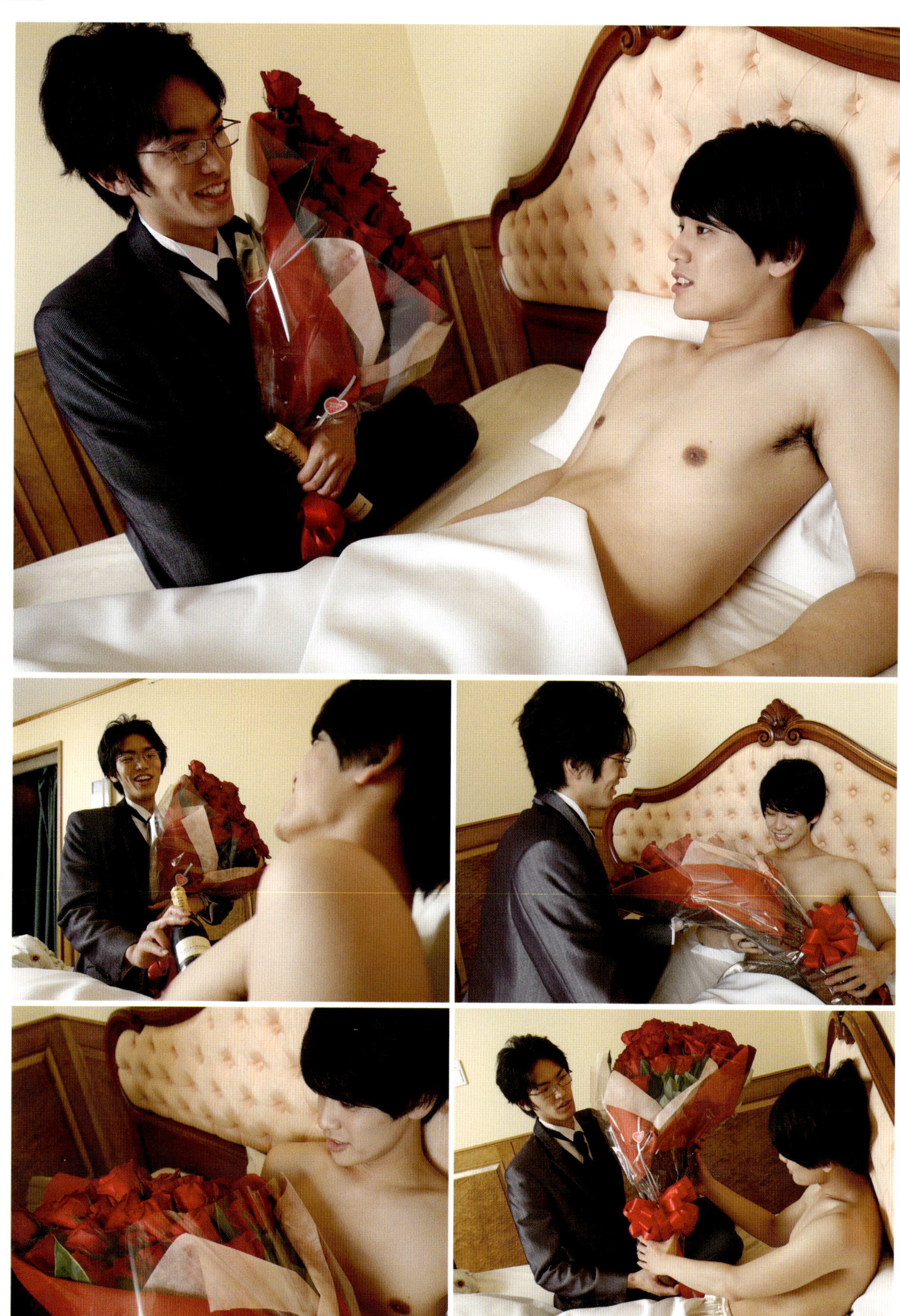

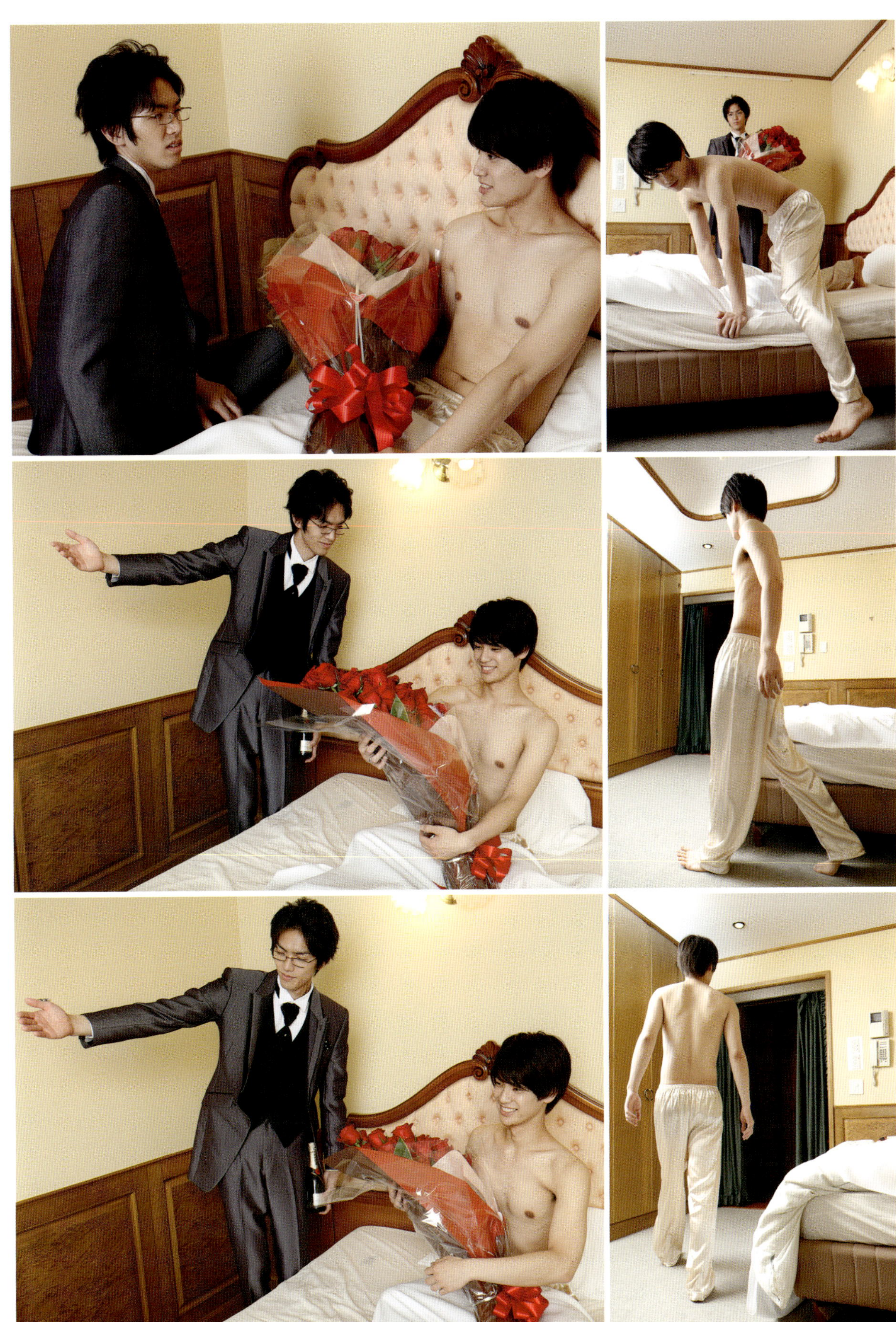

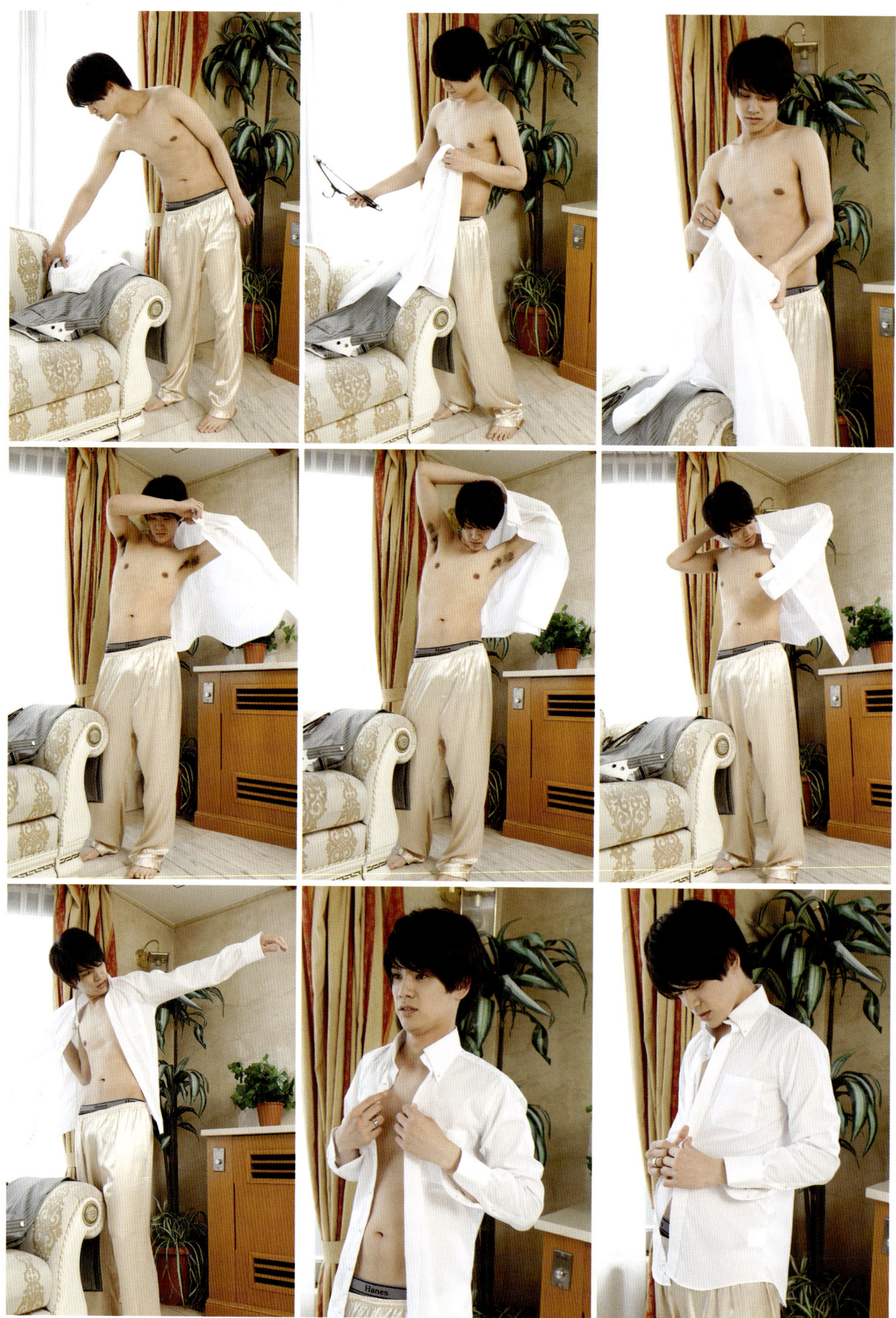

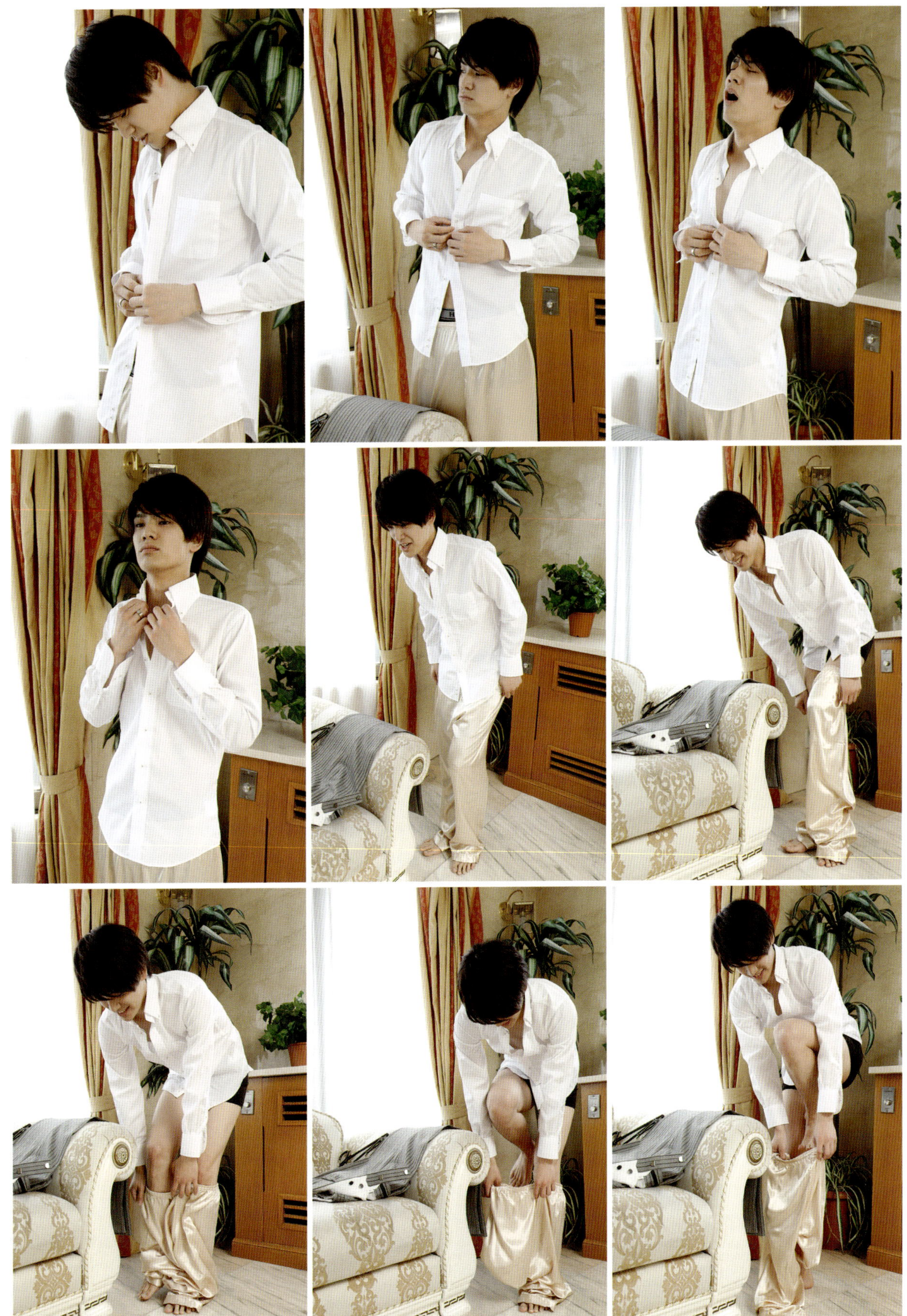

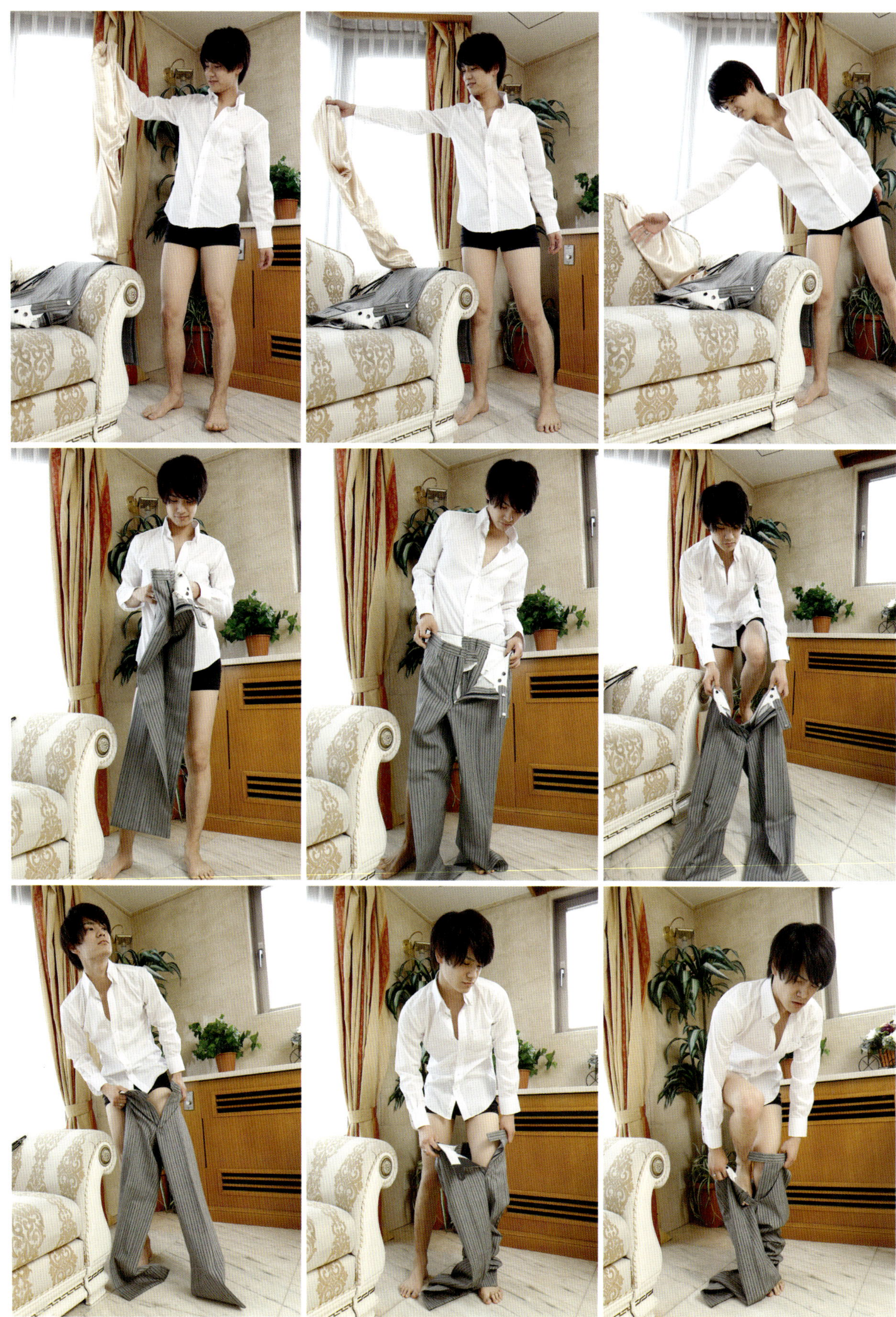

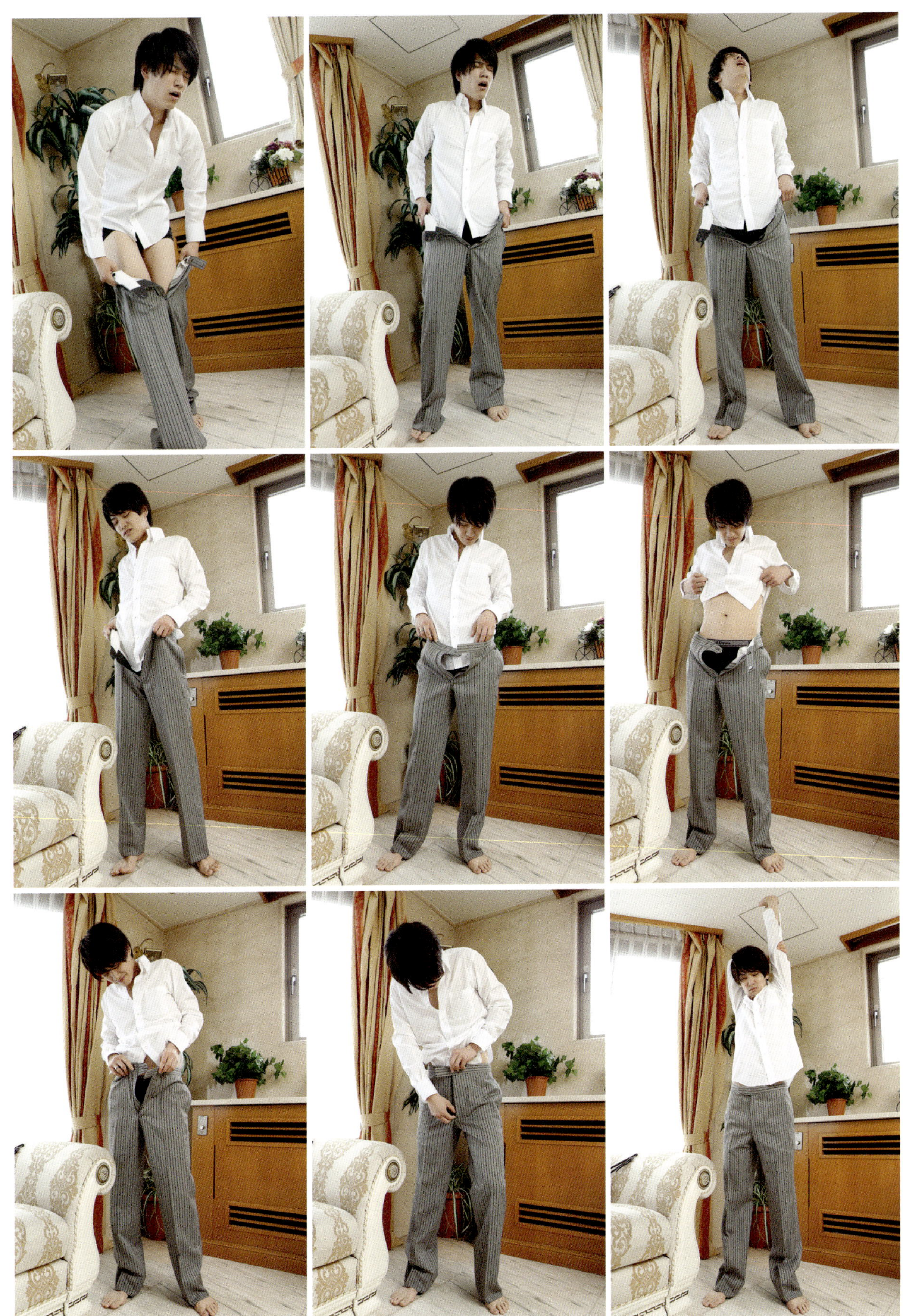

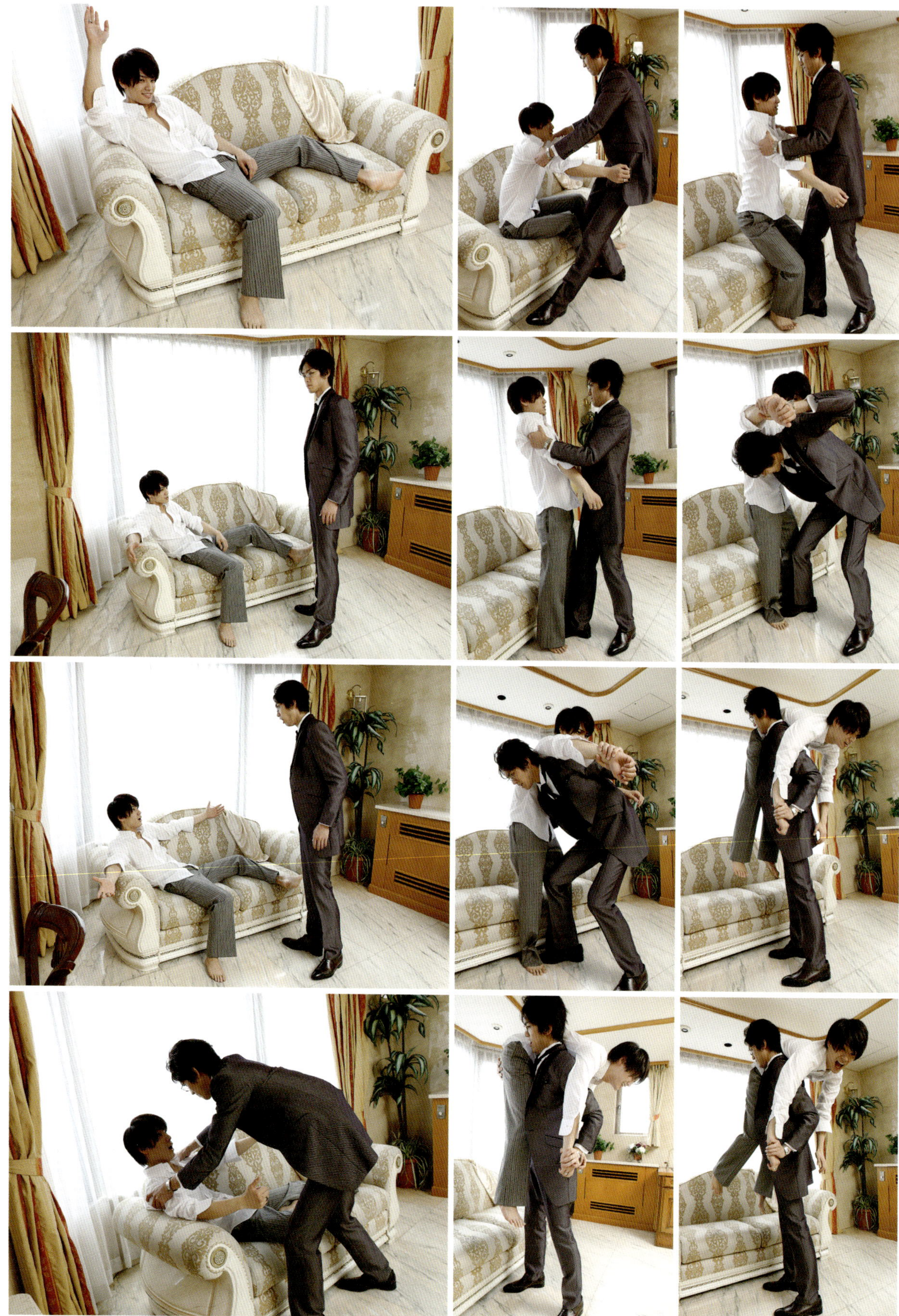

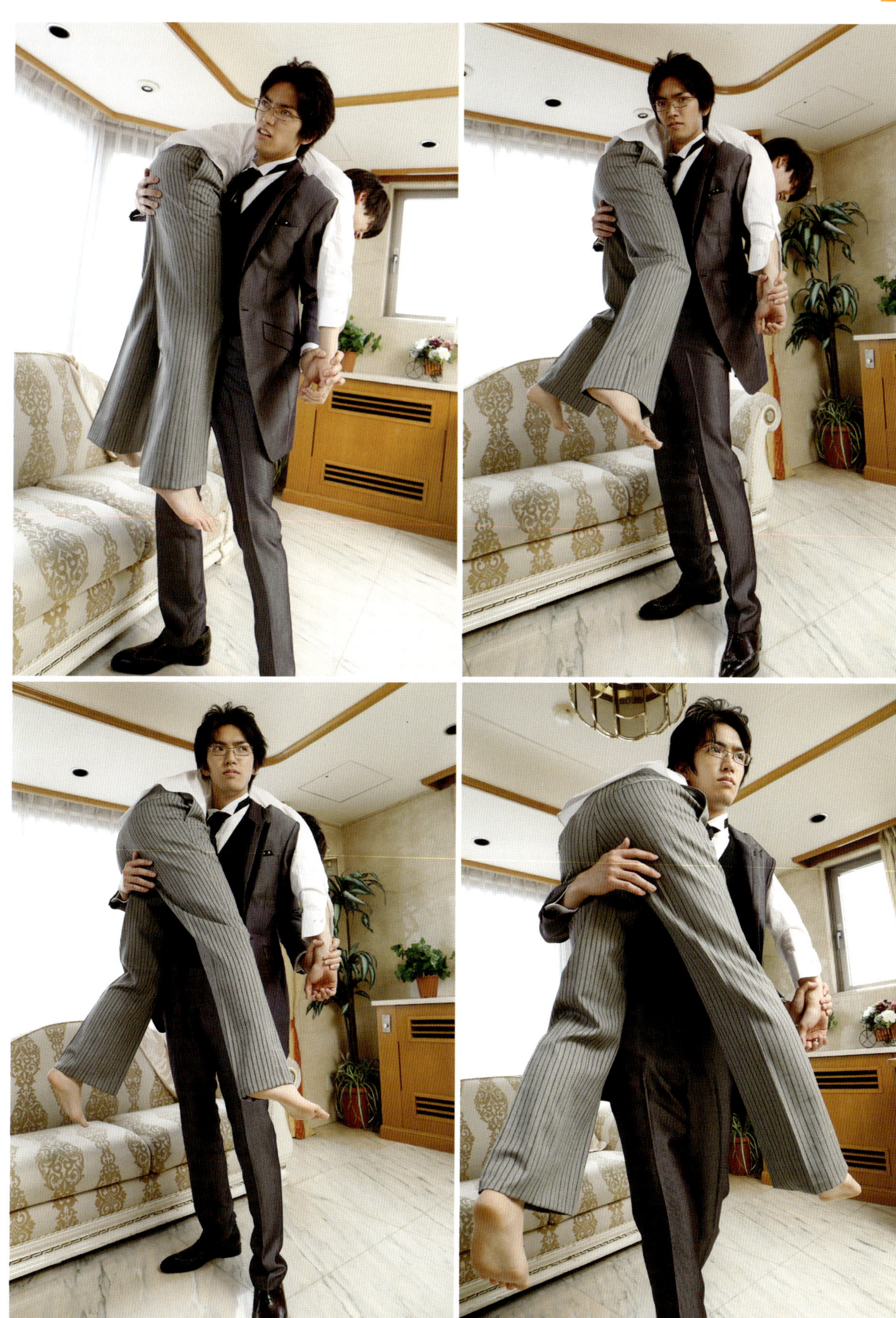

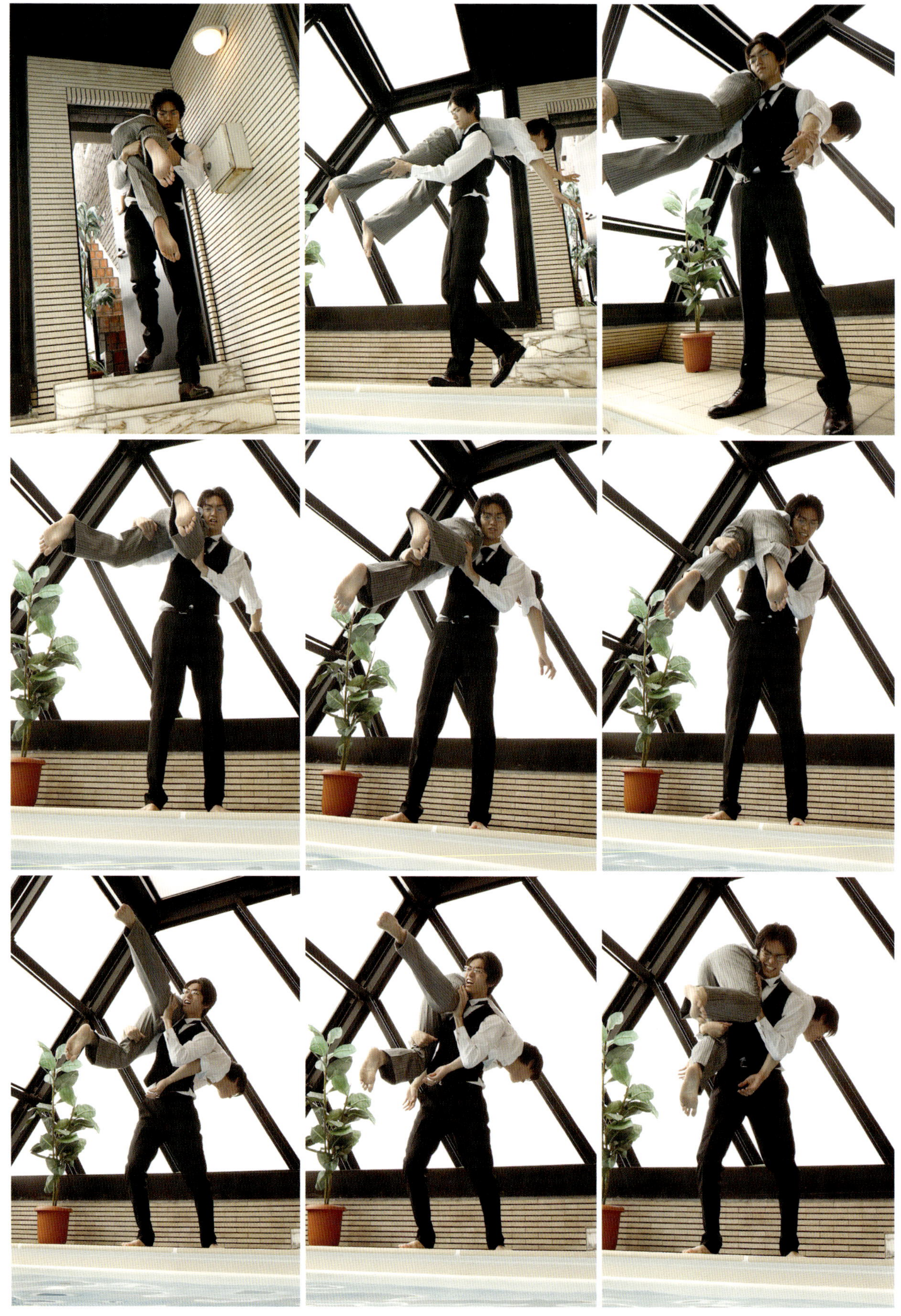

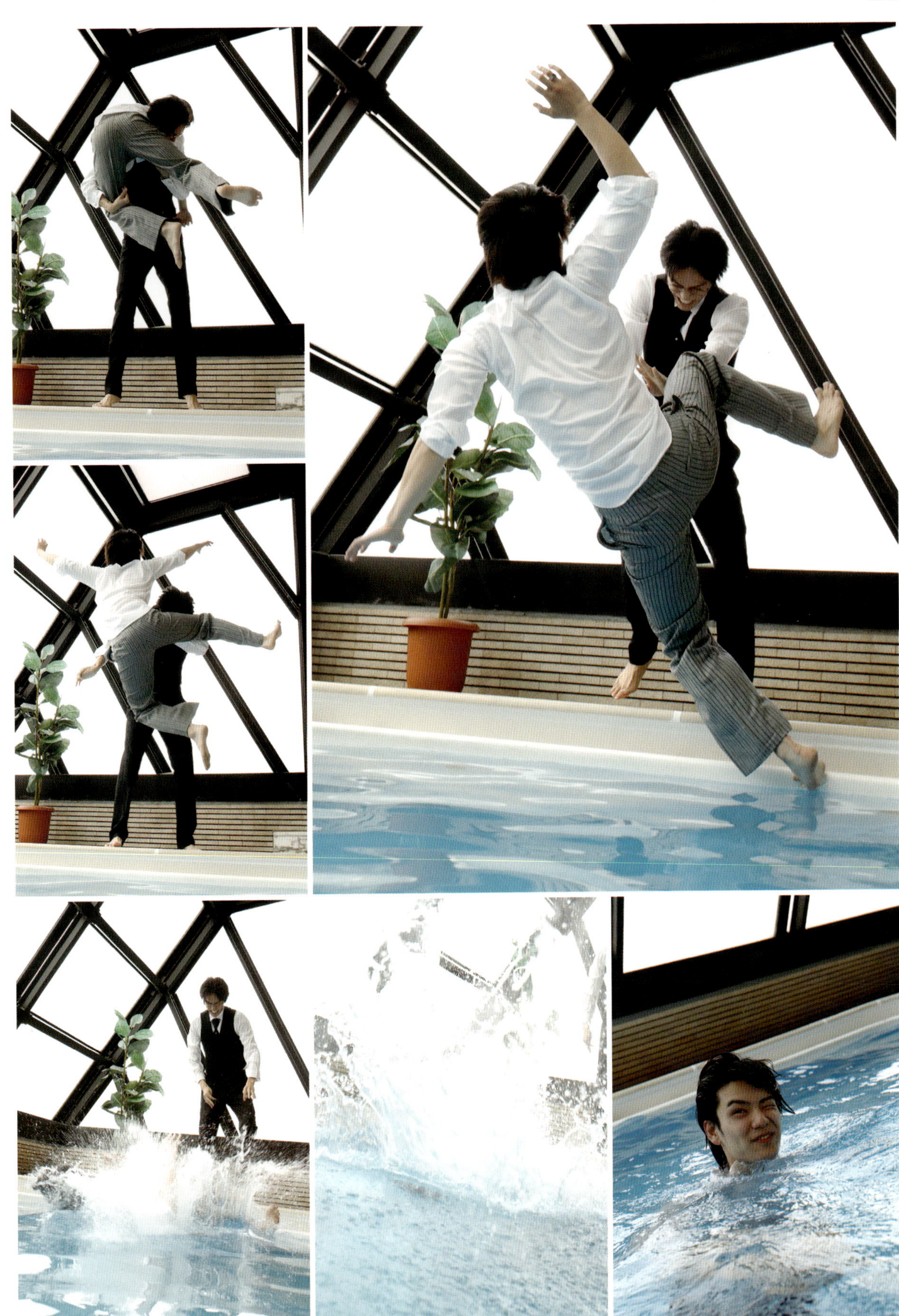

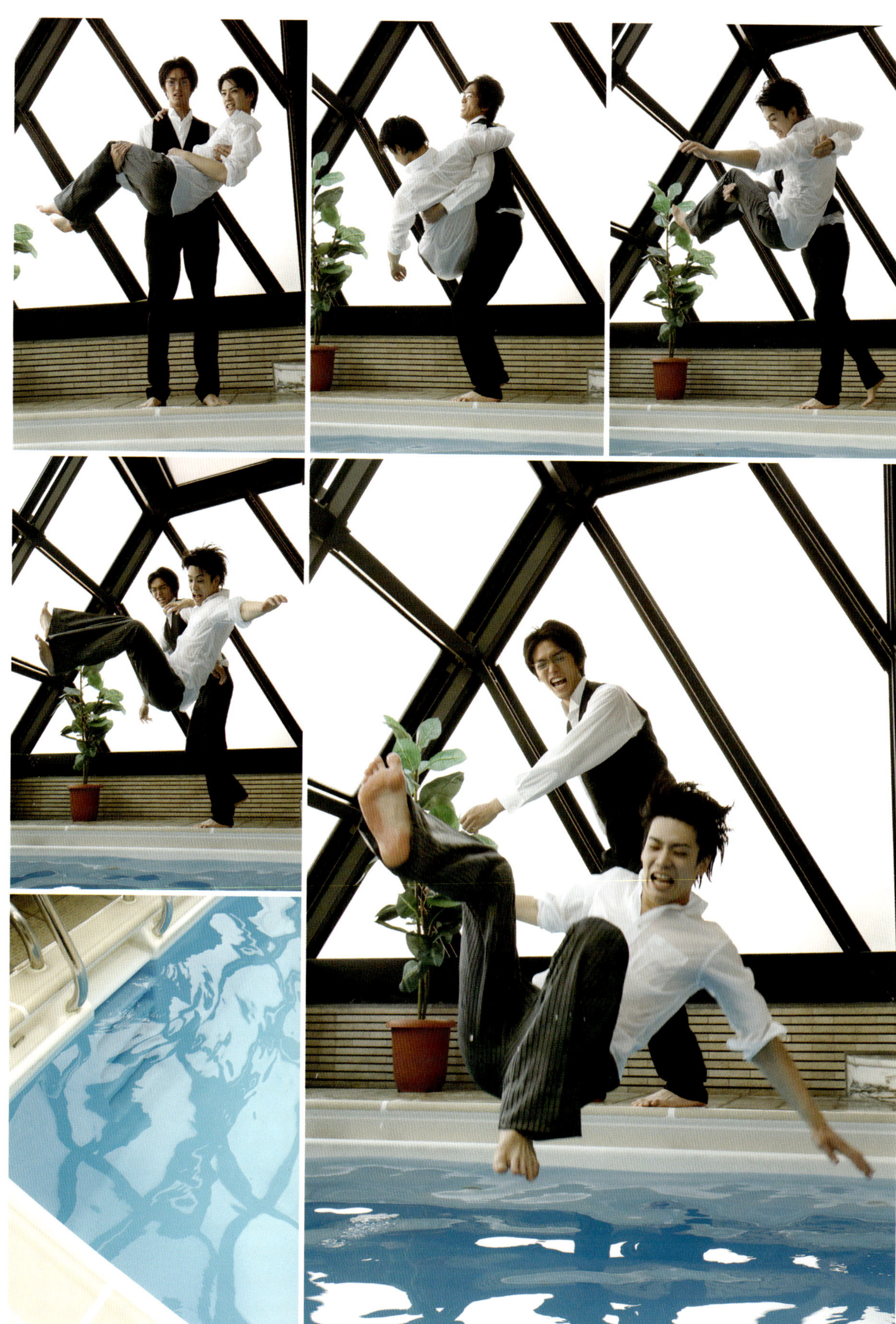

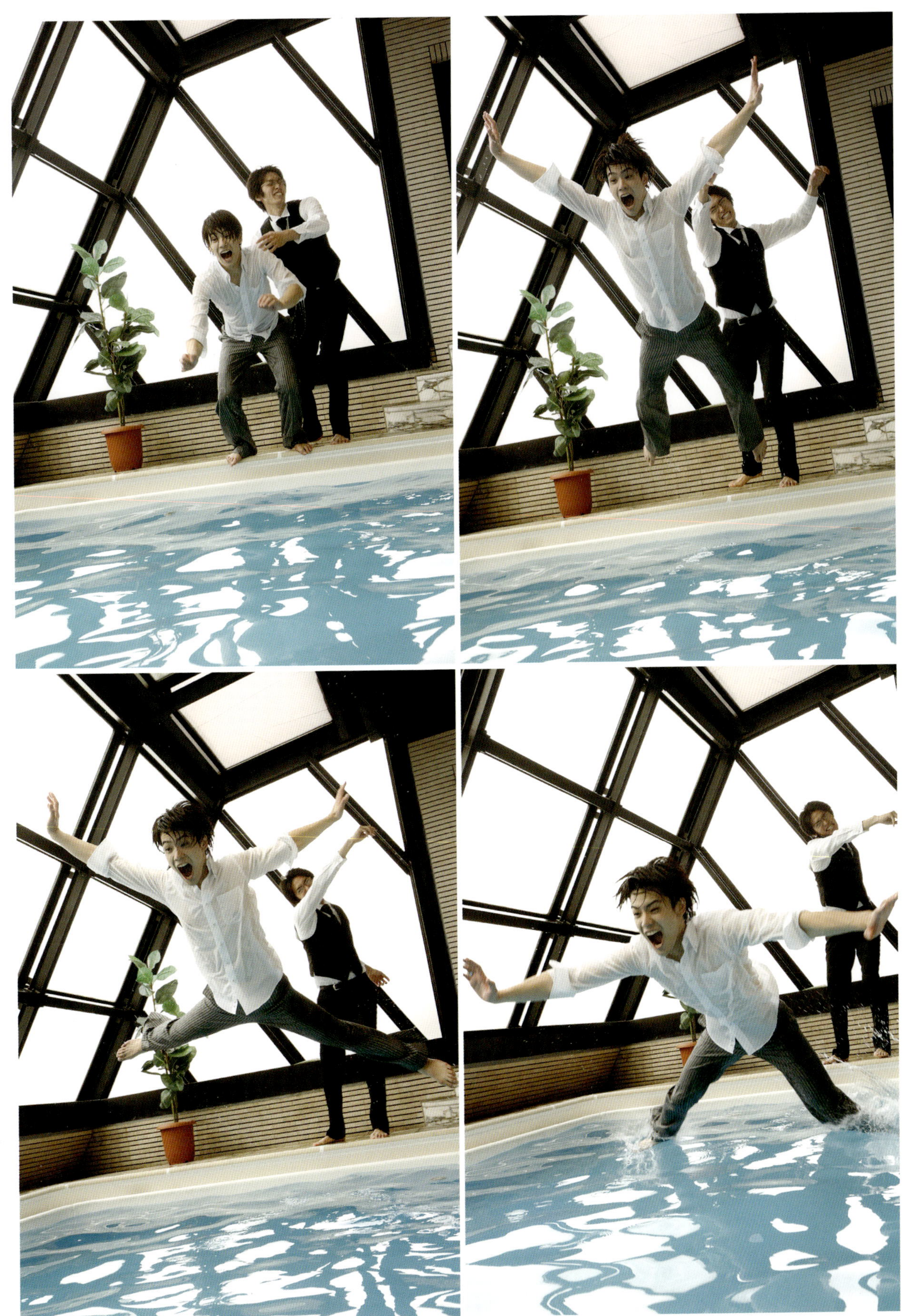

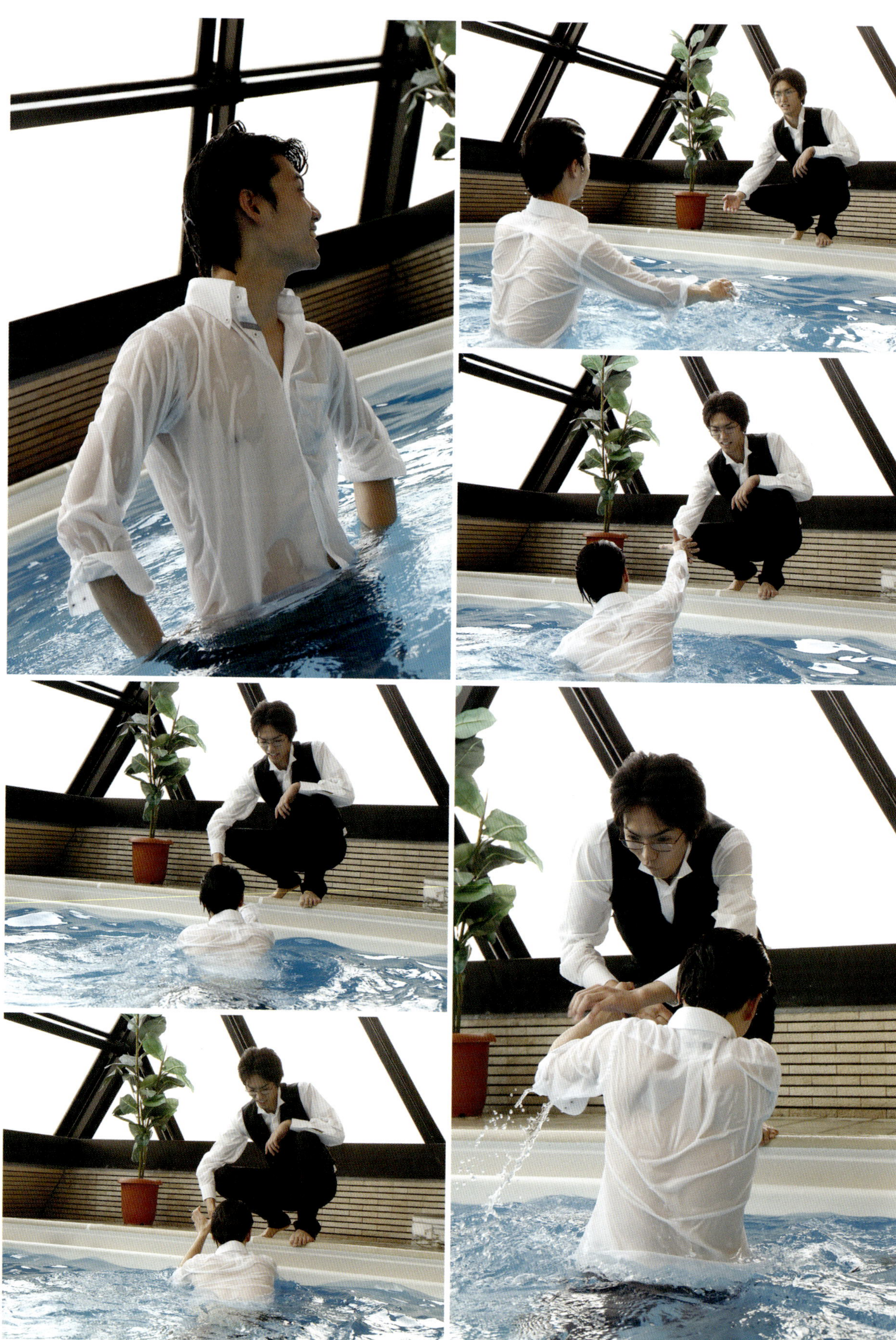

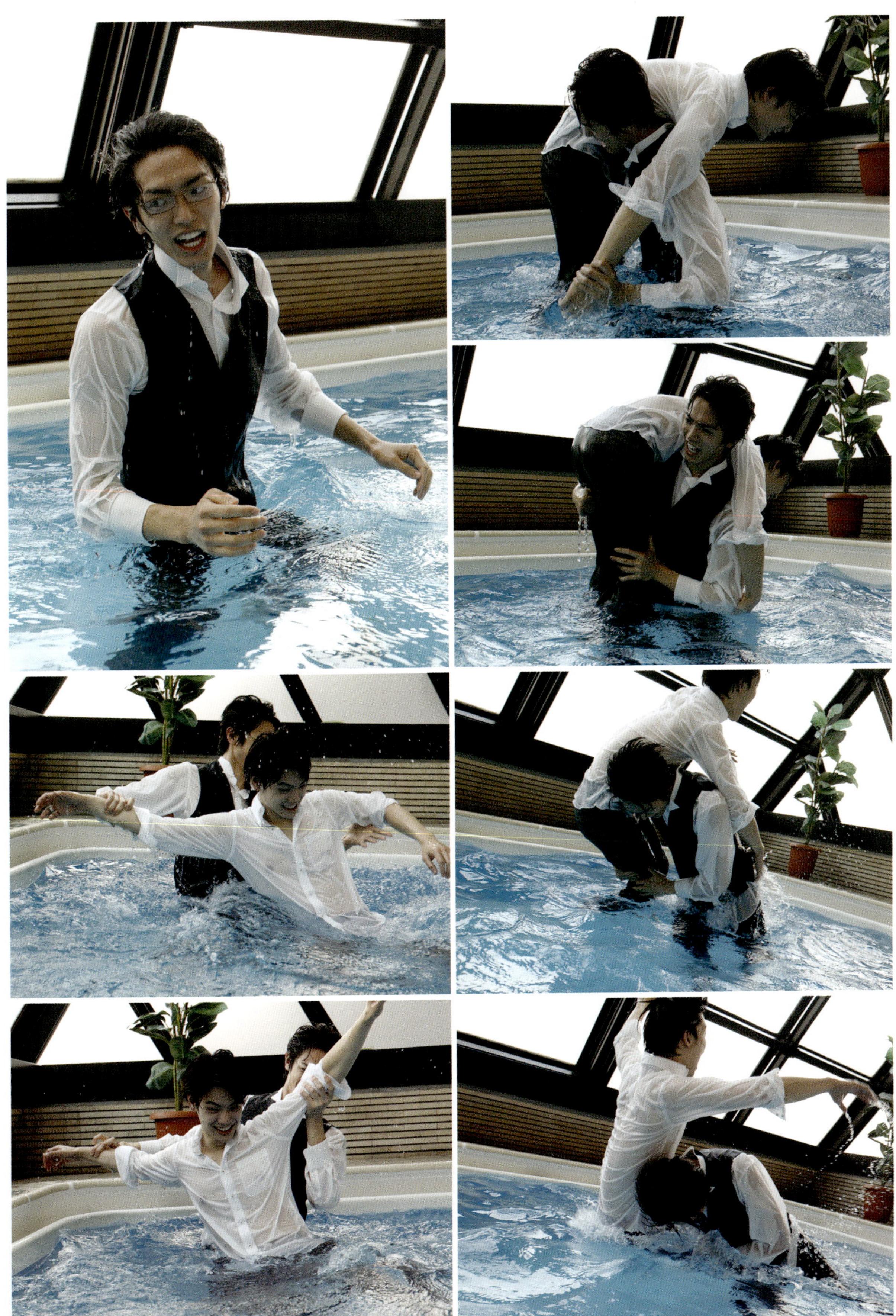

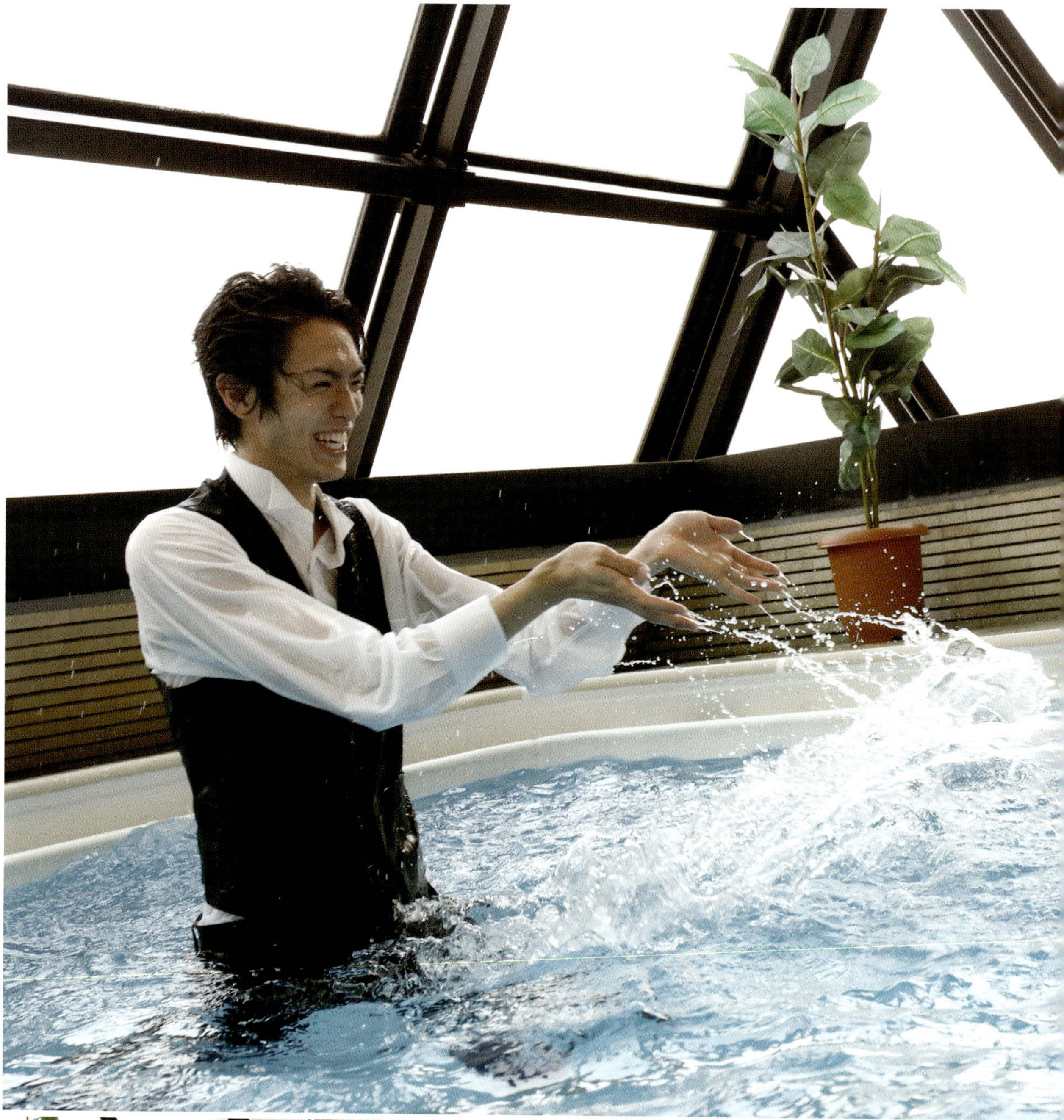

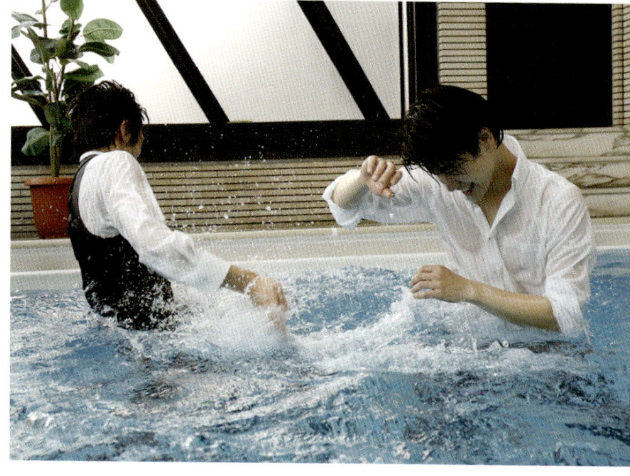

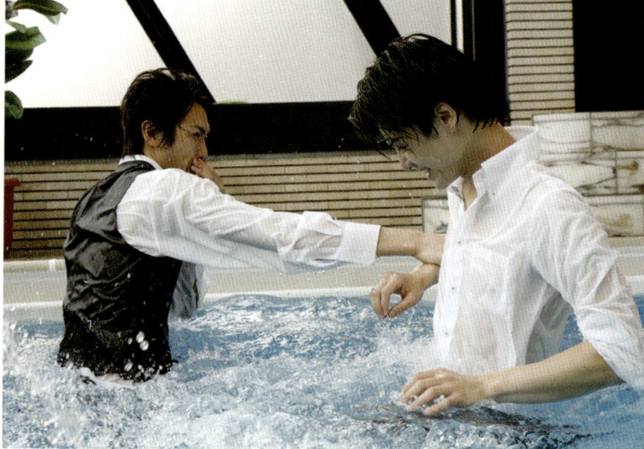

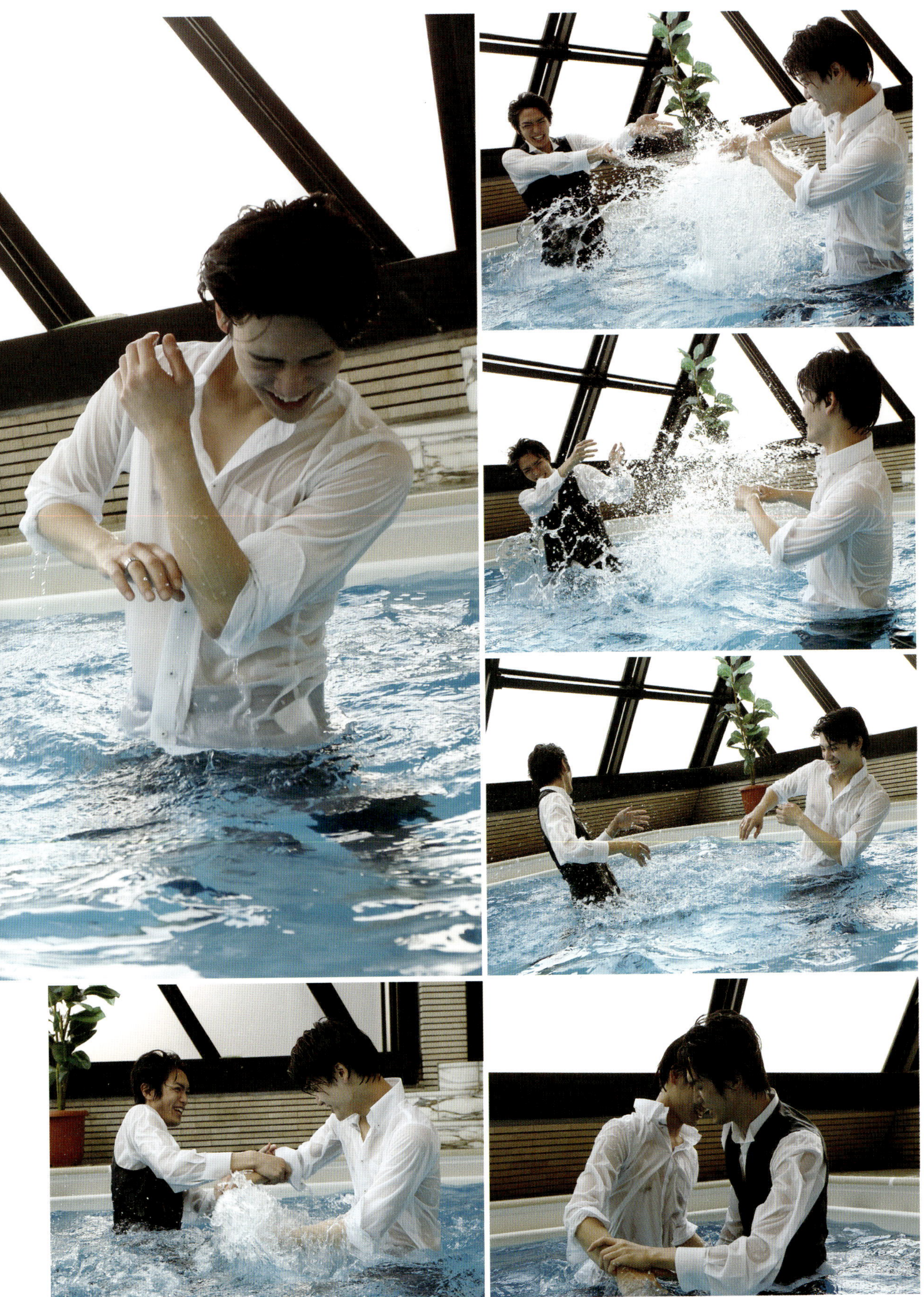

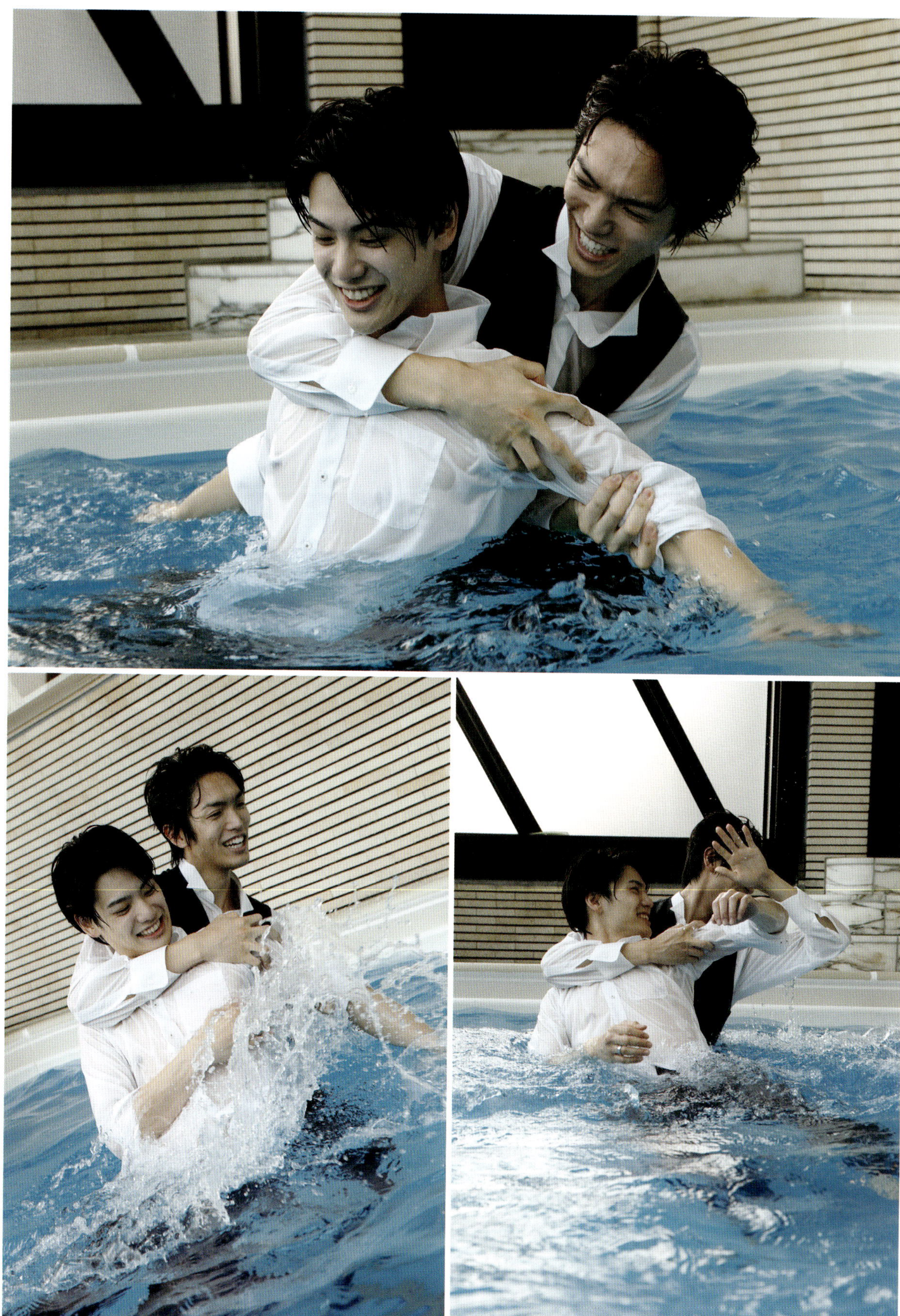

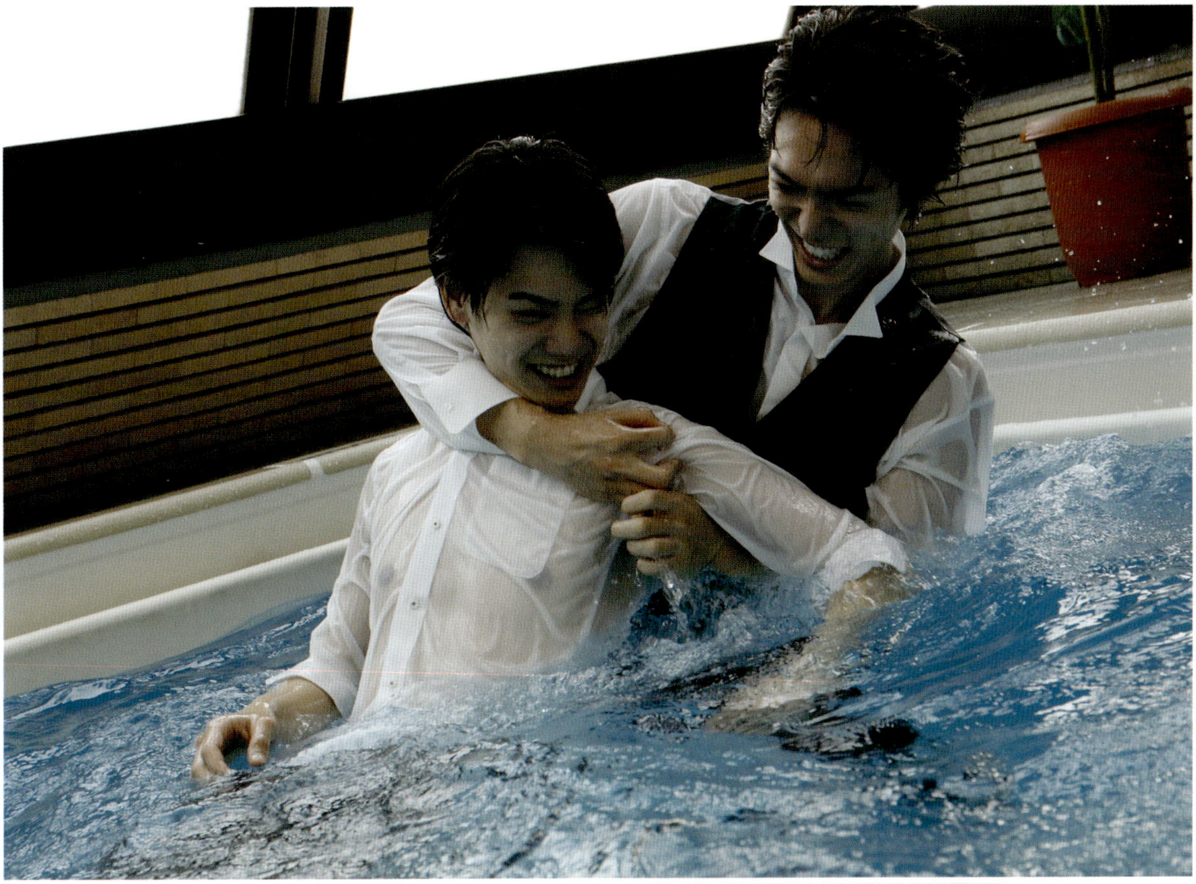

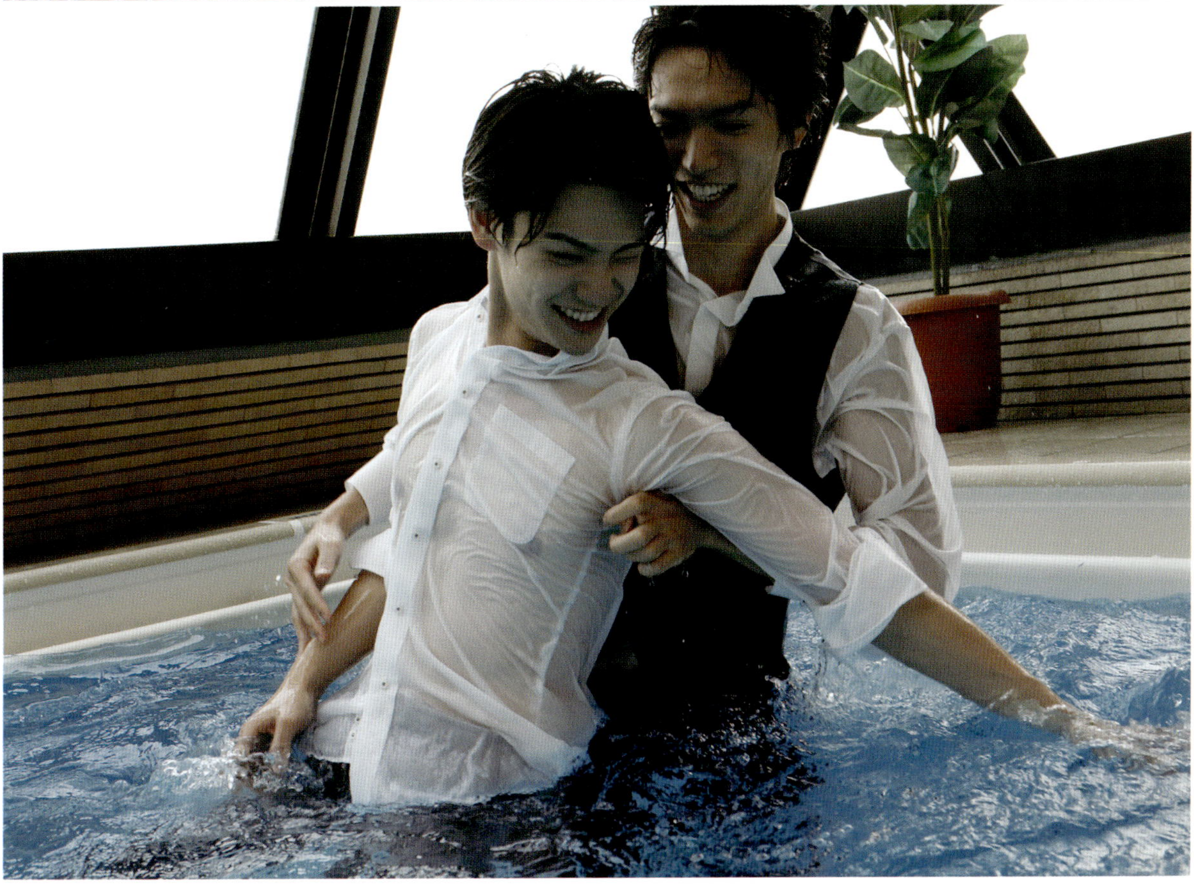

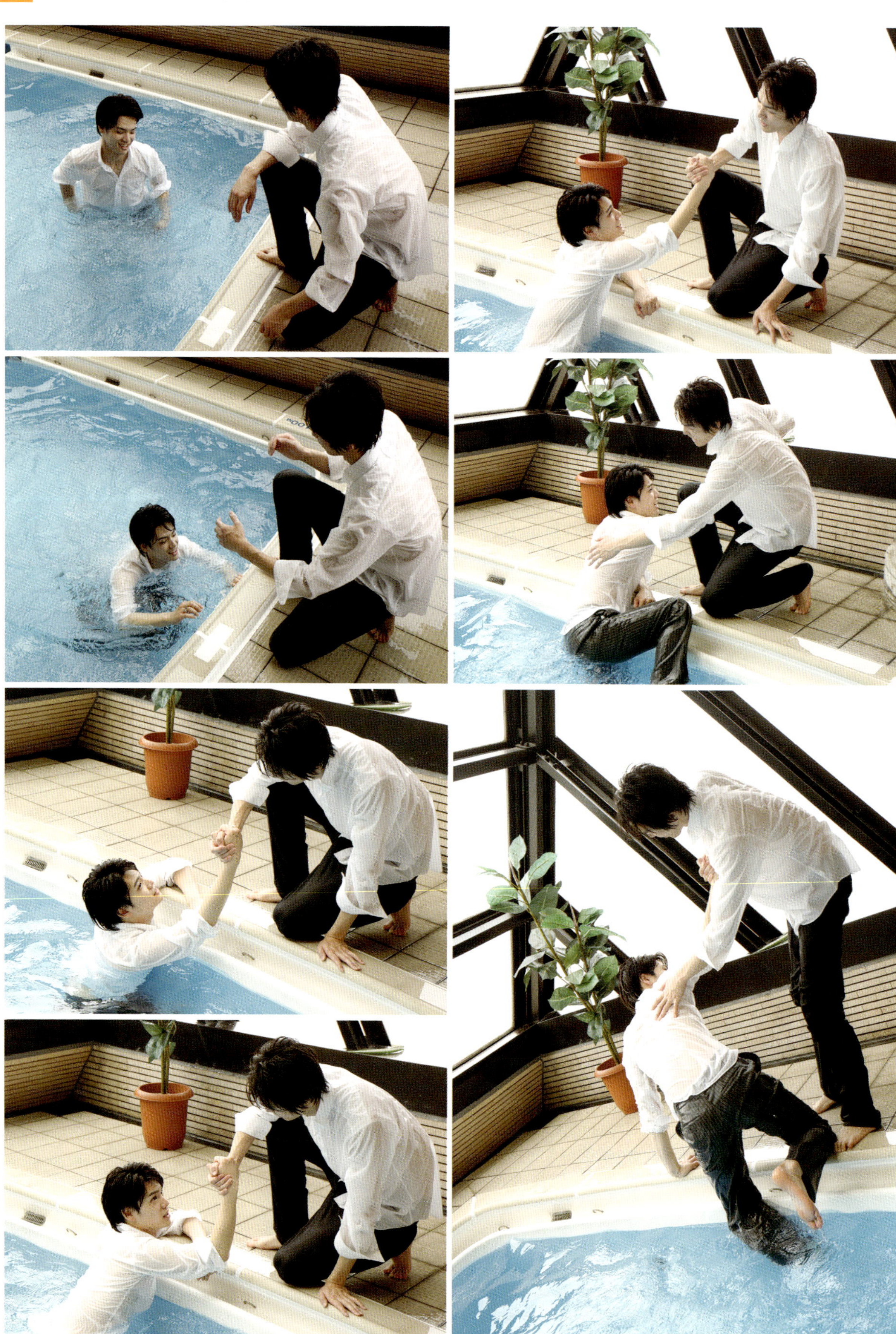

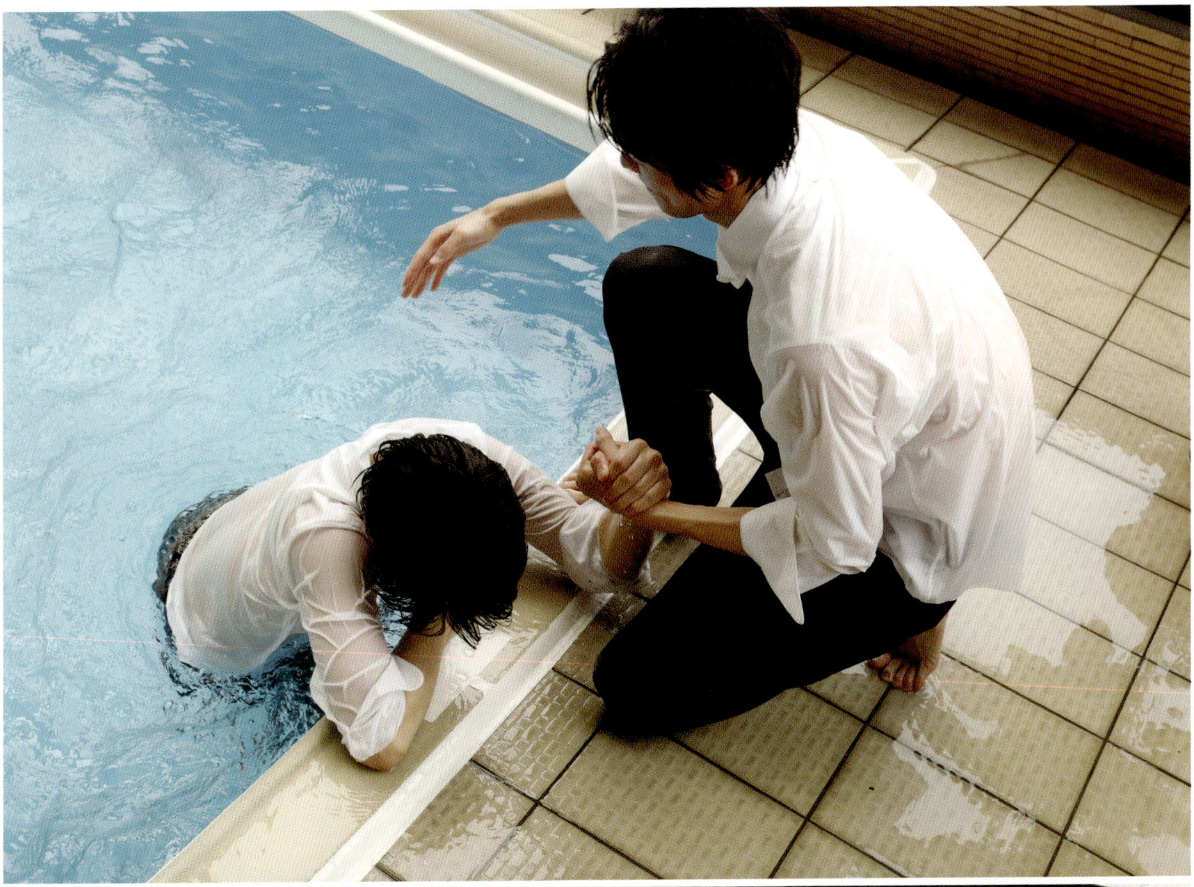

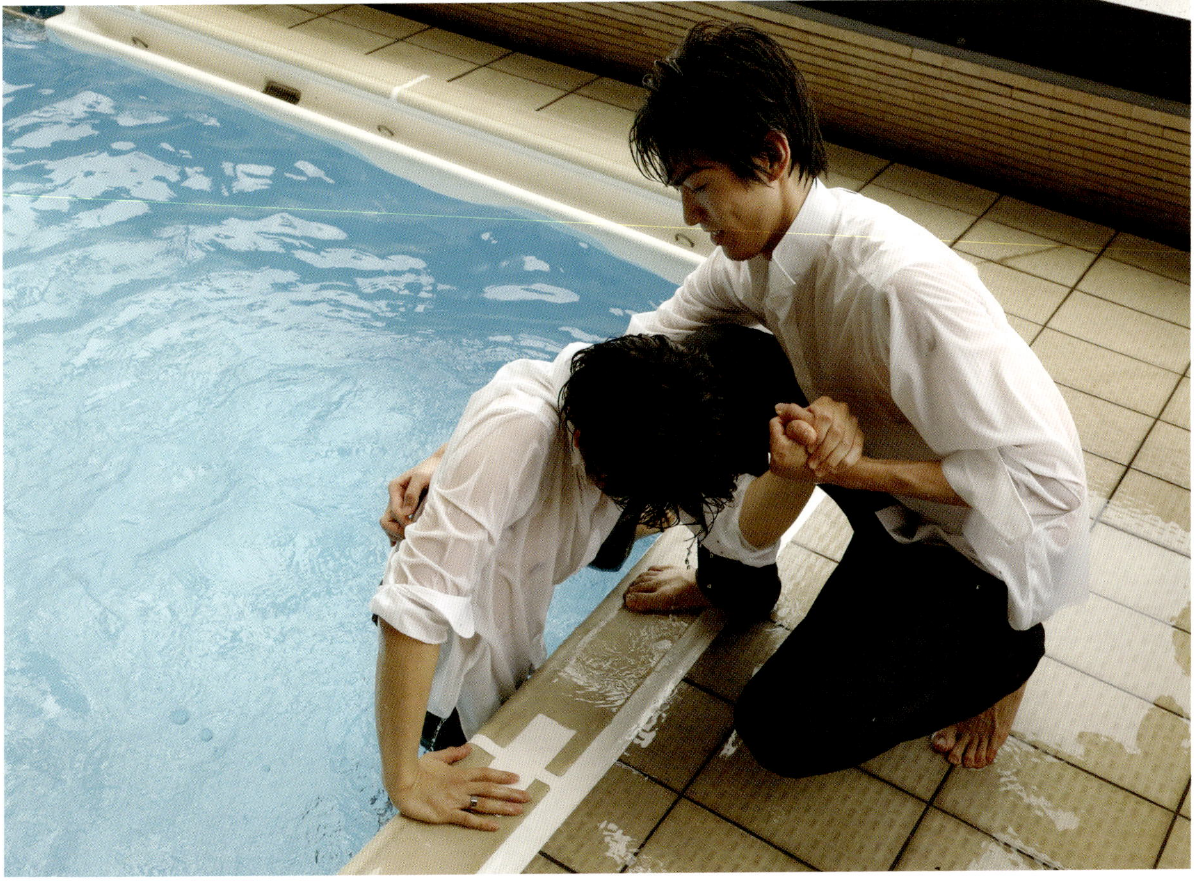

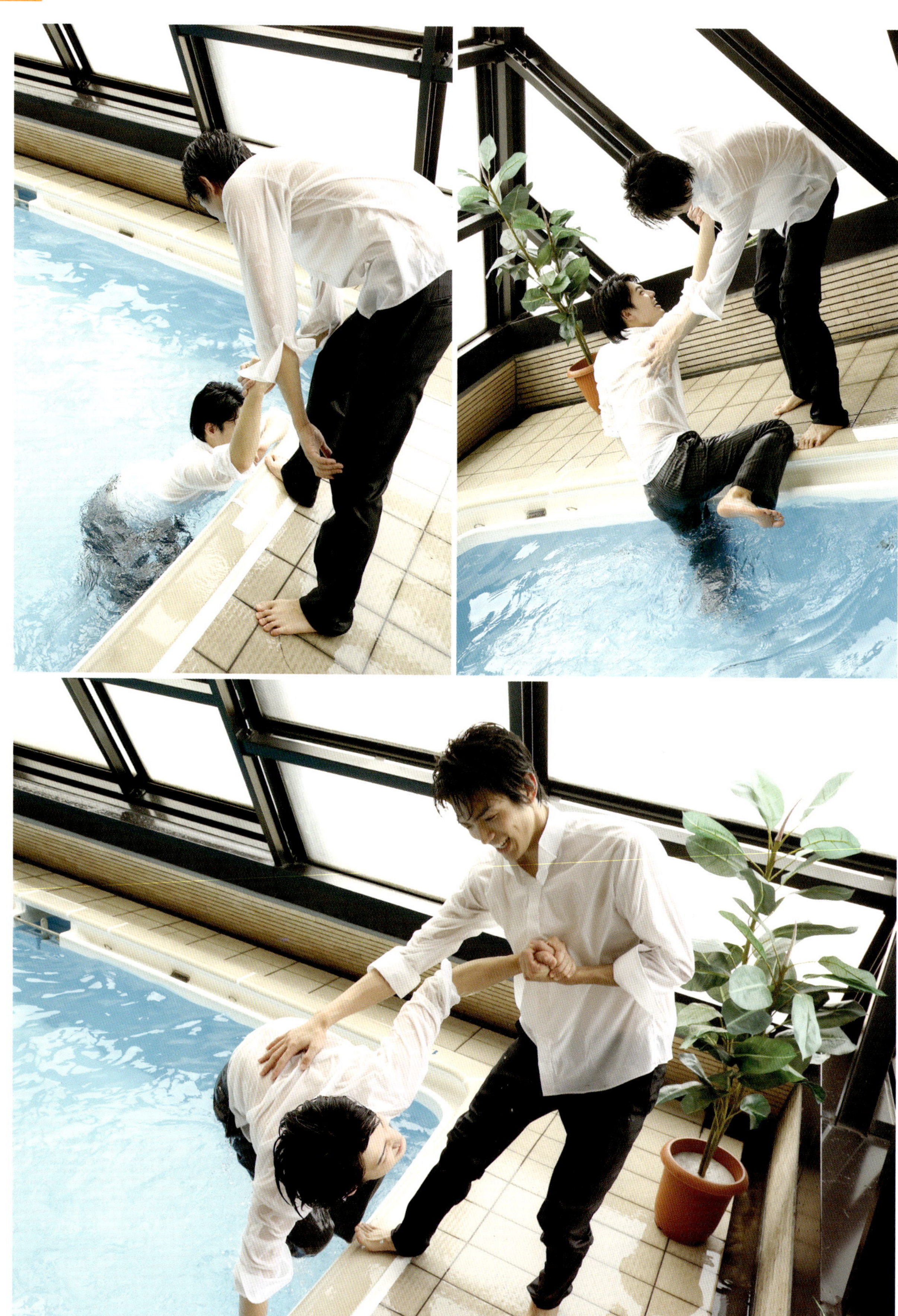

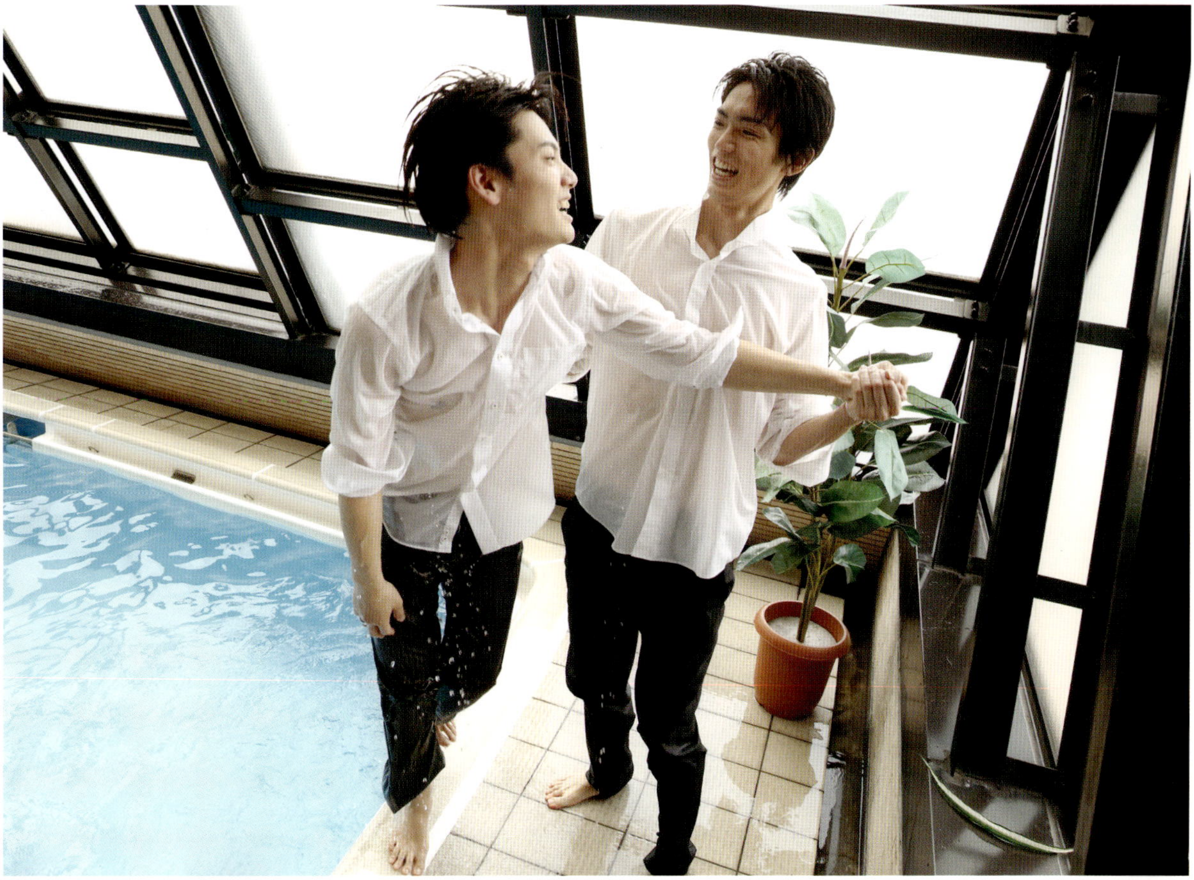

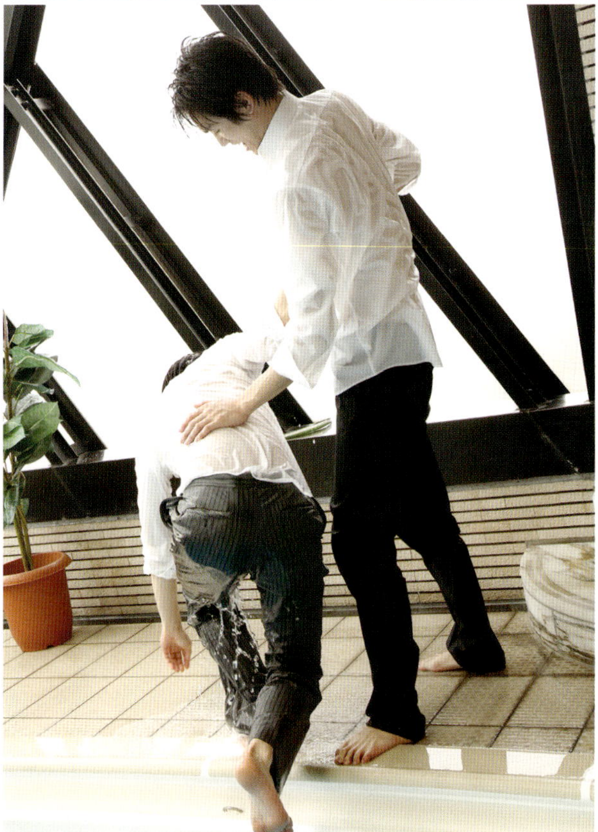

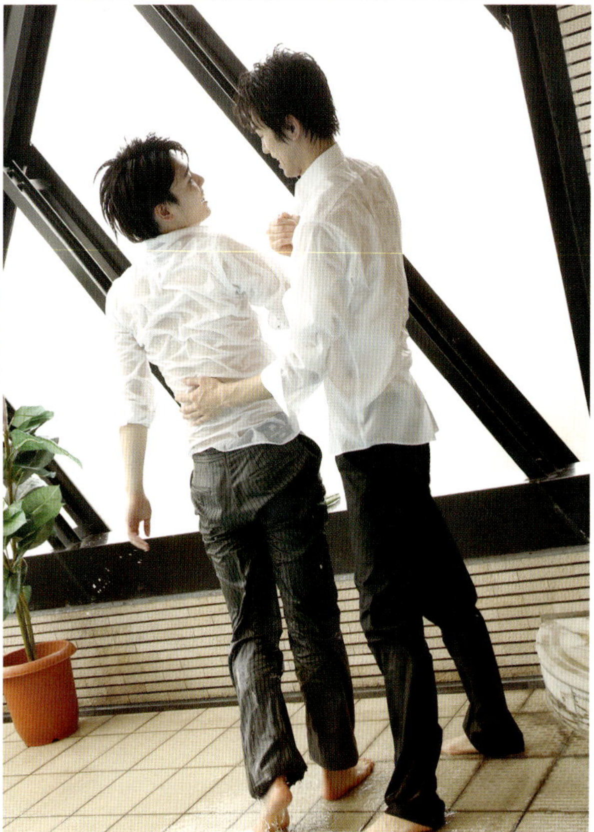

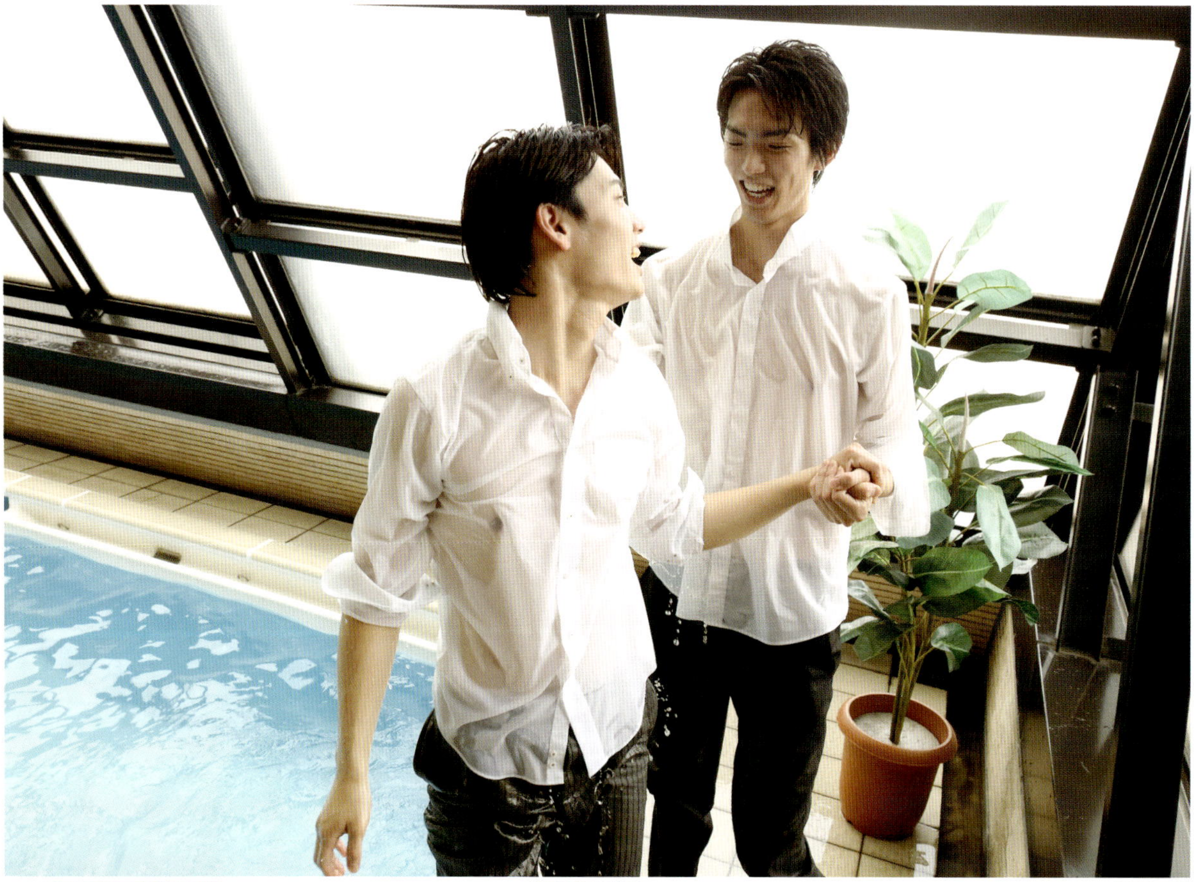

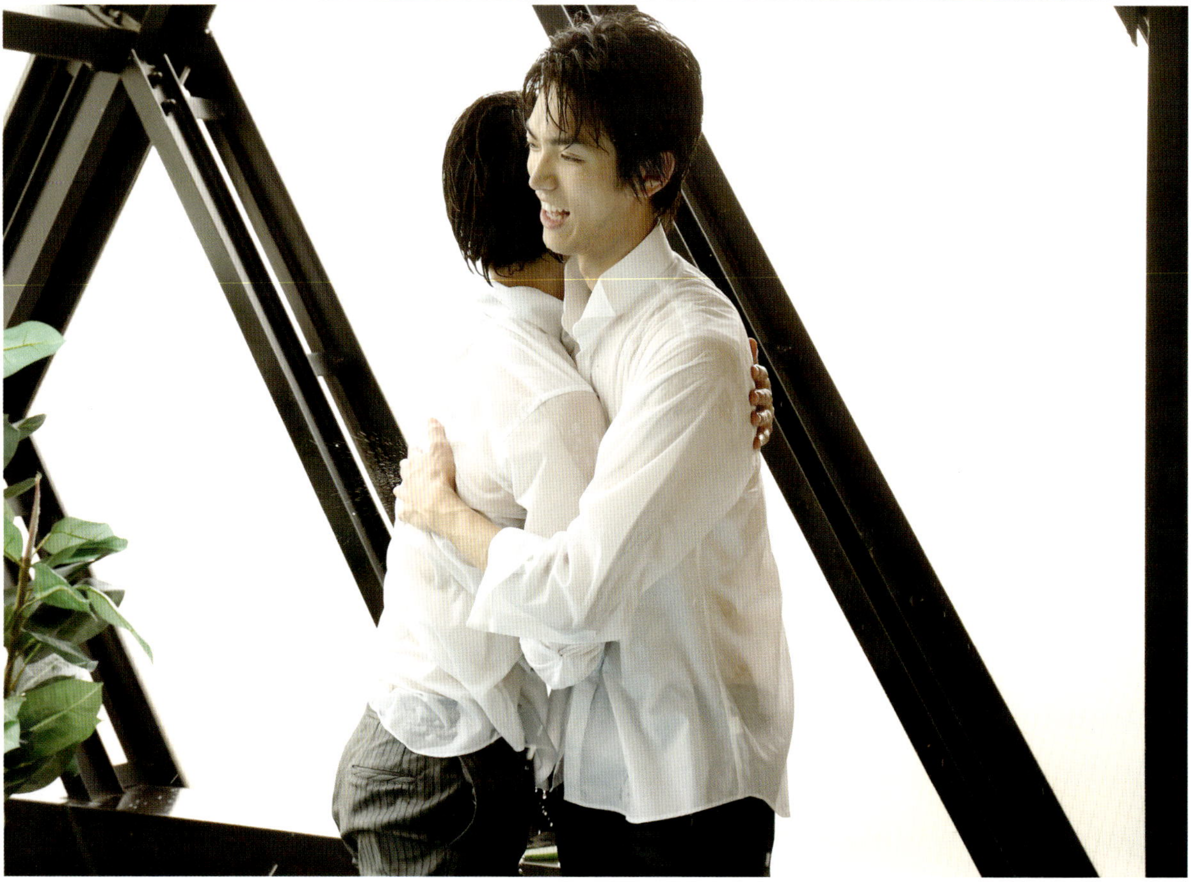

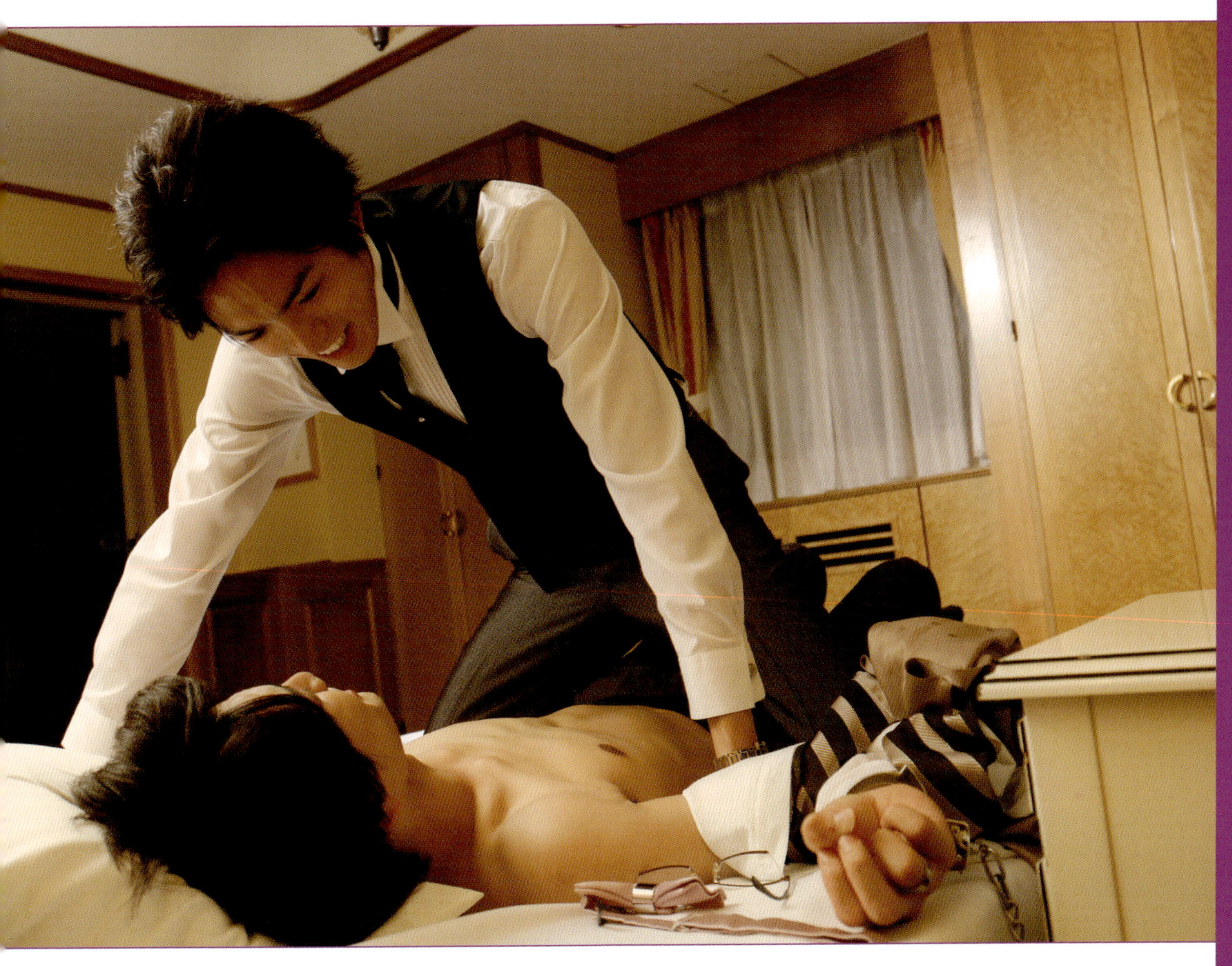

SUNDAY EVENING

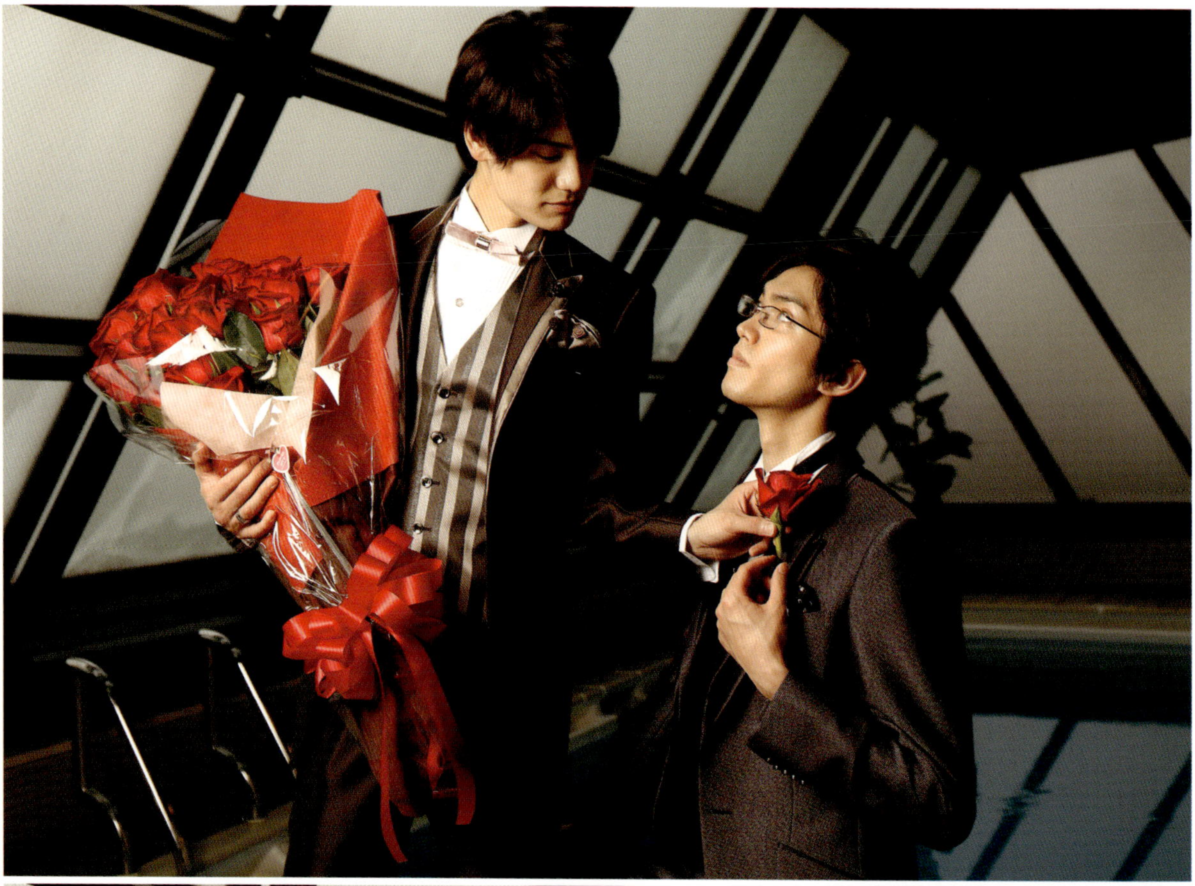

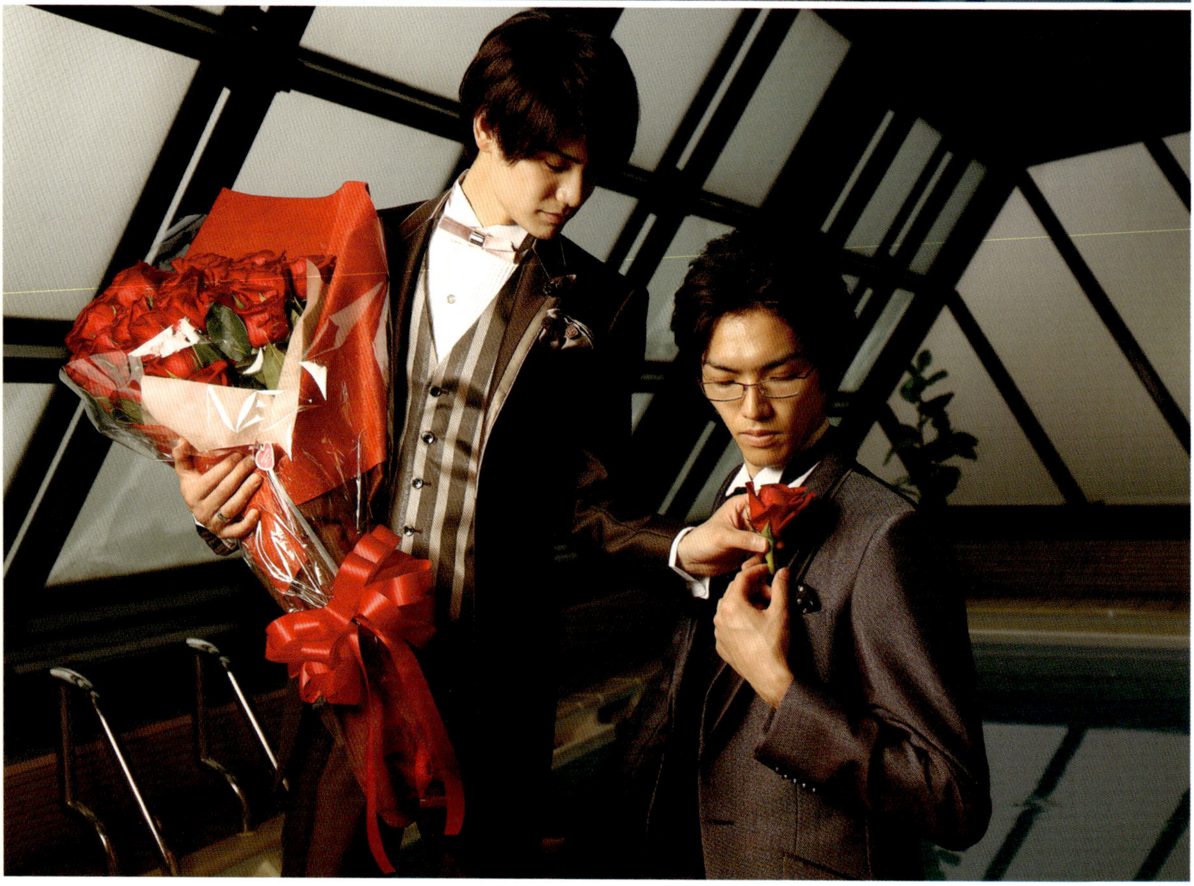

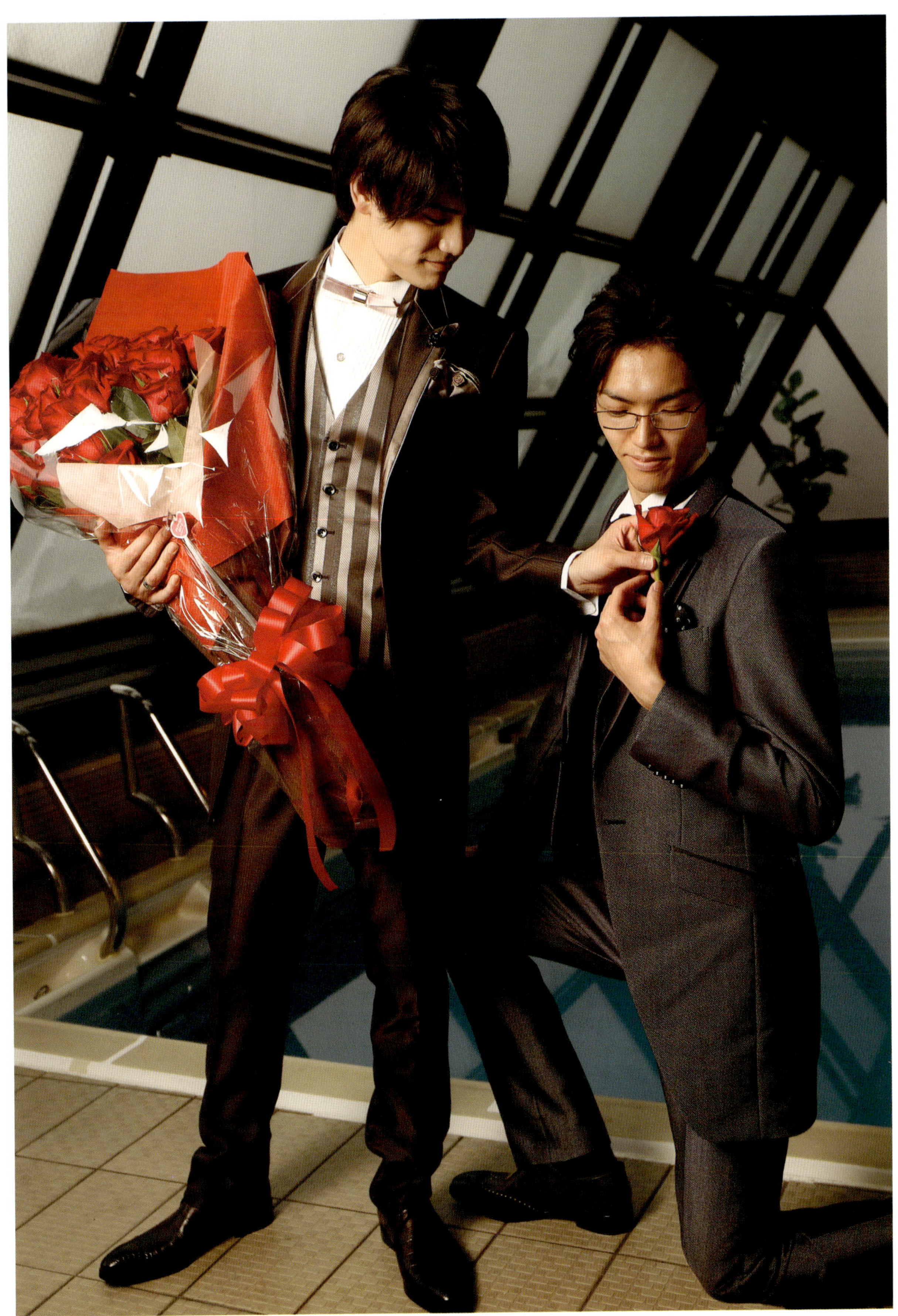

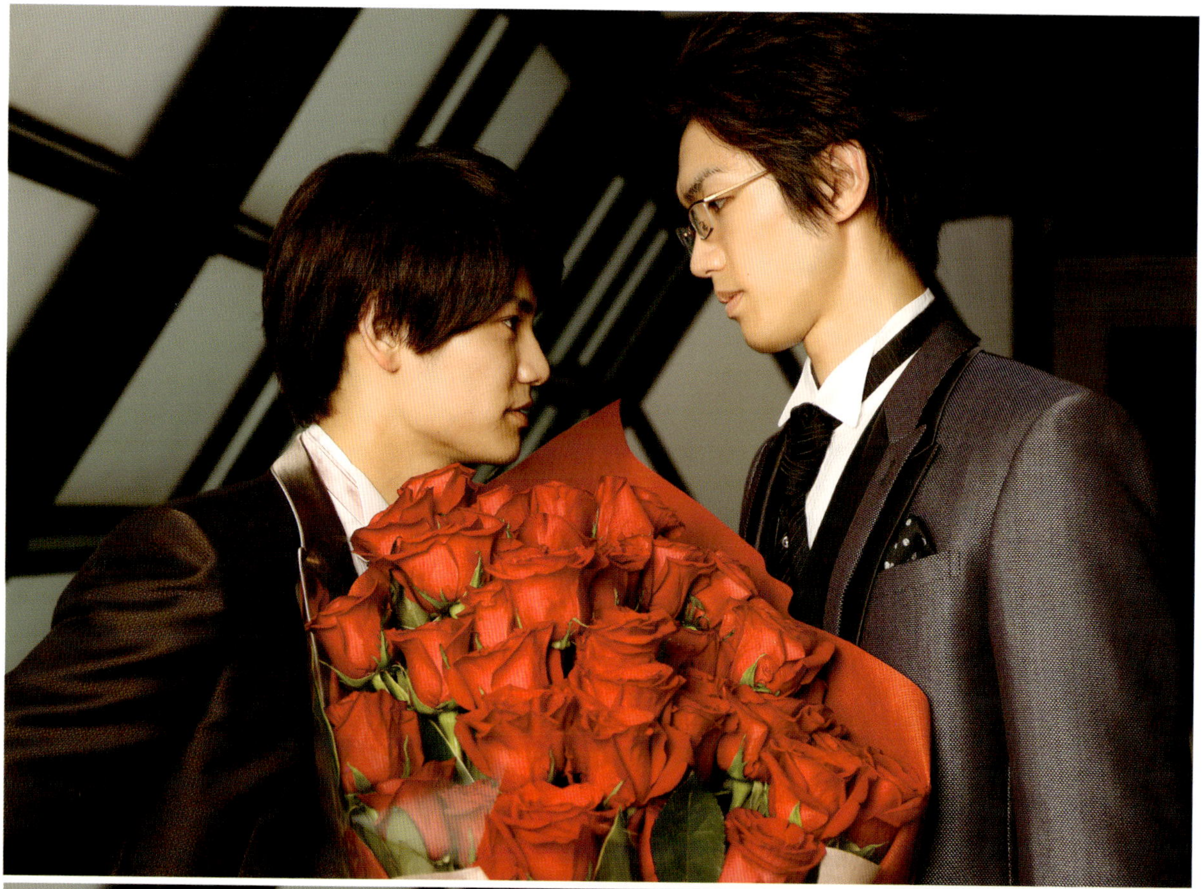

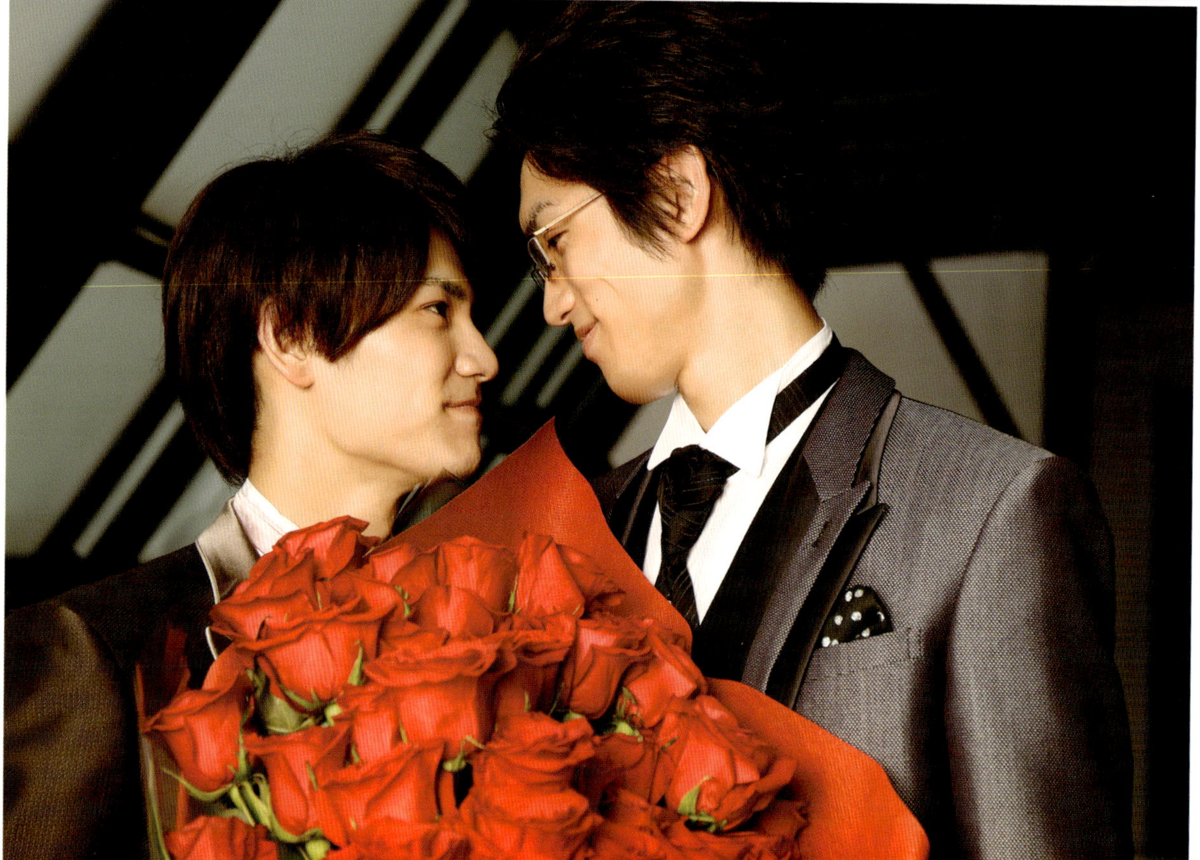

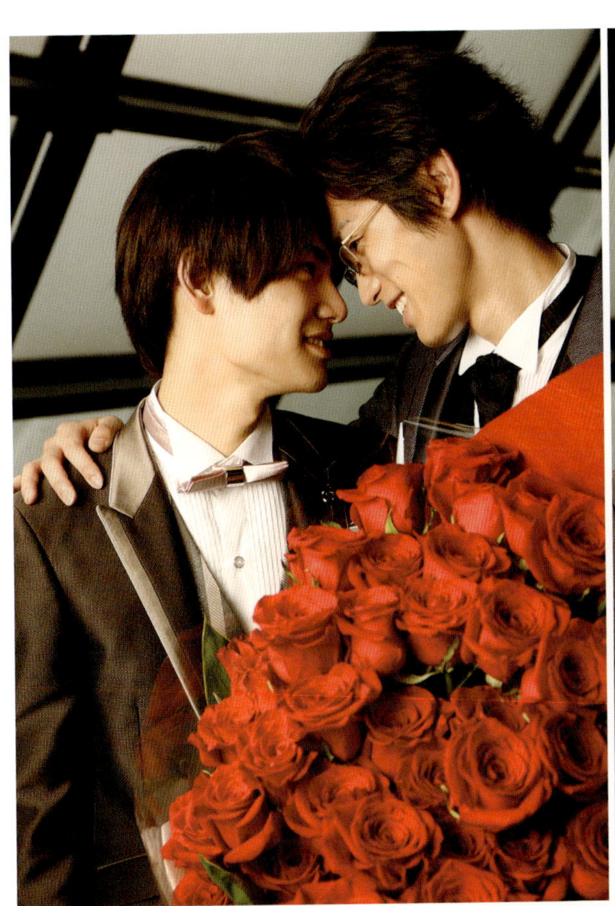

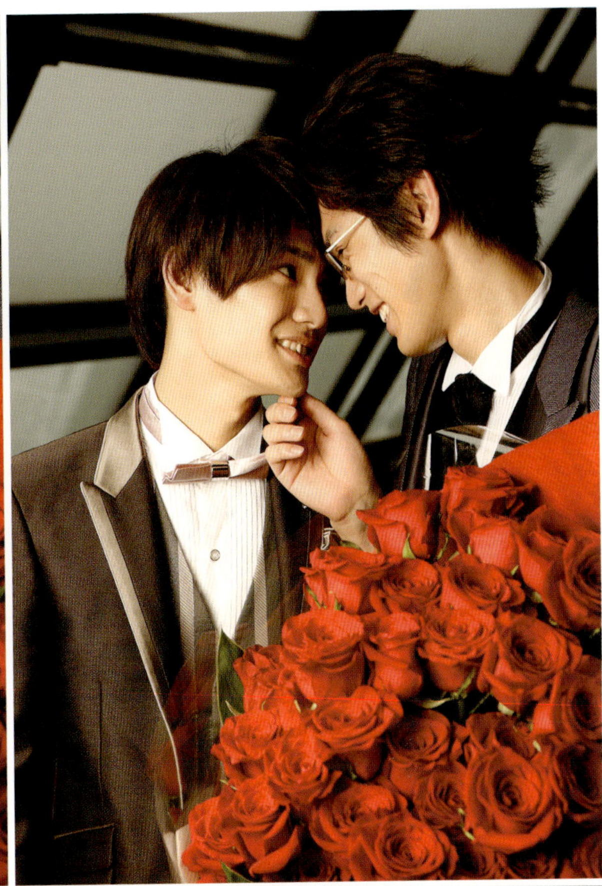

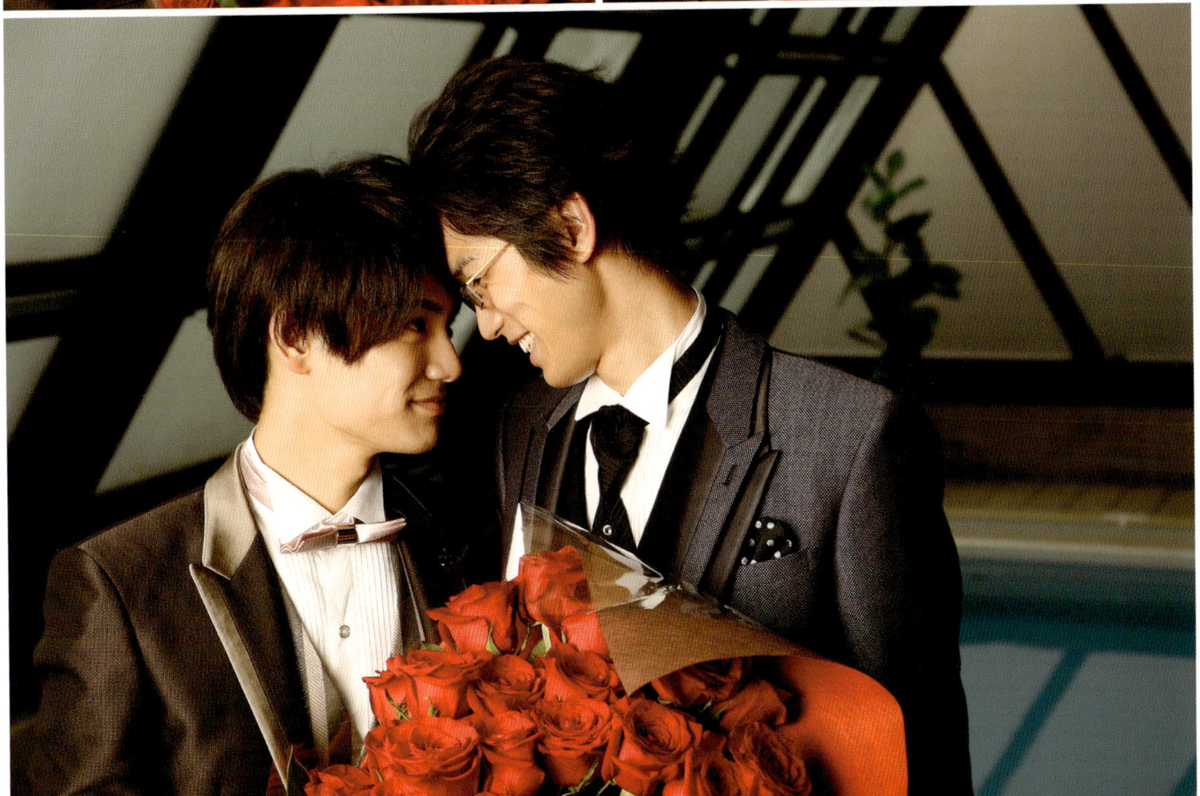

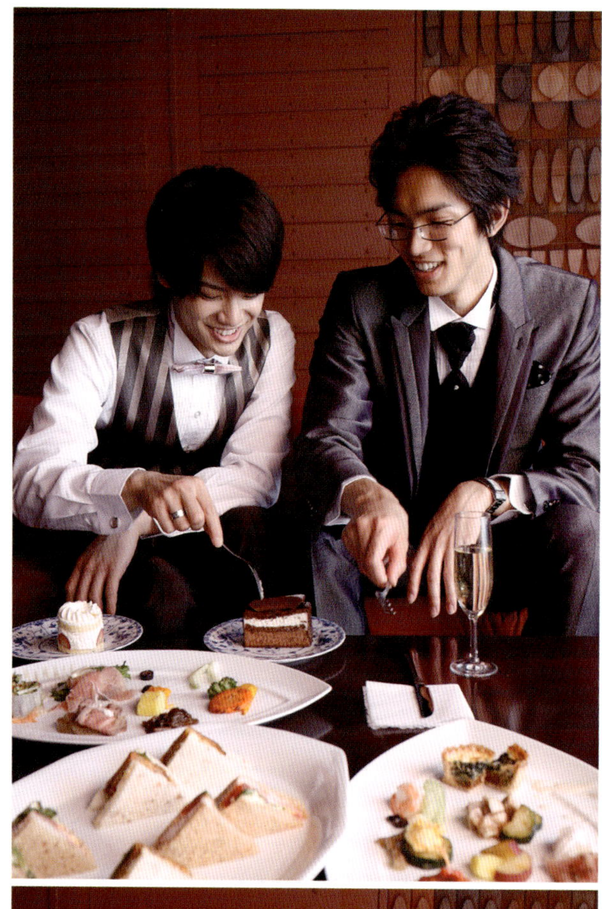

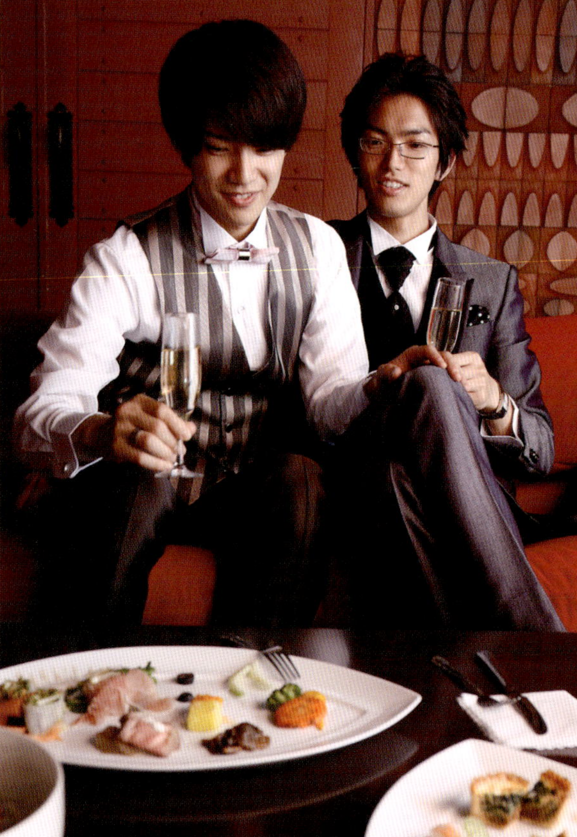

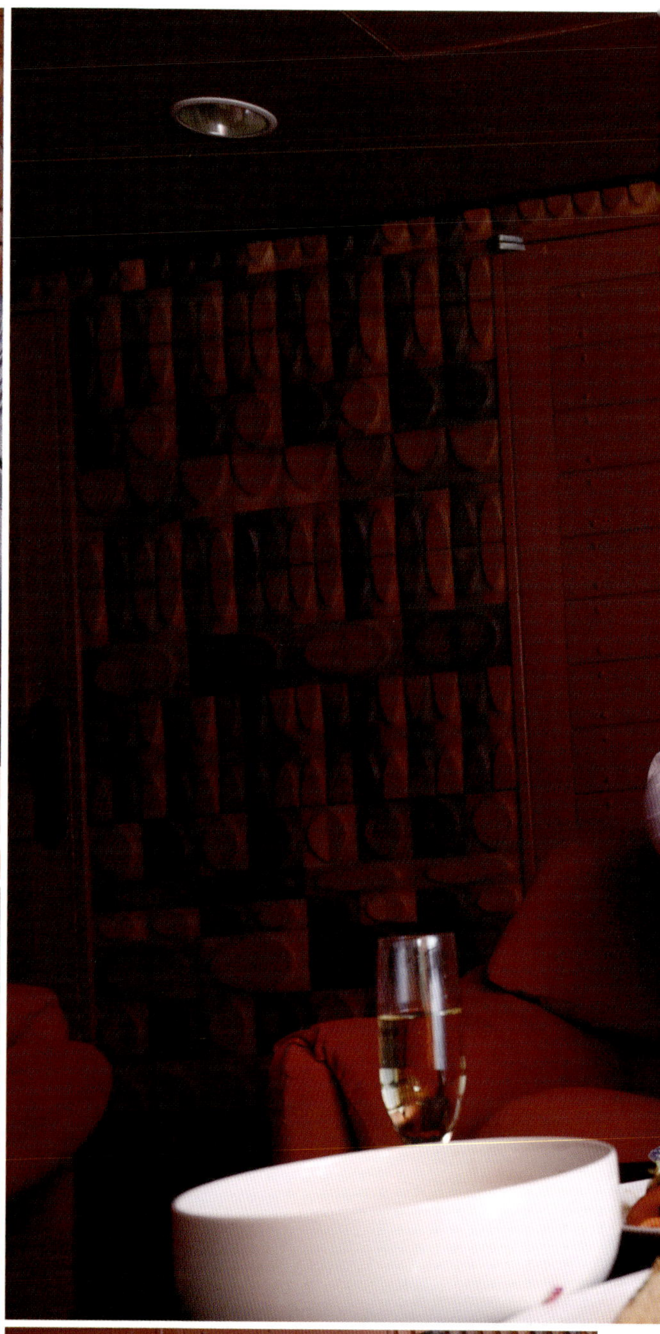

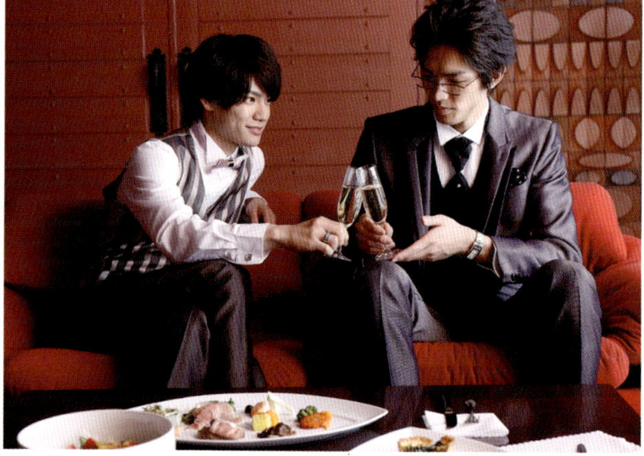

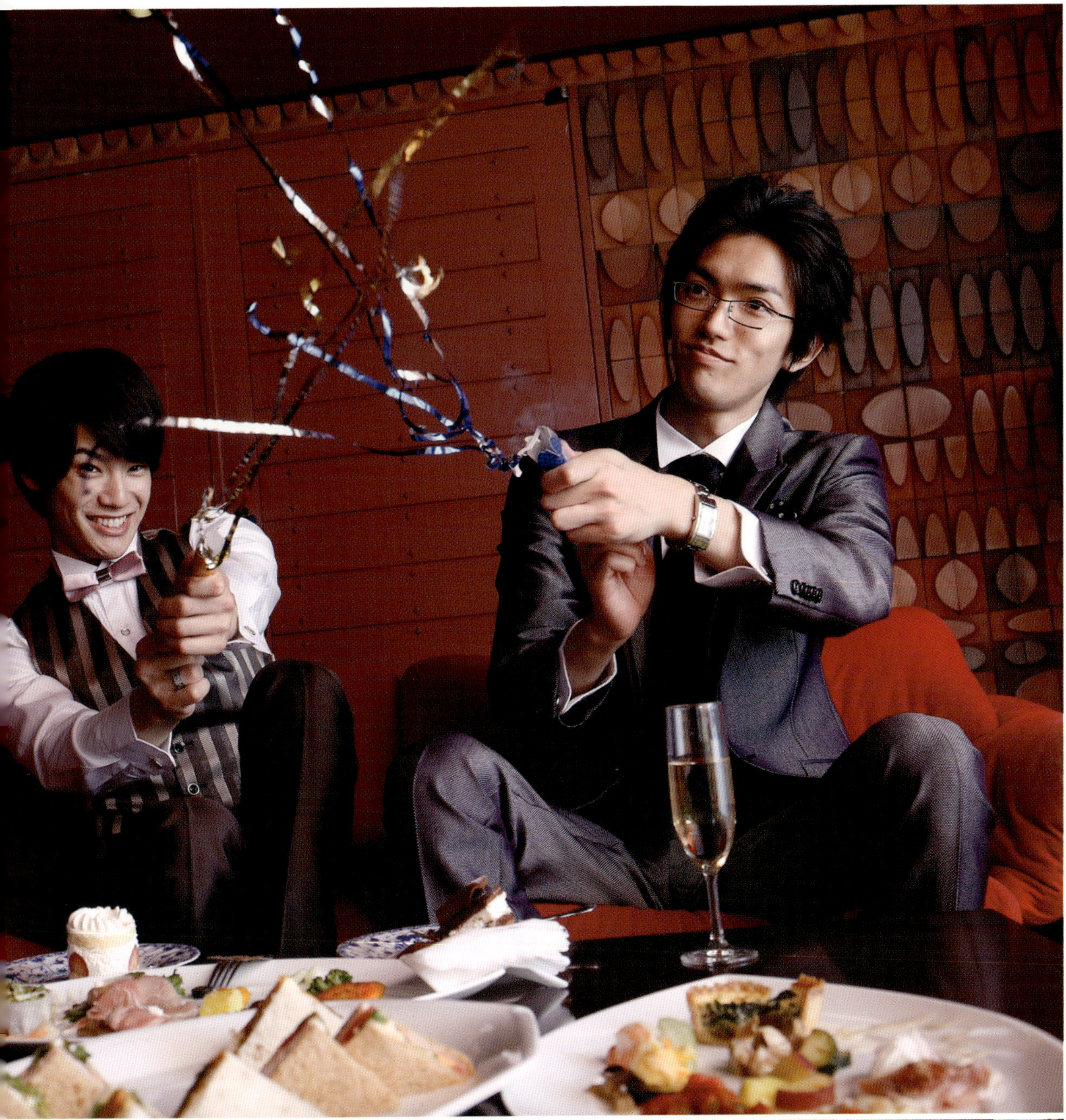

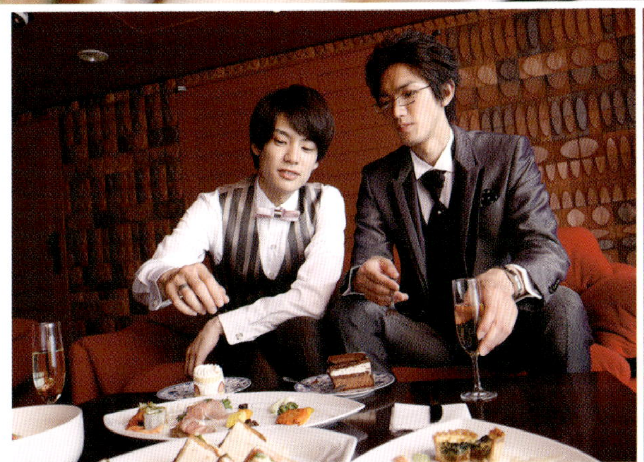

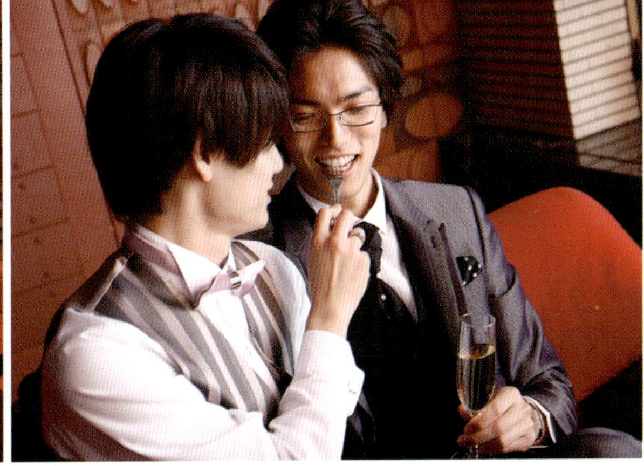

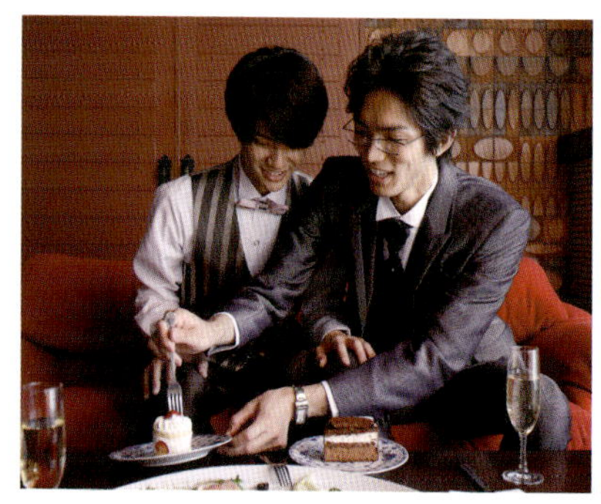
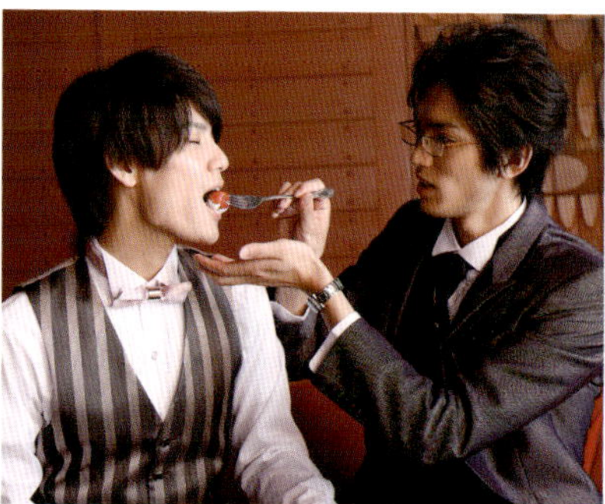
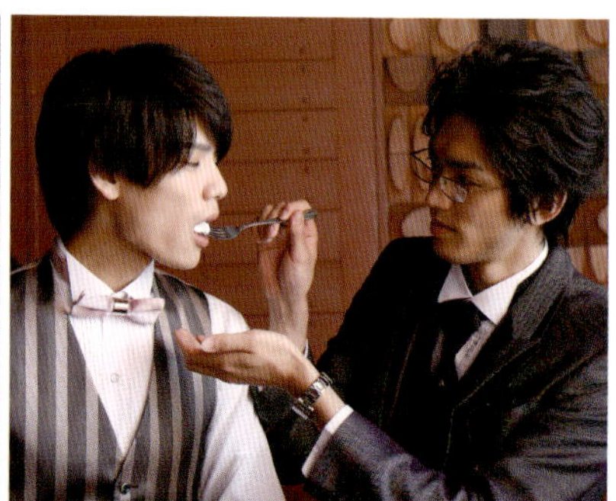

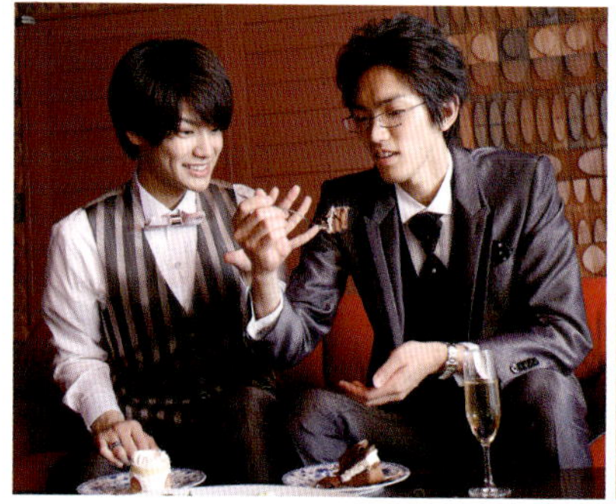
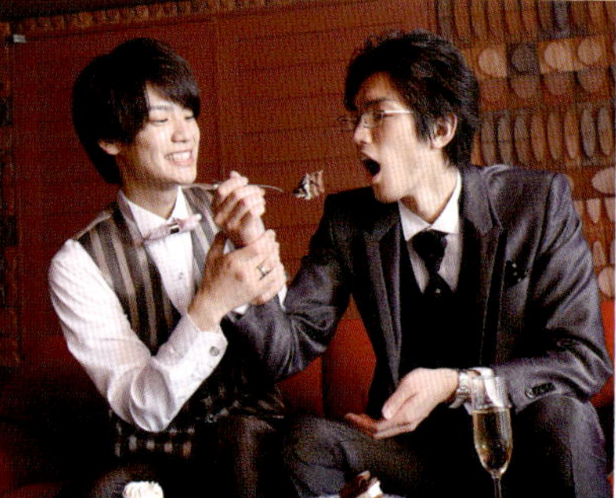
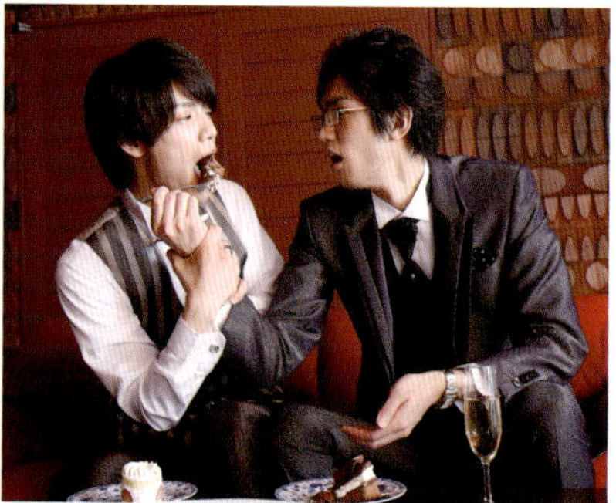

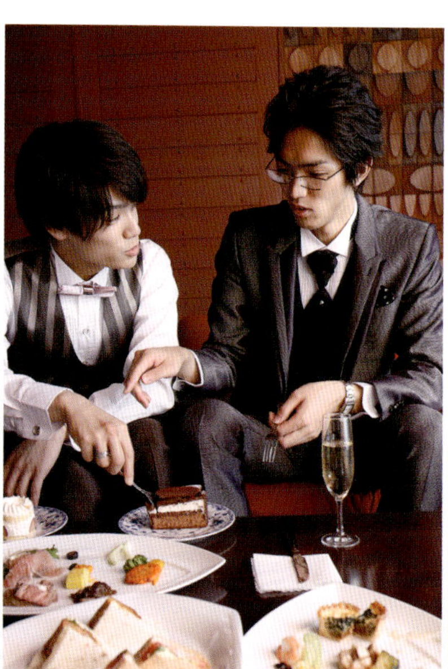
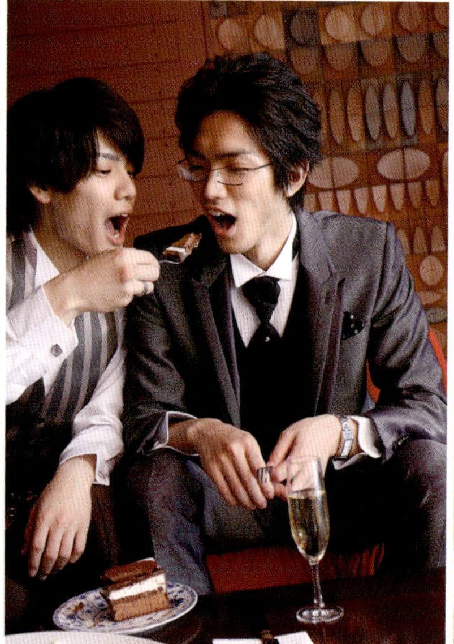
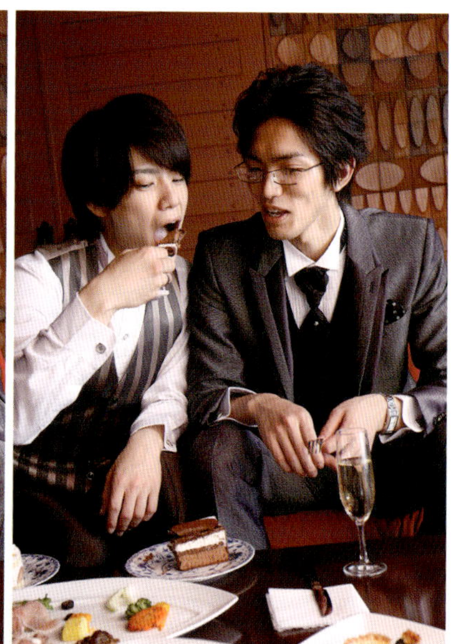

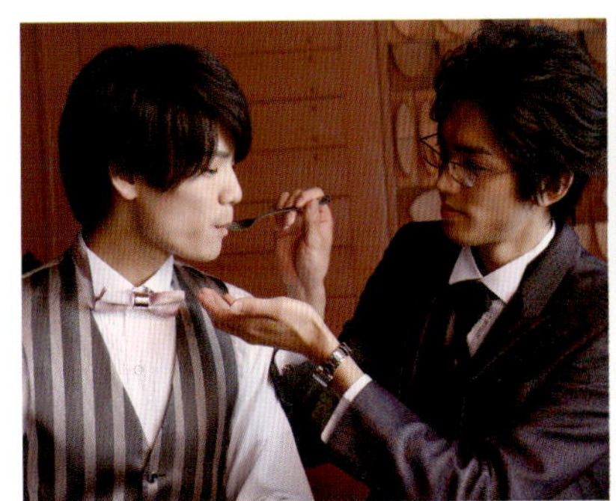
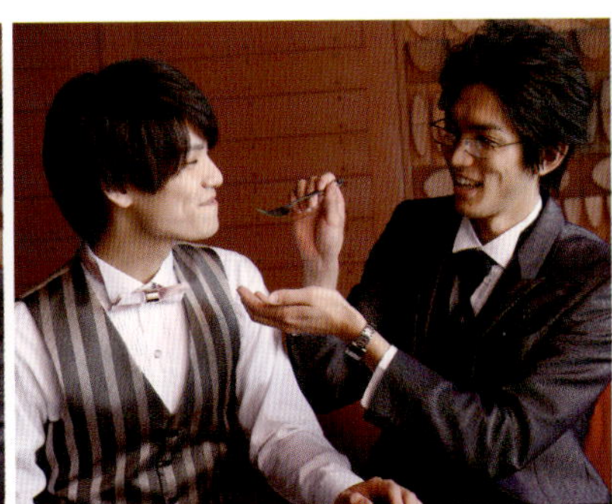
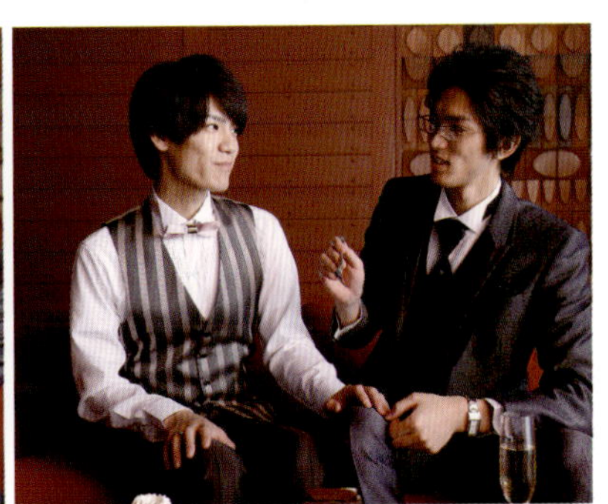
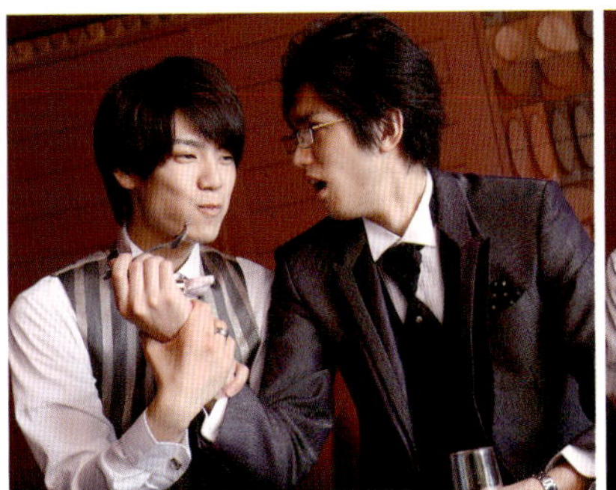
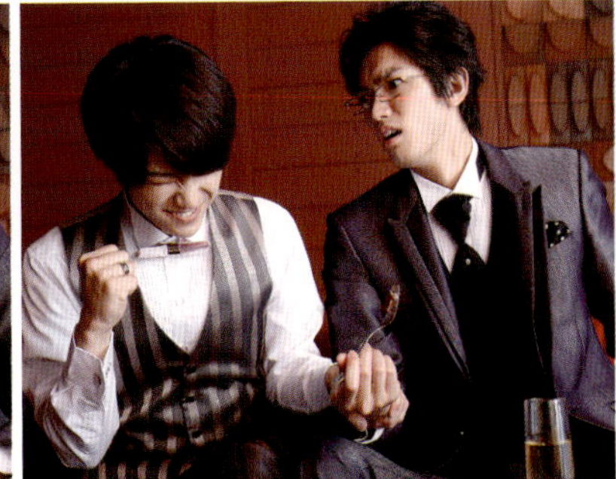
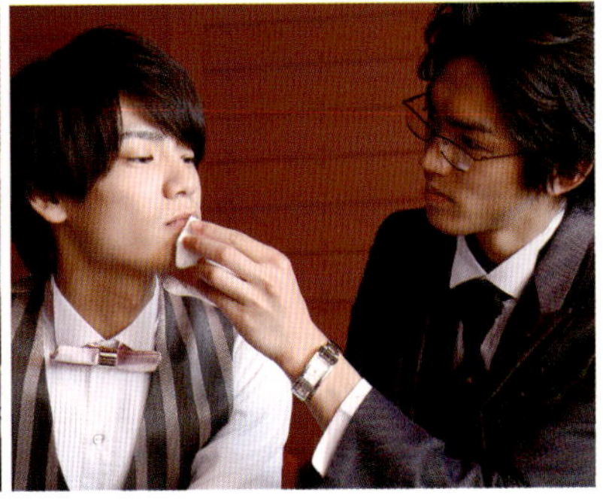
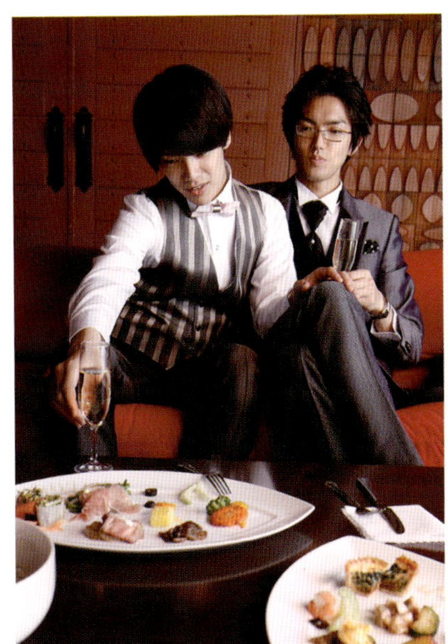
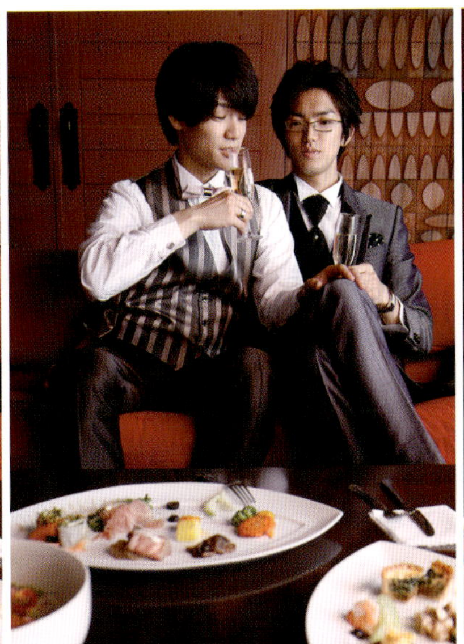
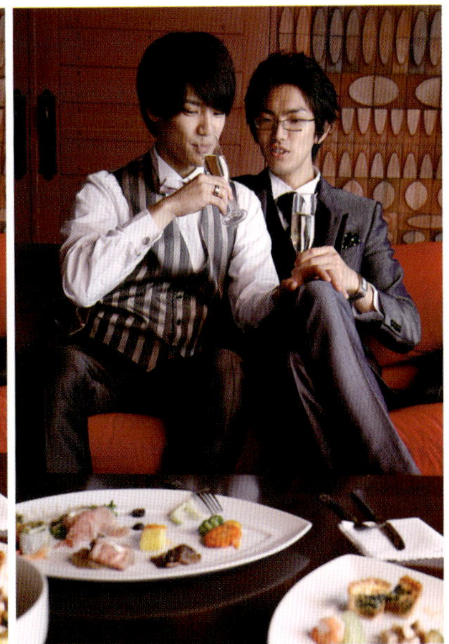

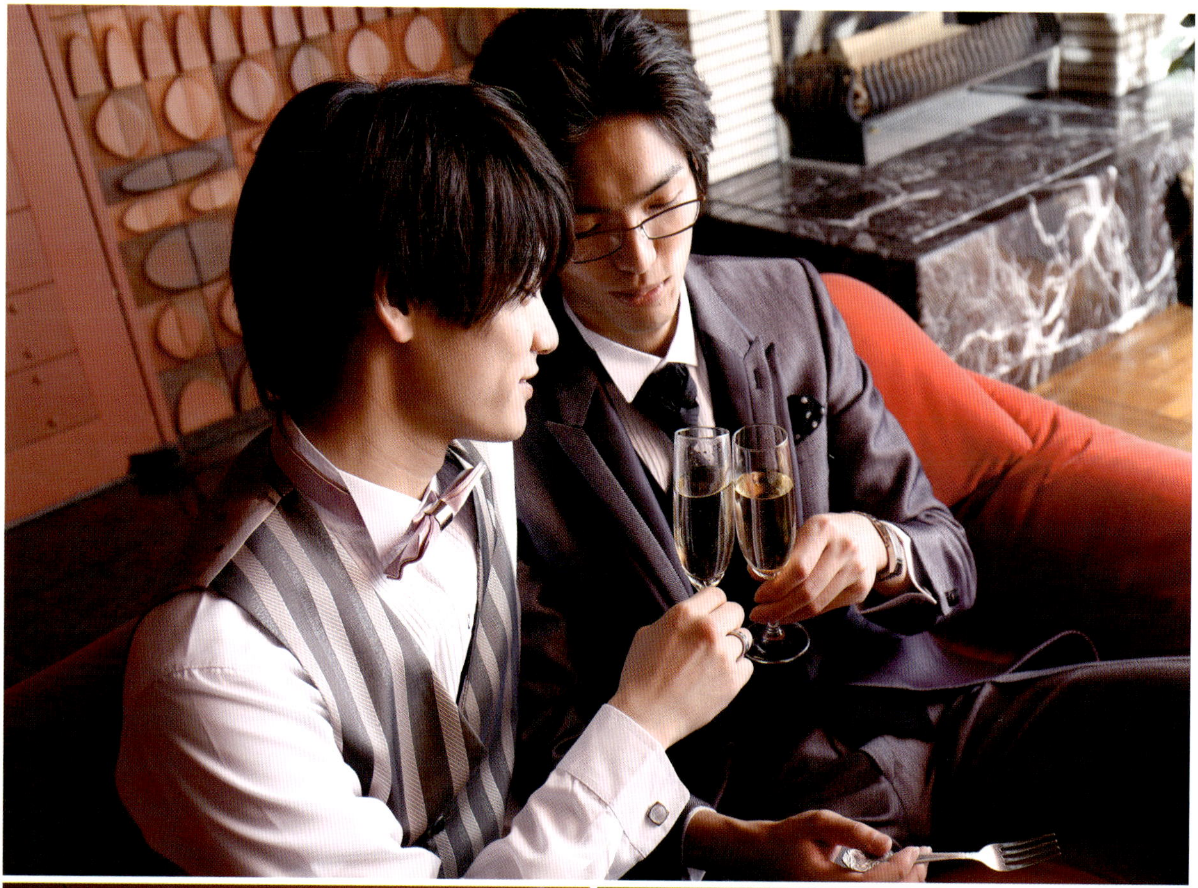

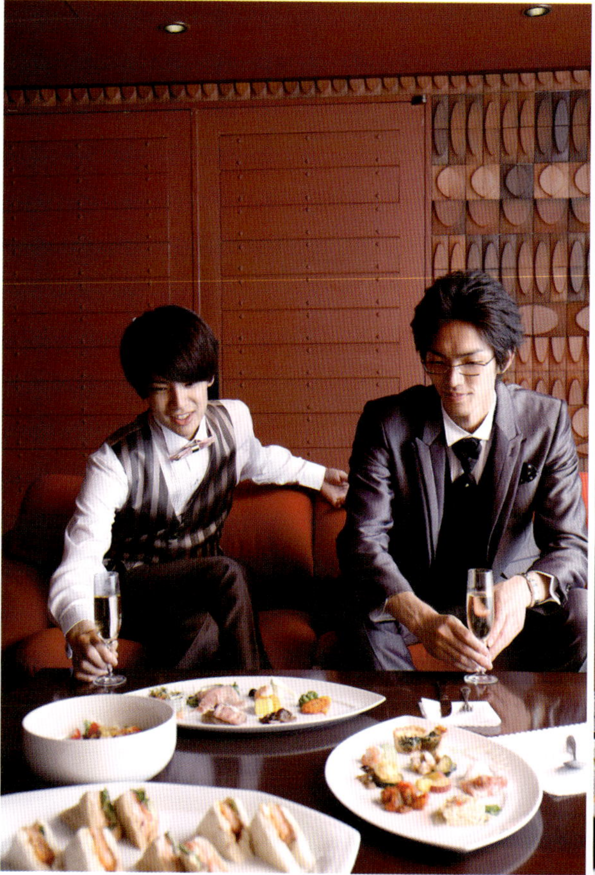

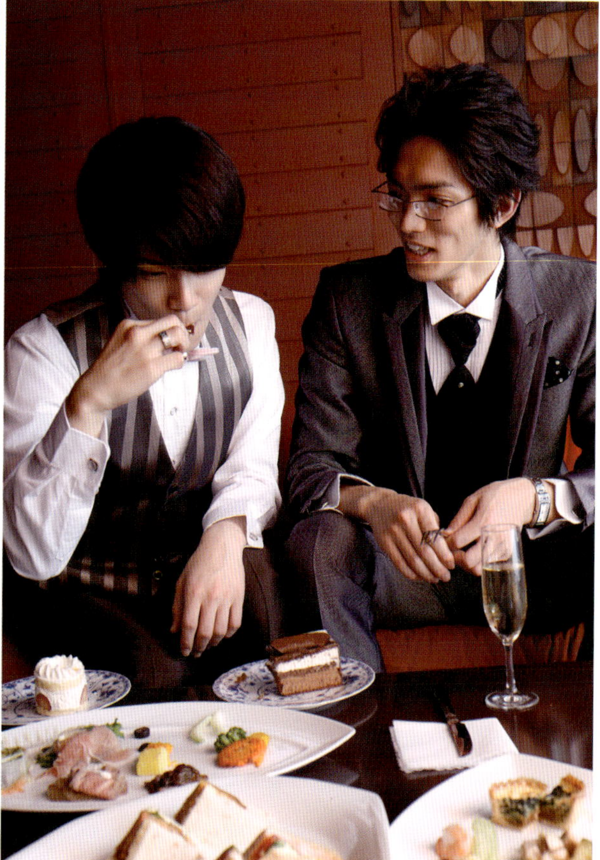

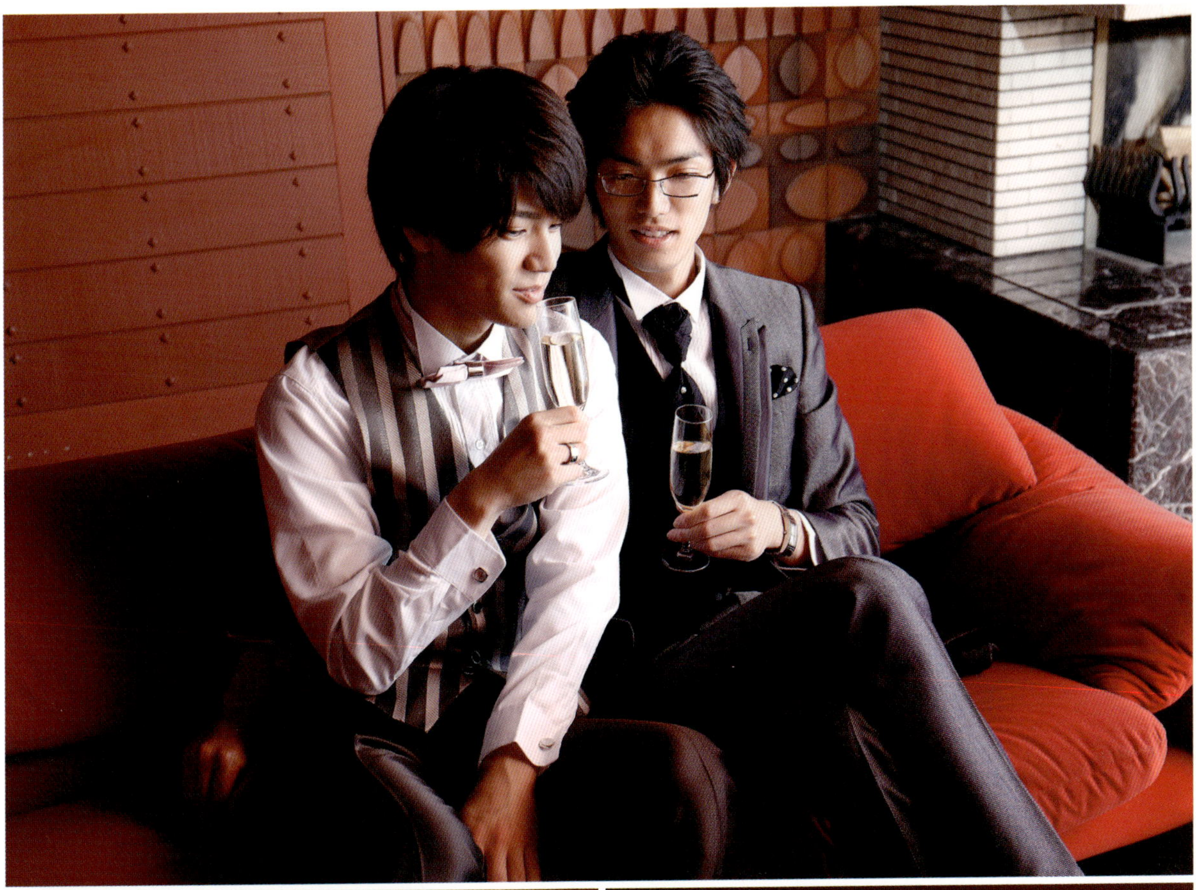

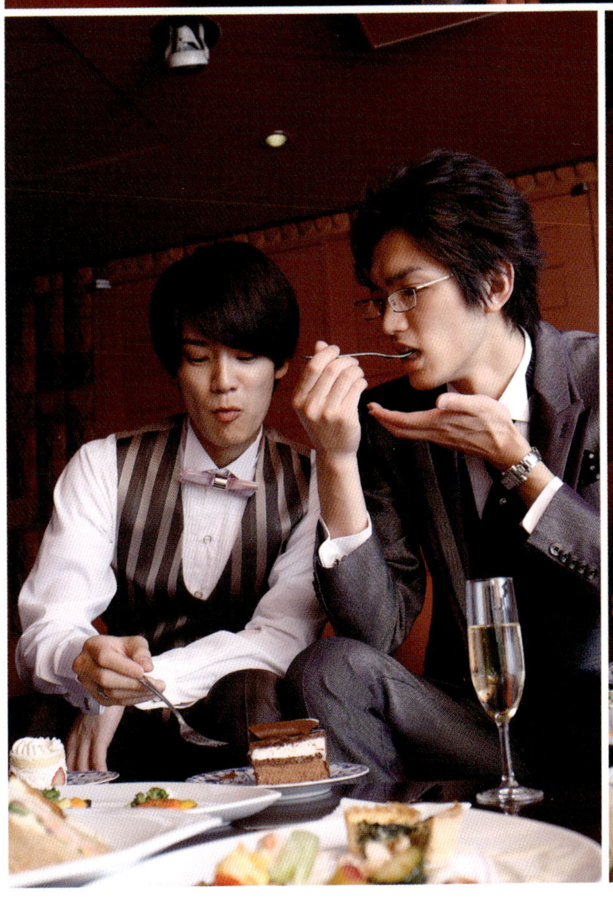

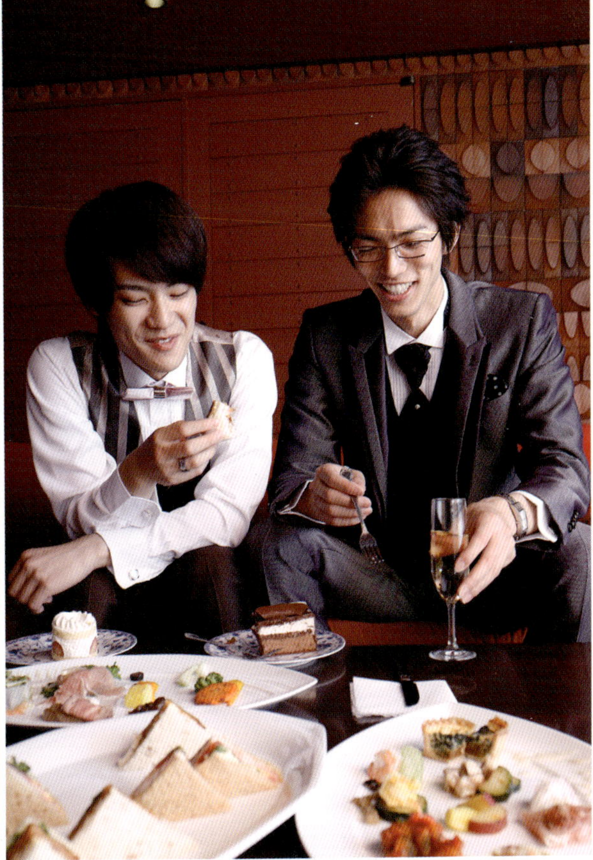

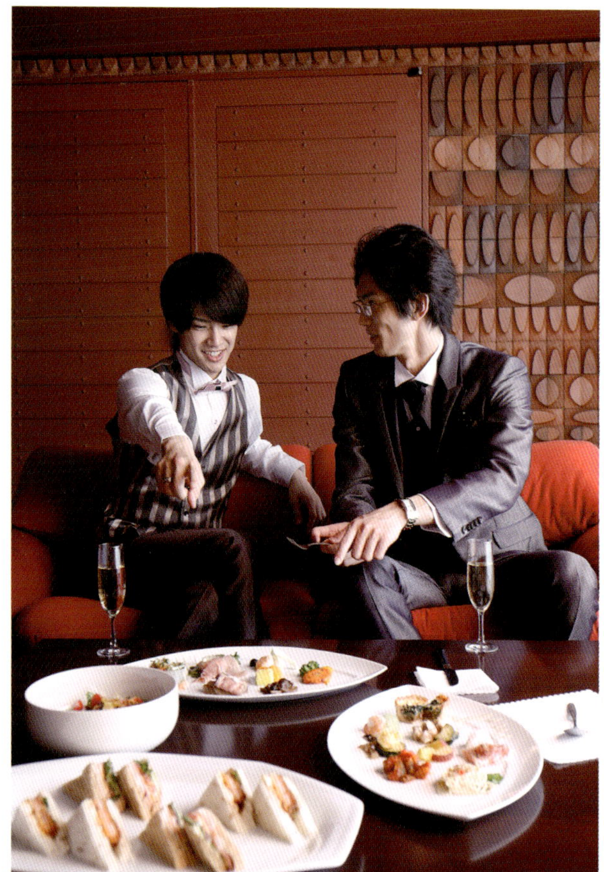

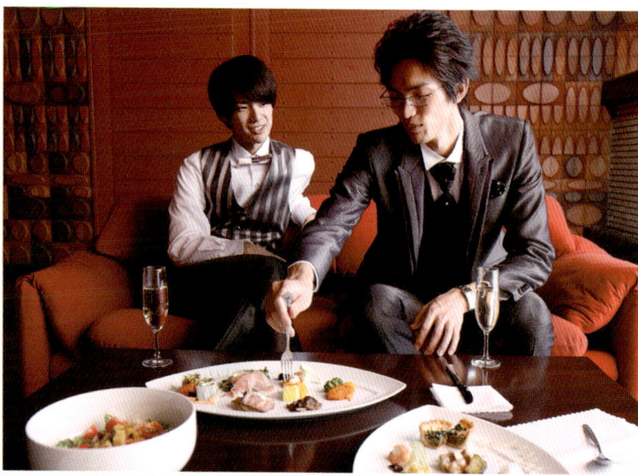

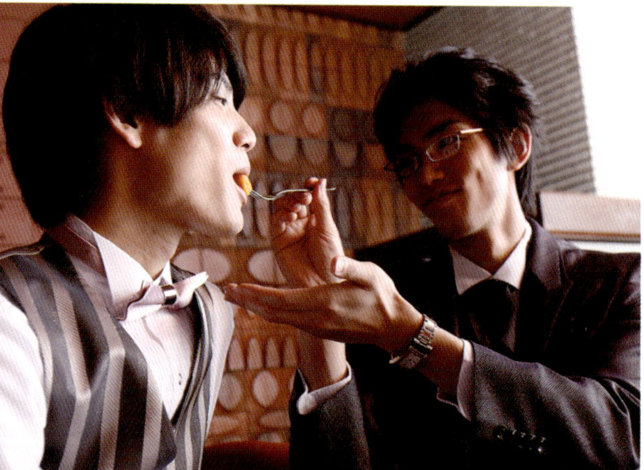

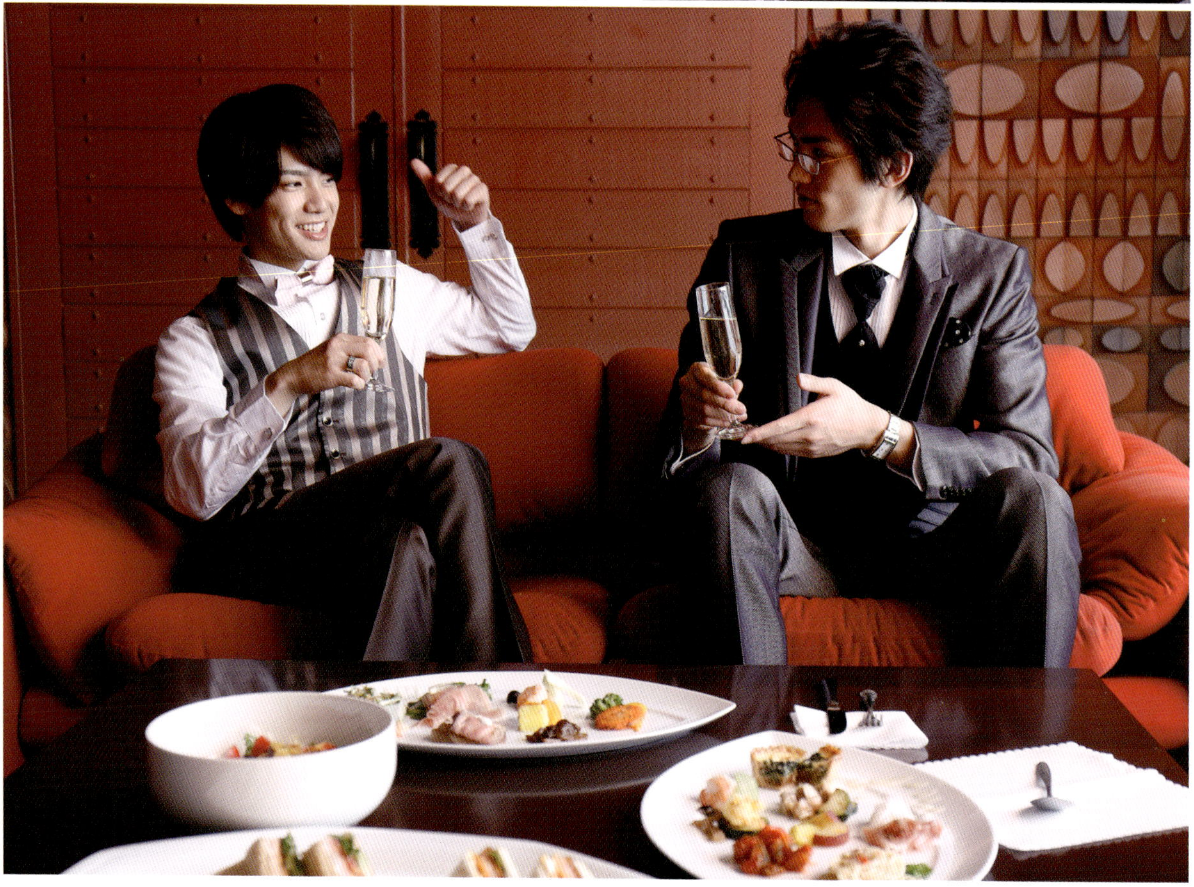

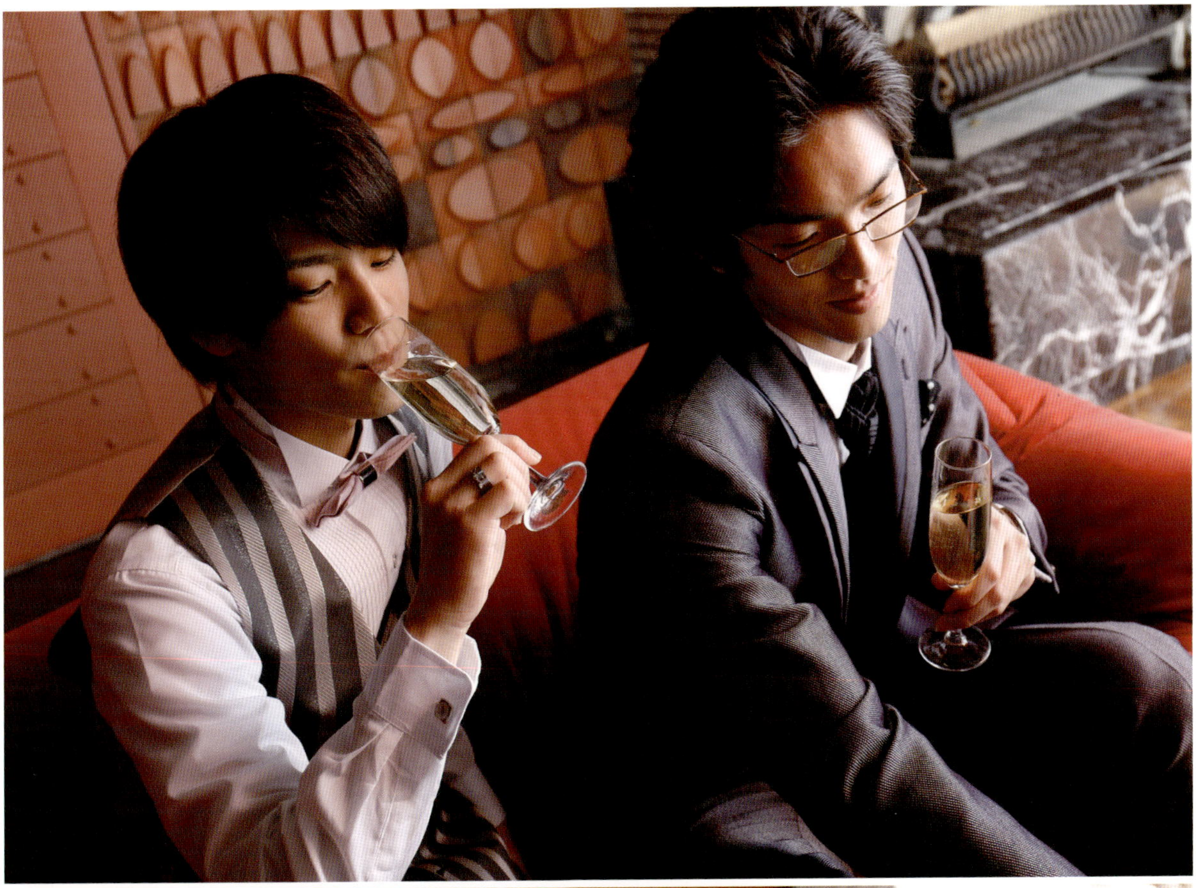

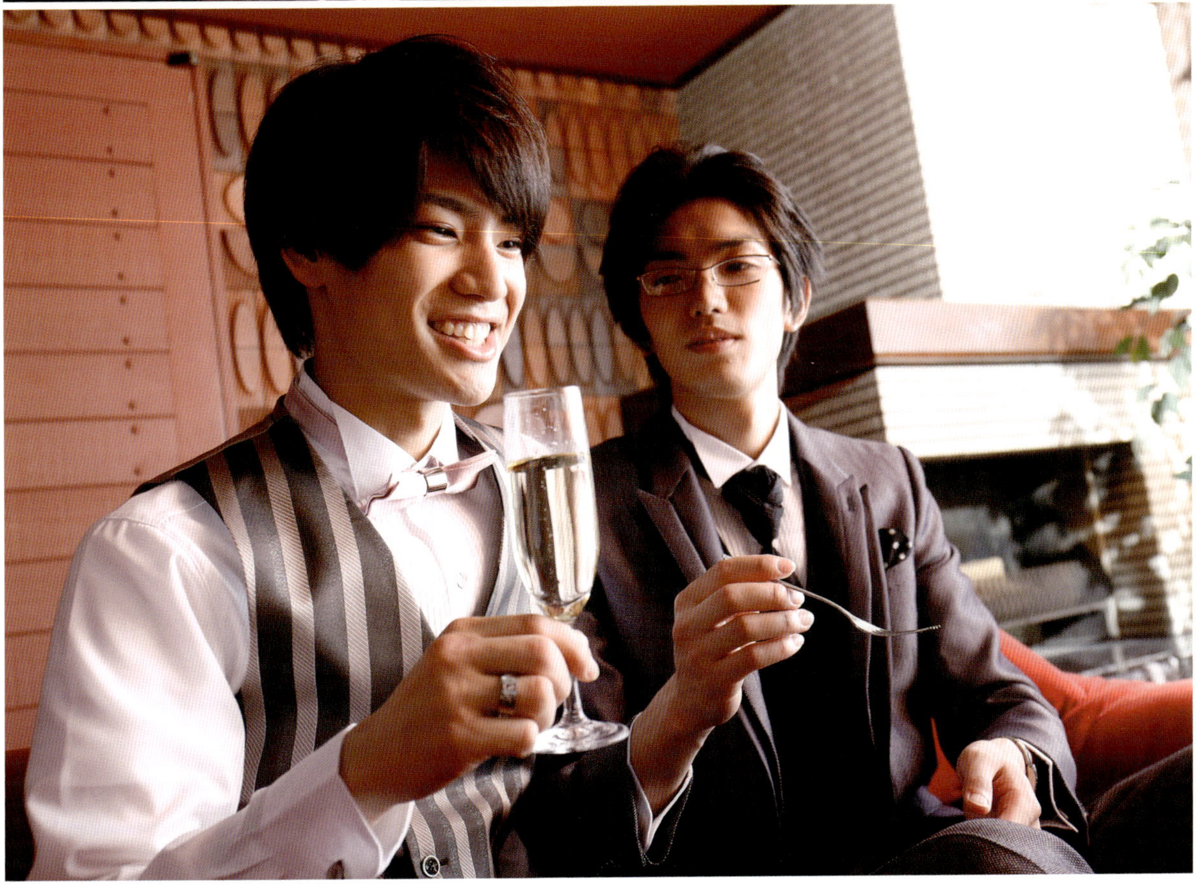

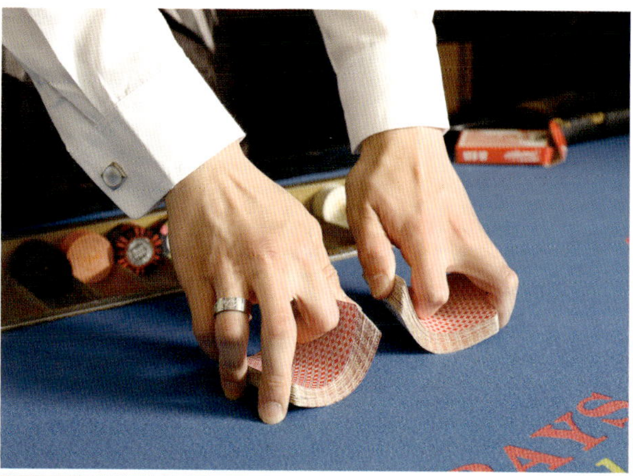

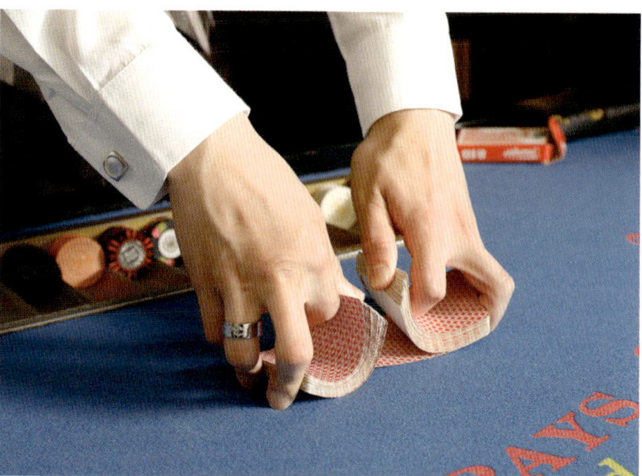

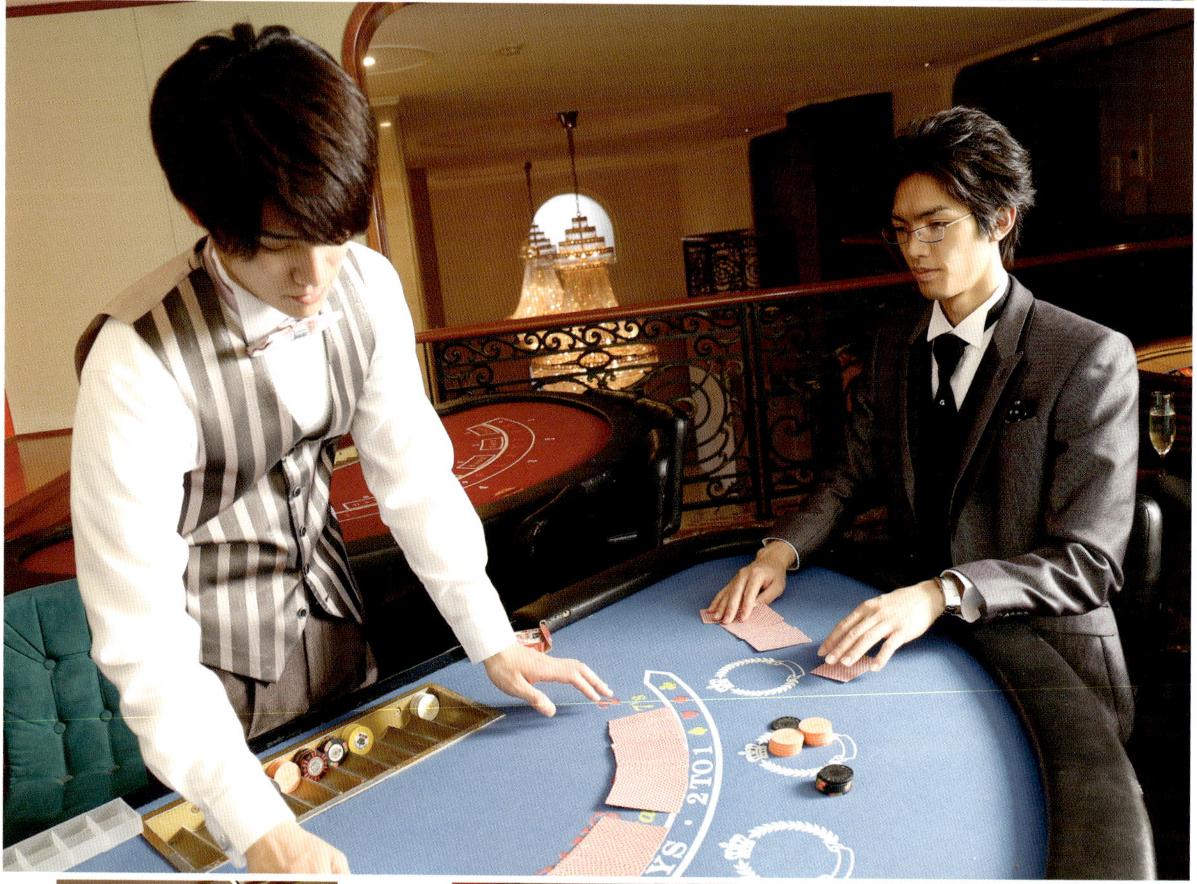

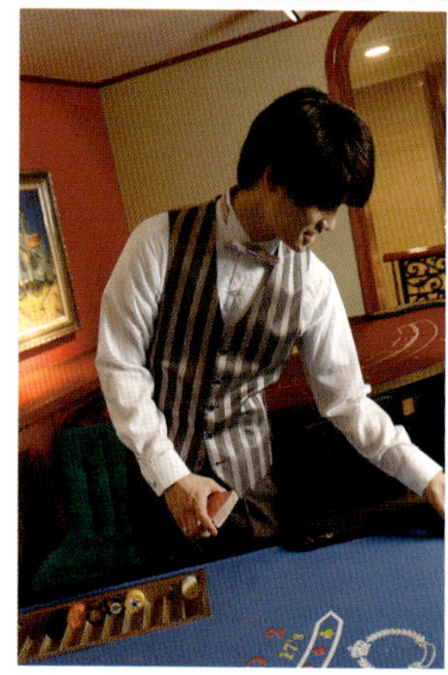

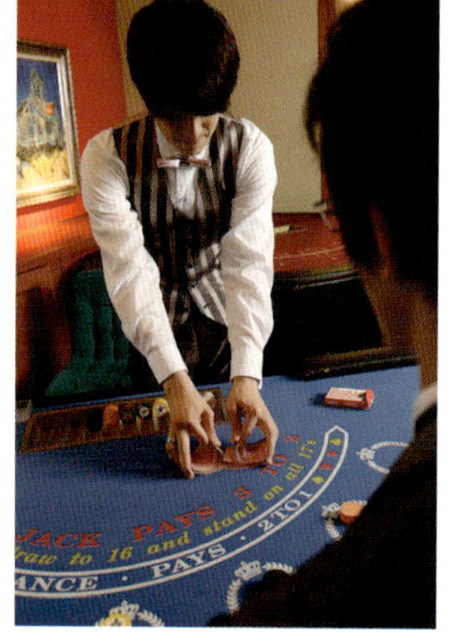

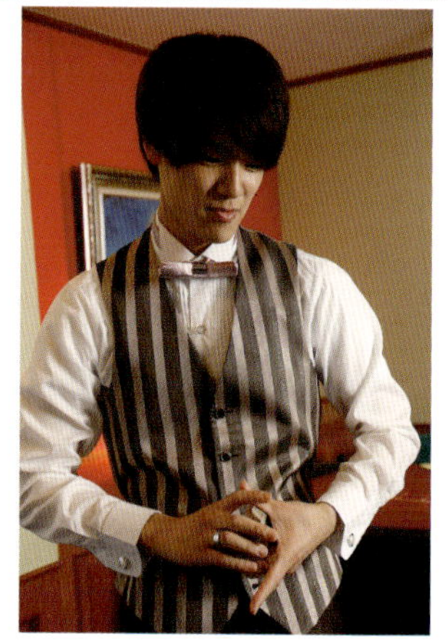

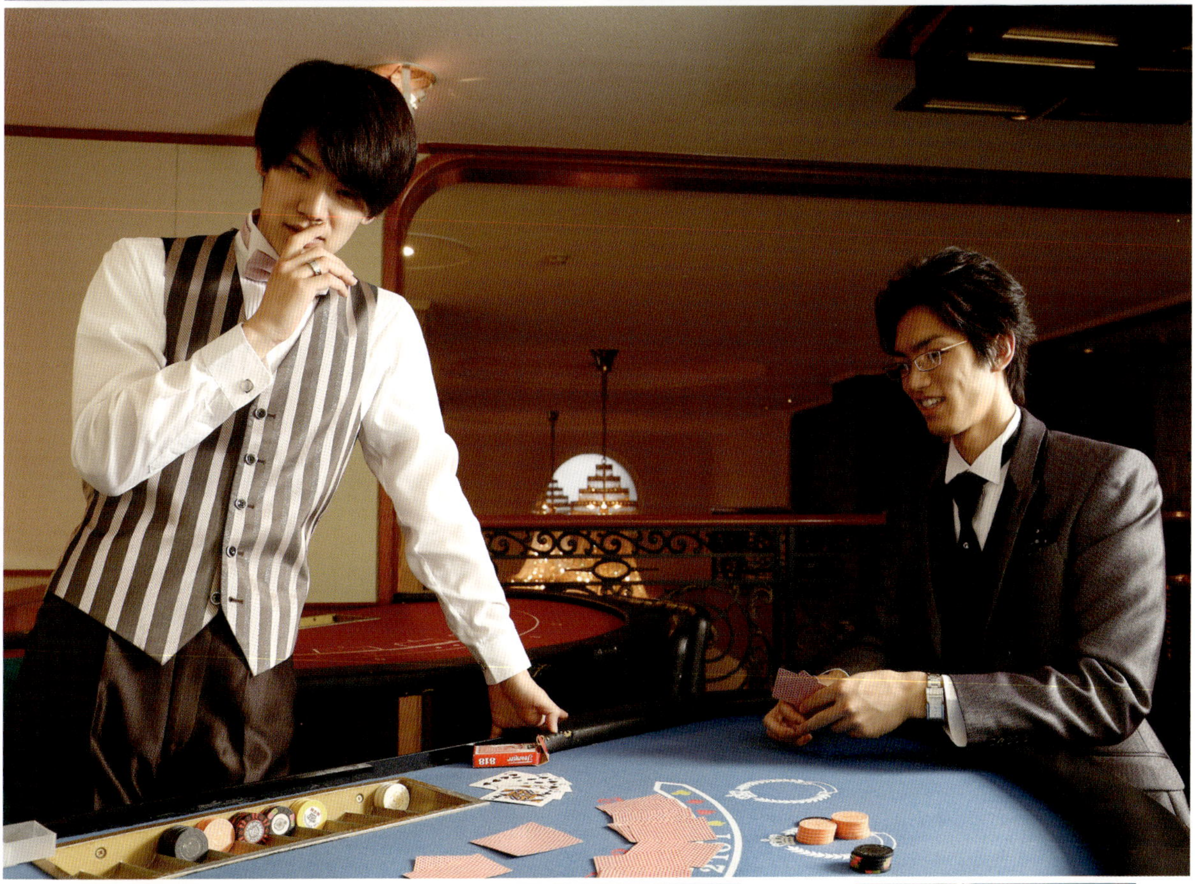

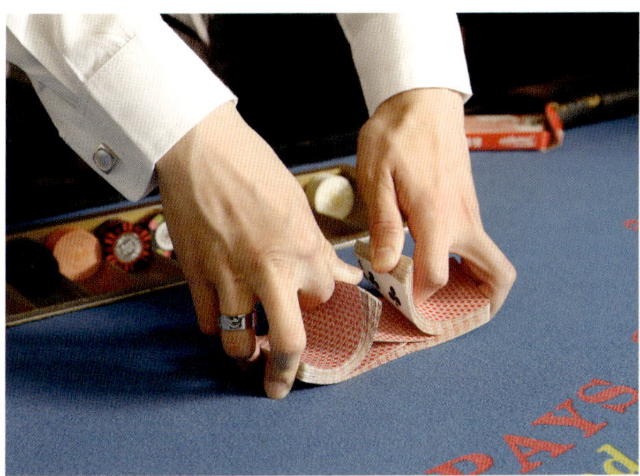
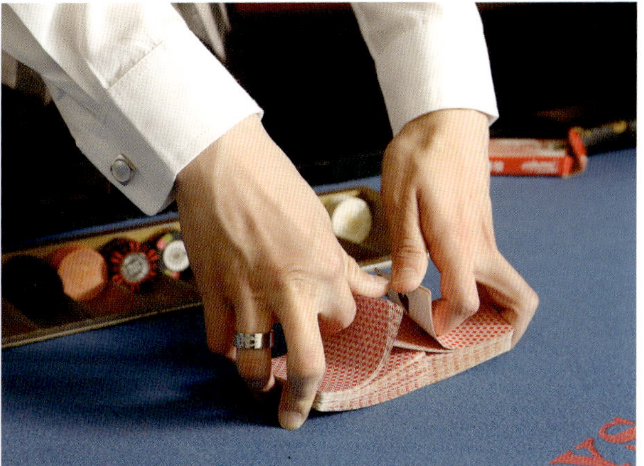
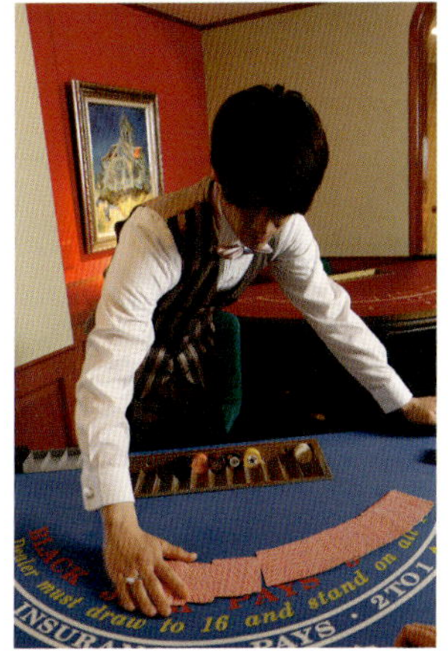
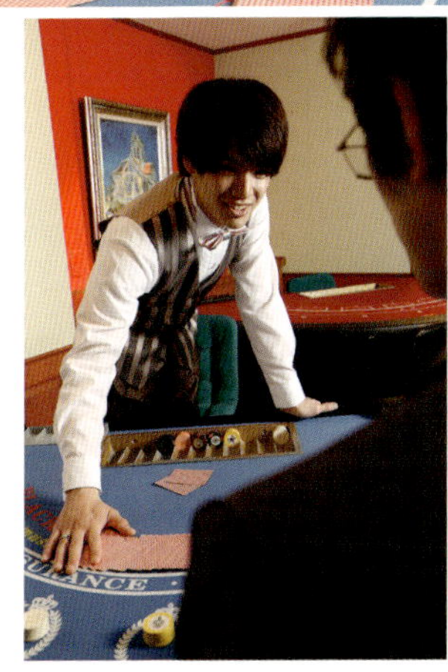
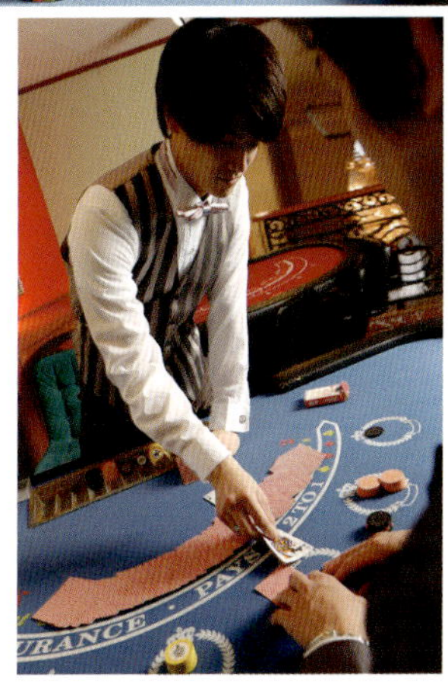

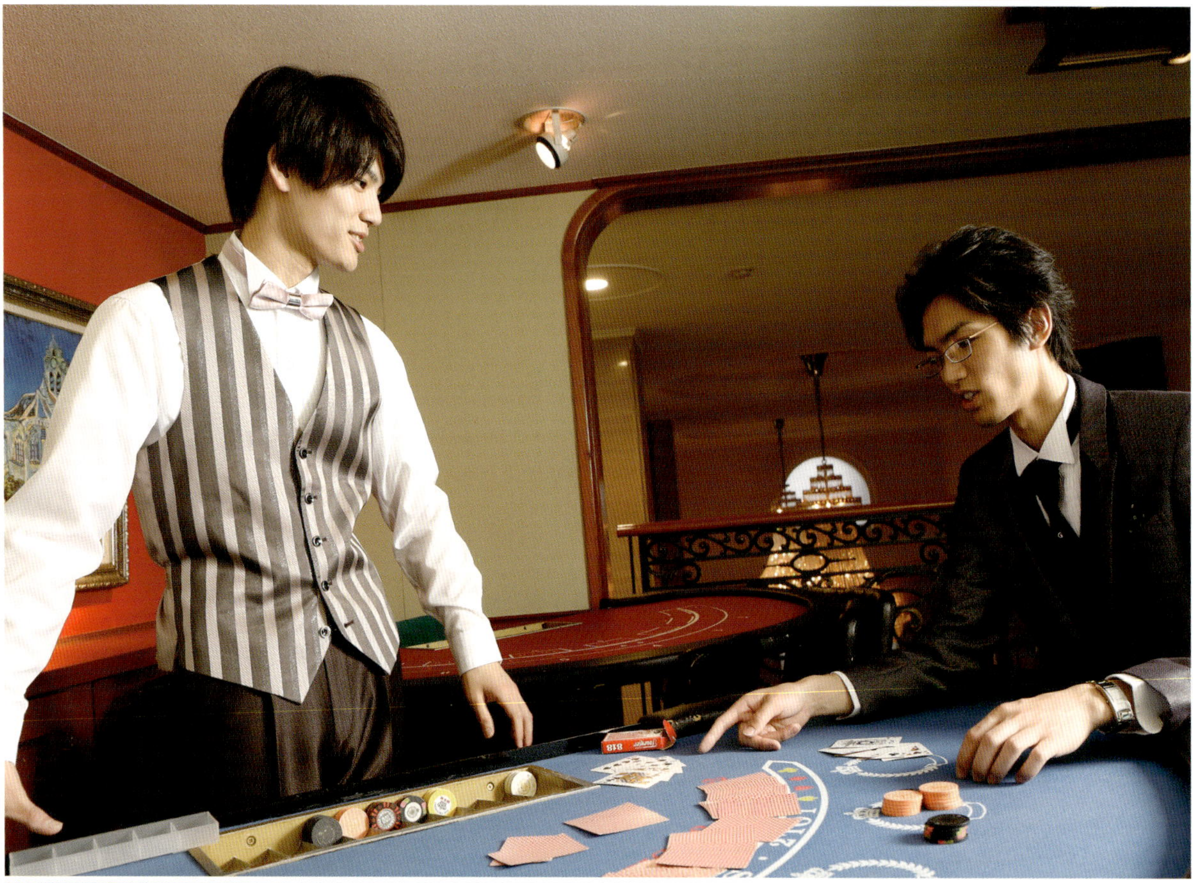

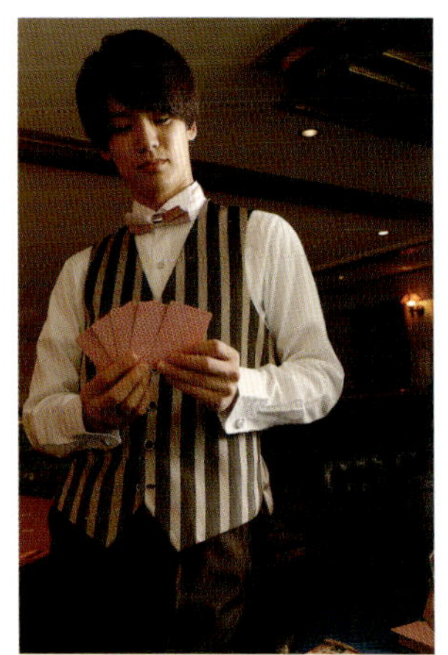
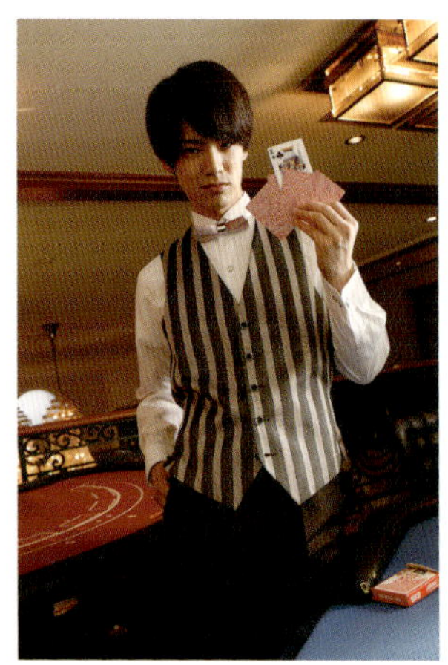
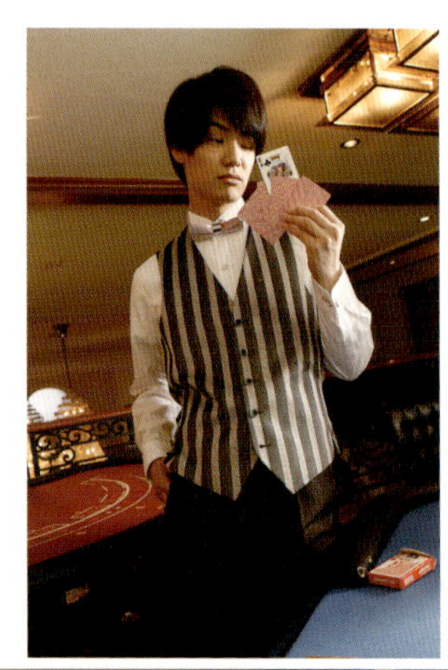
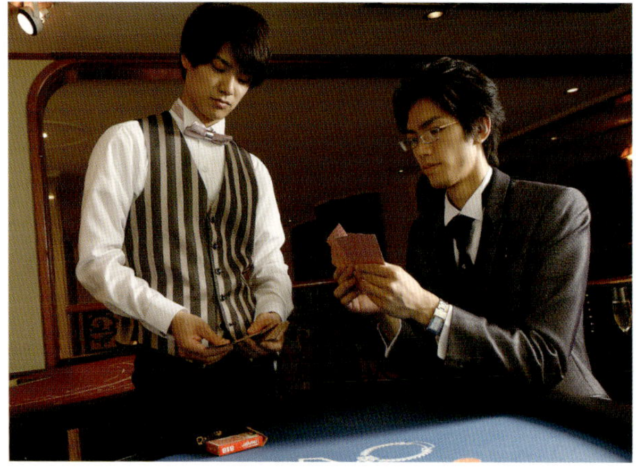
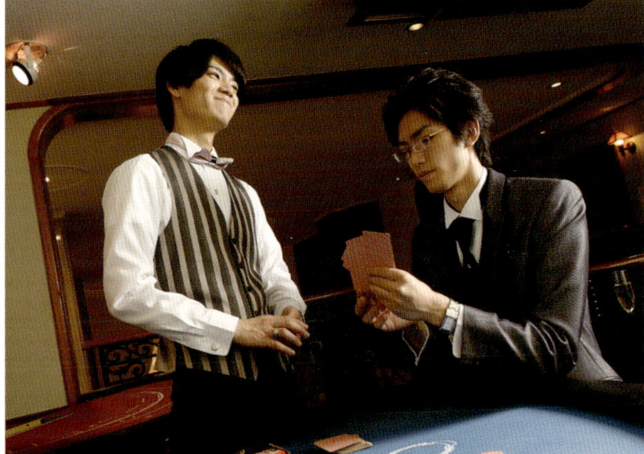

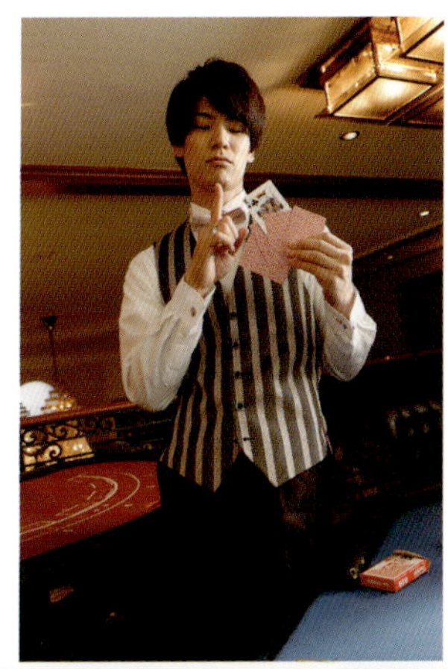

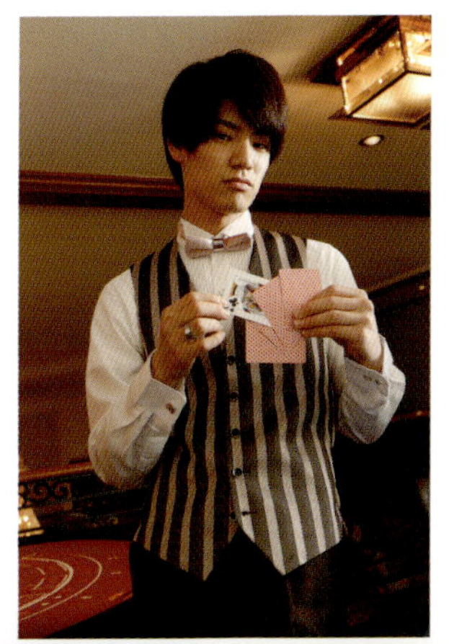

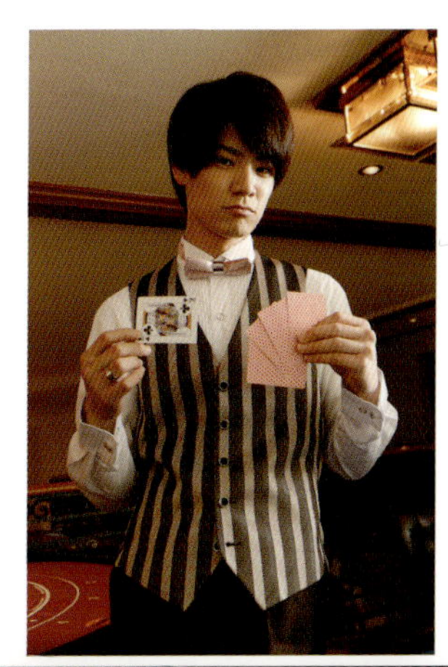

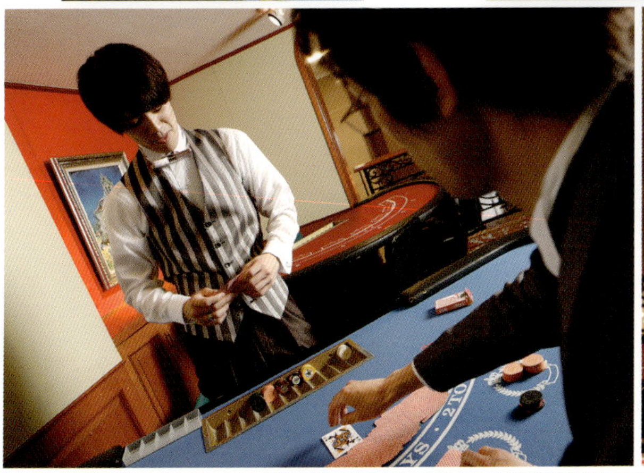

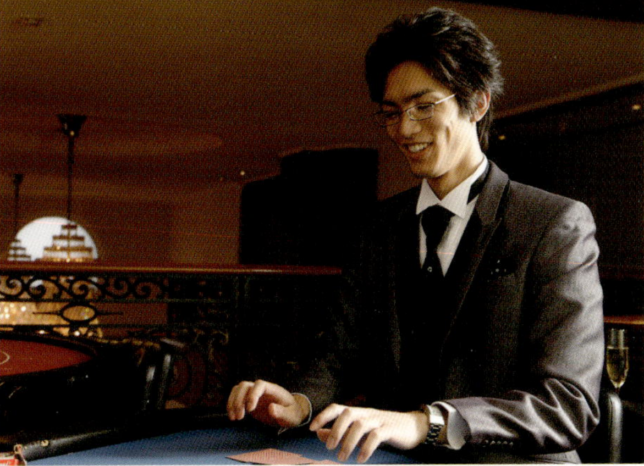

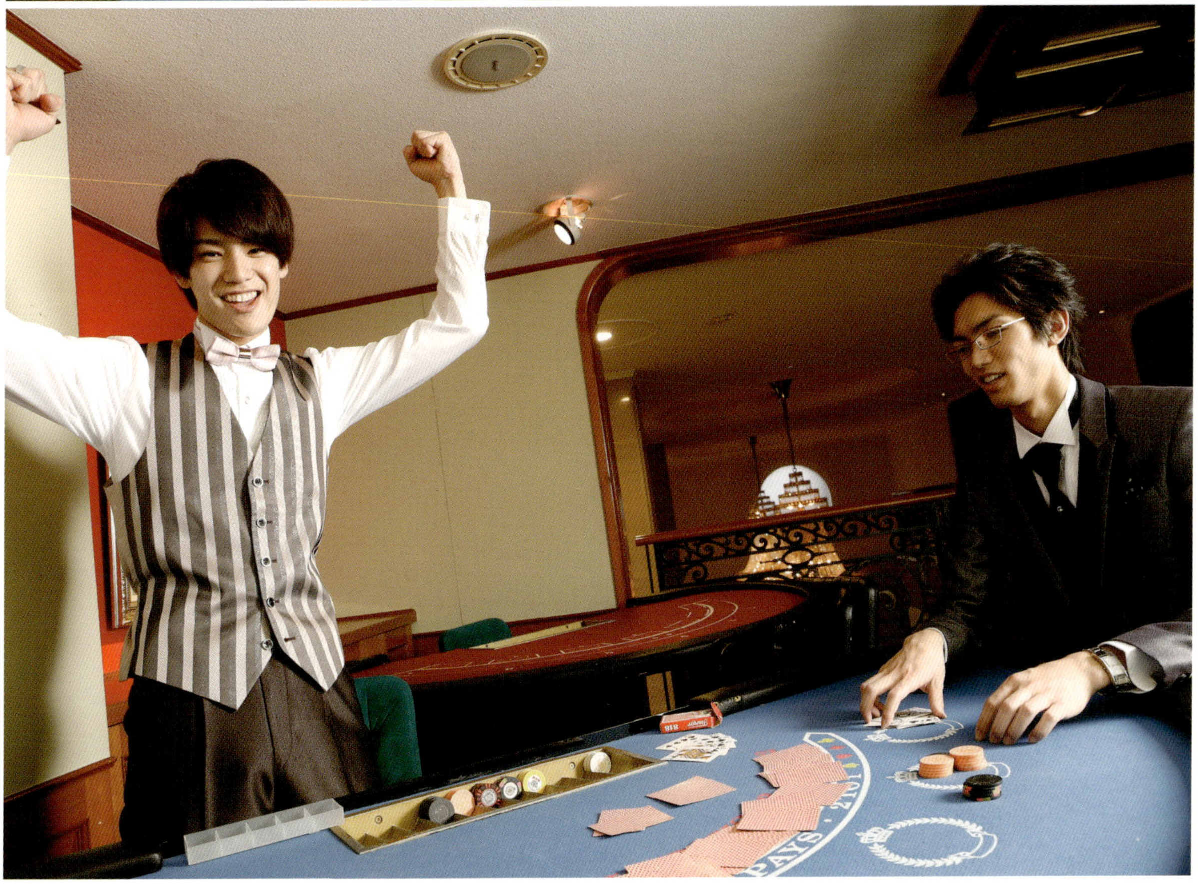

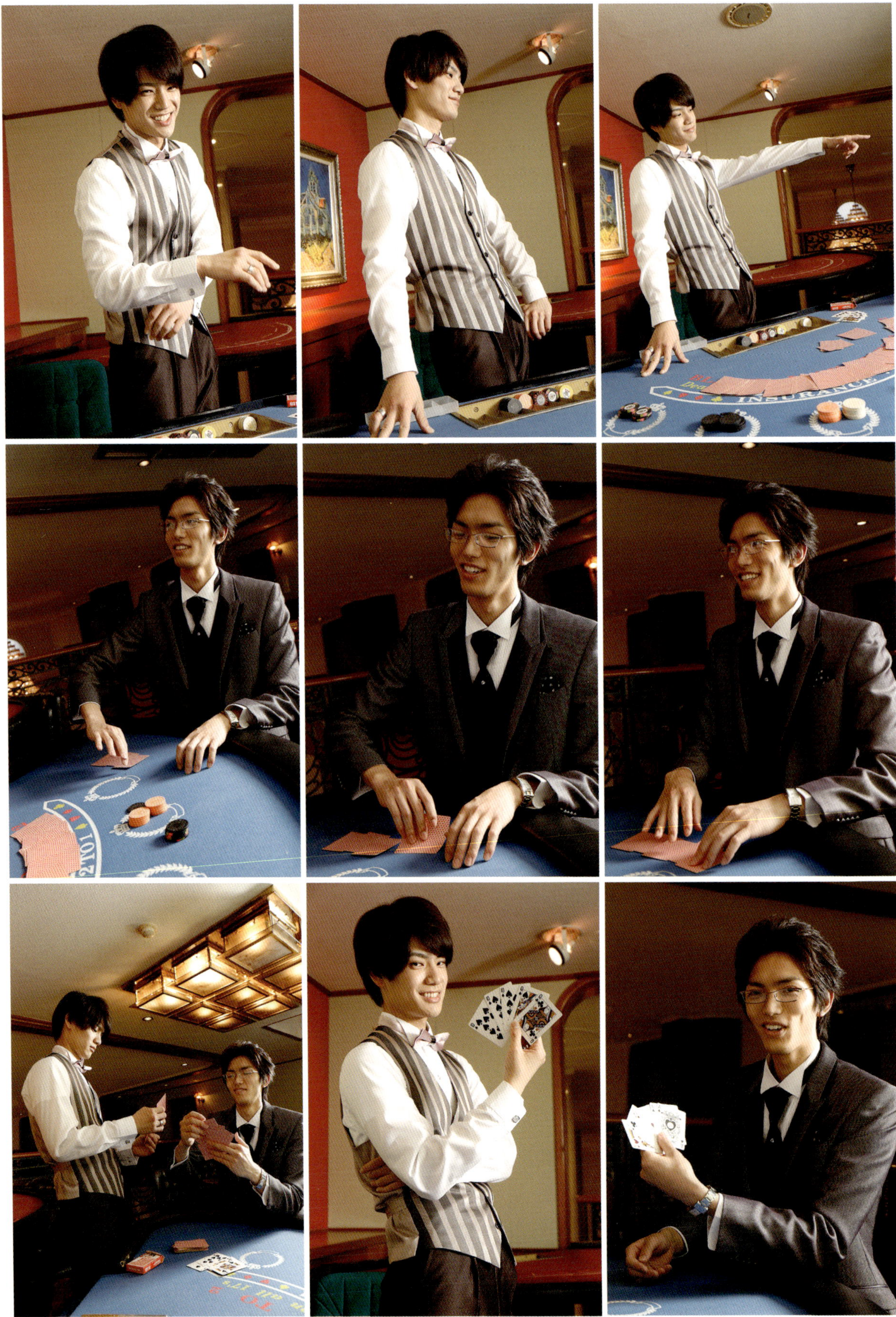

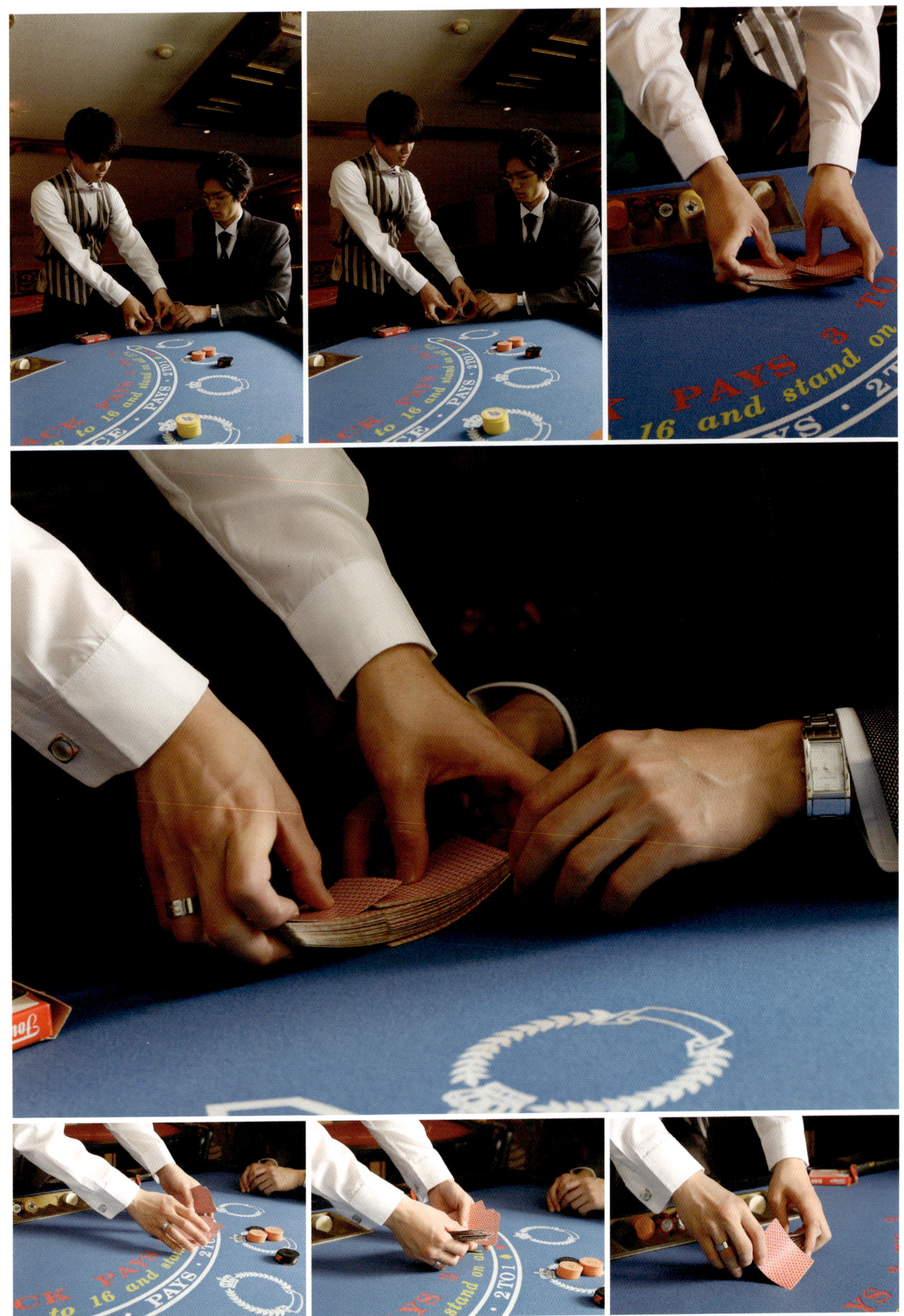

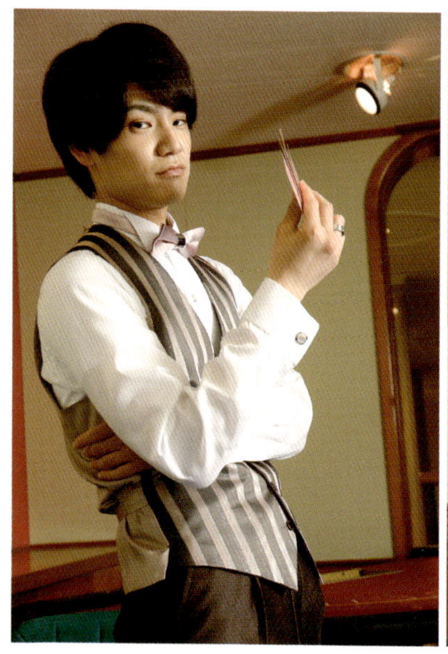
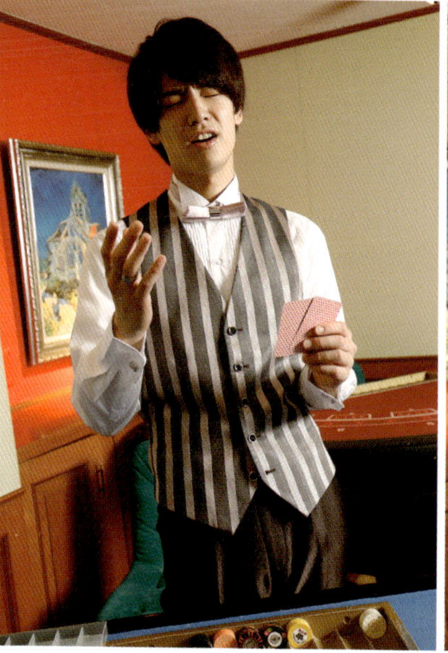
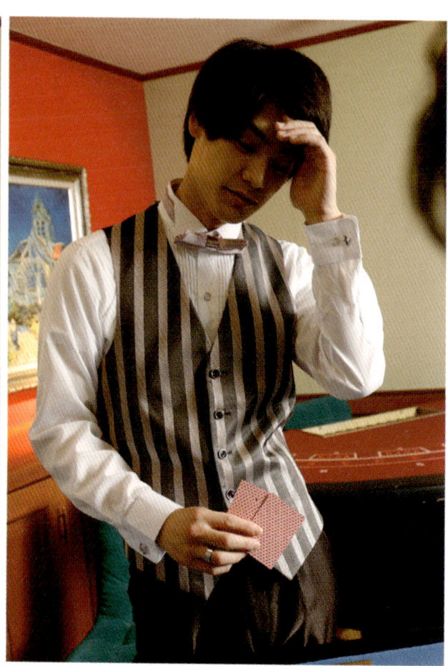

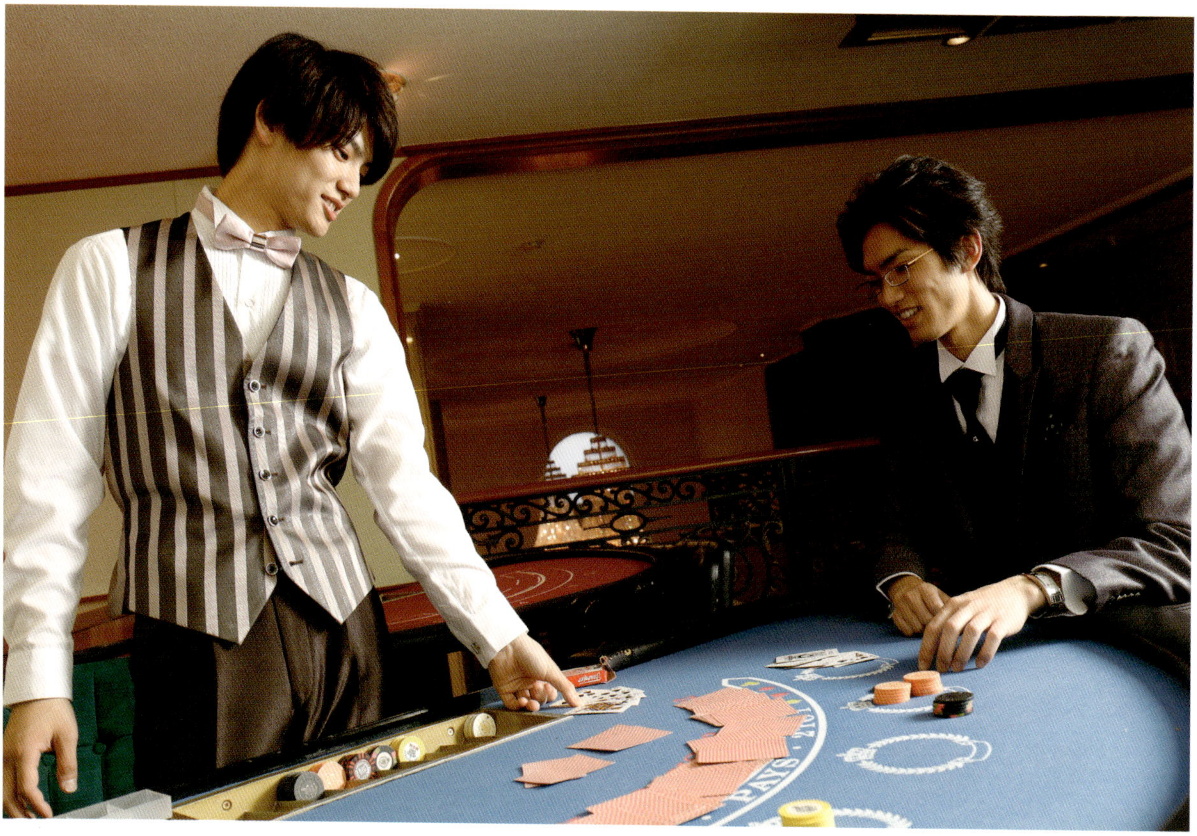

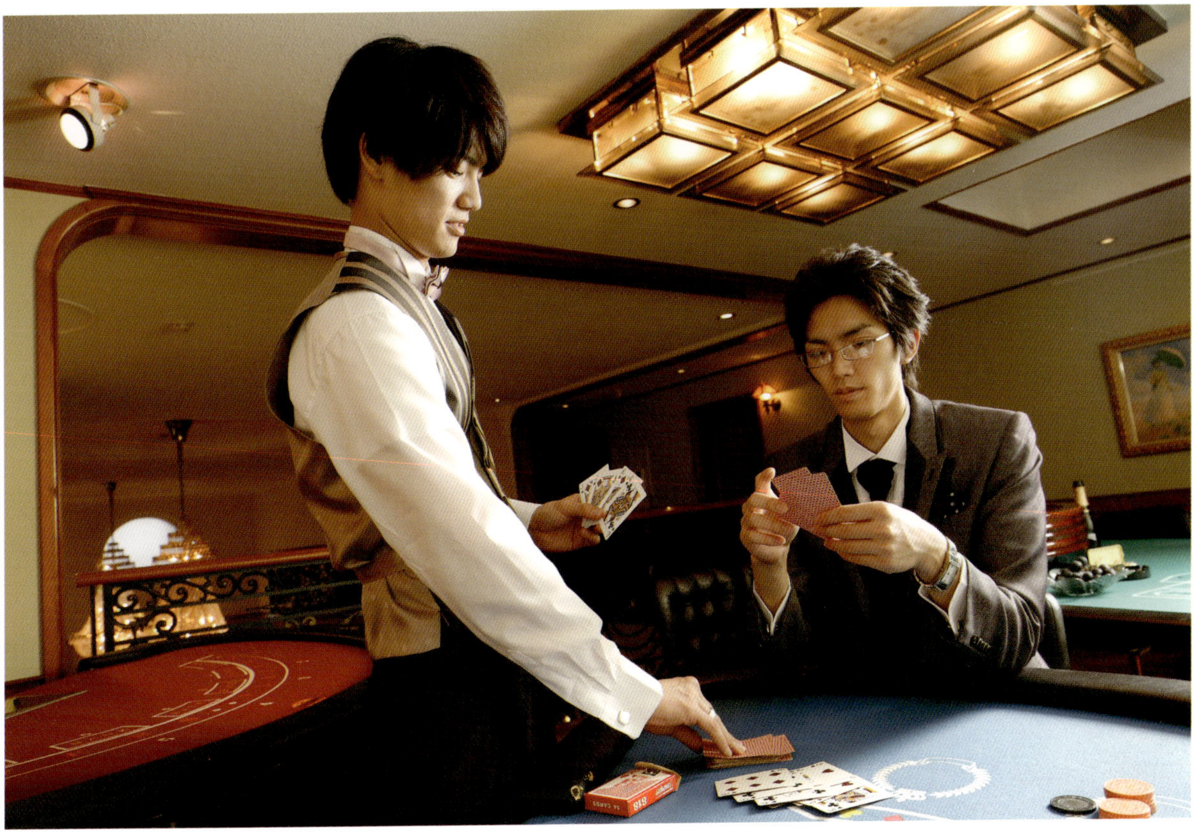

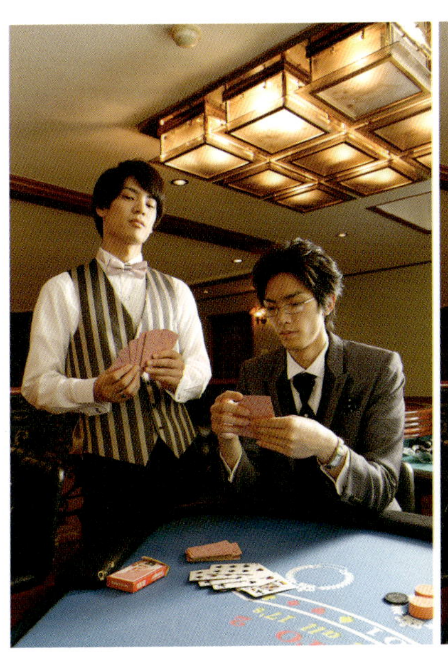
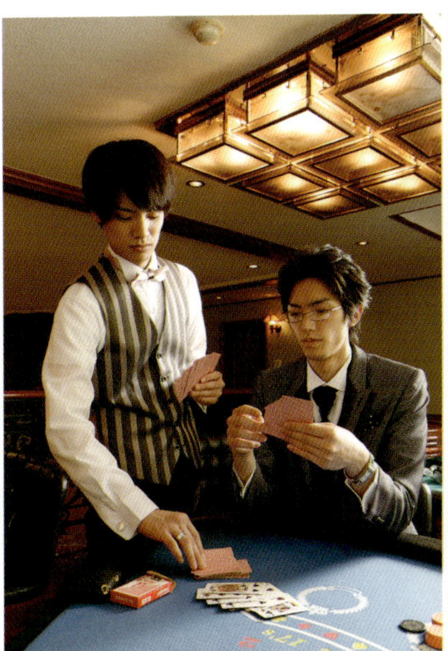
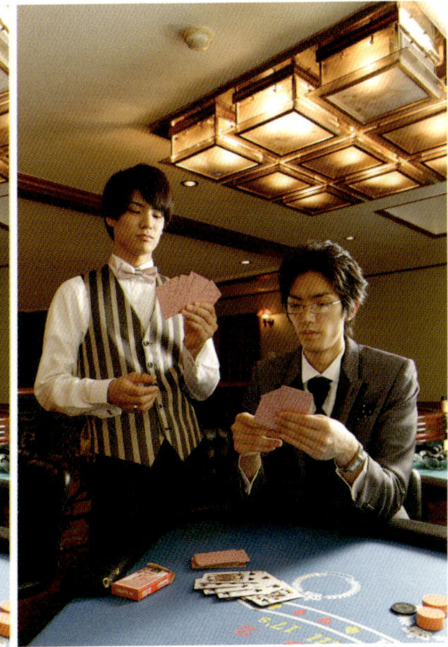

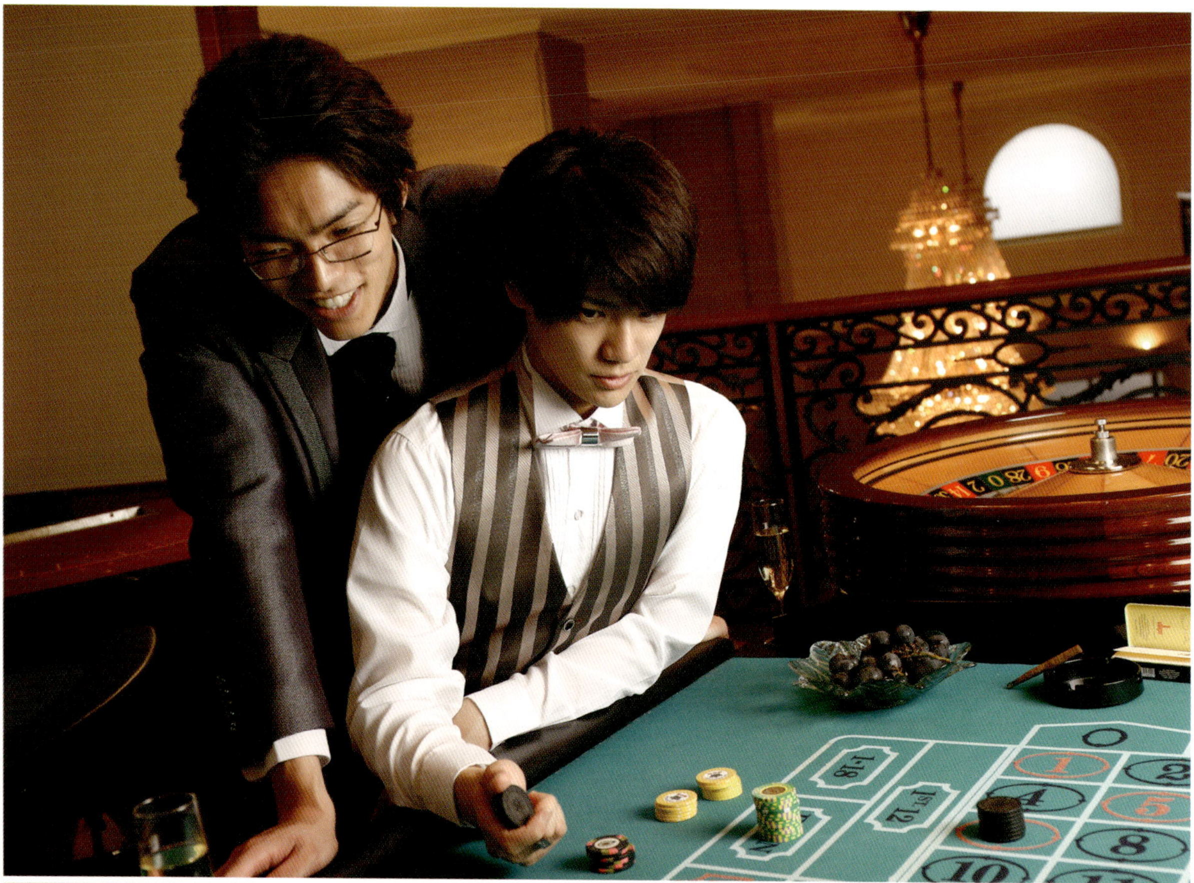

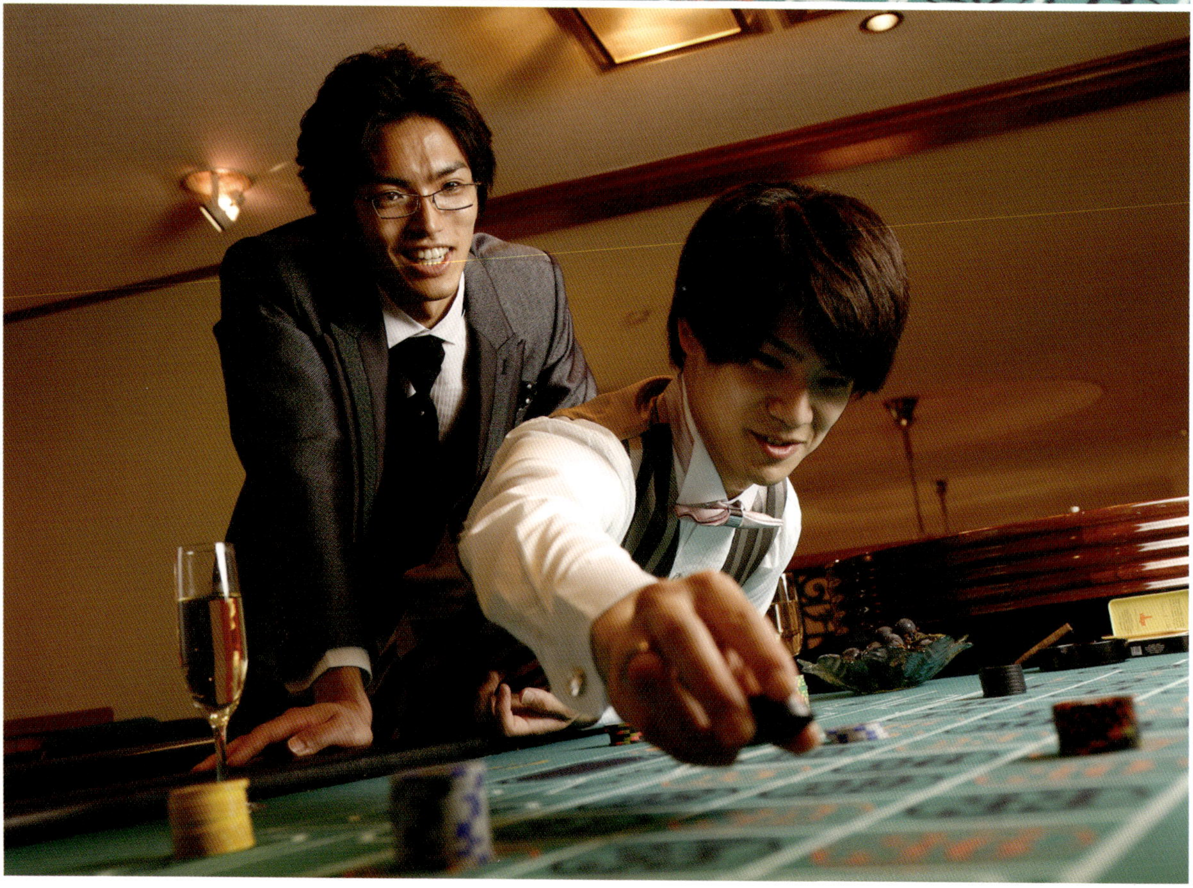

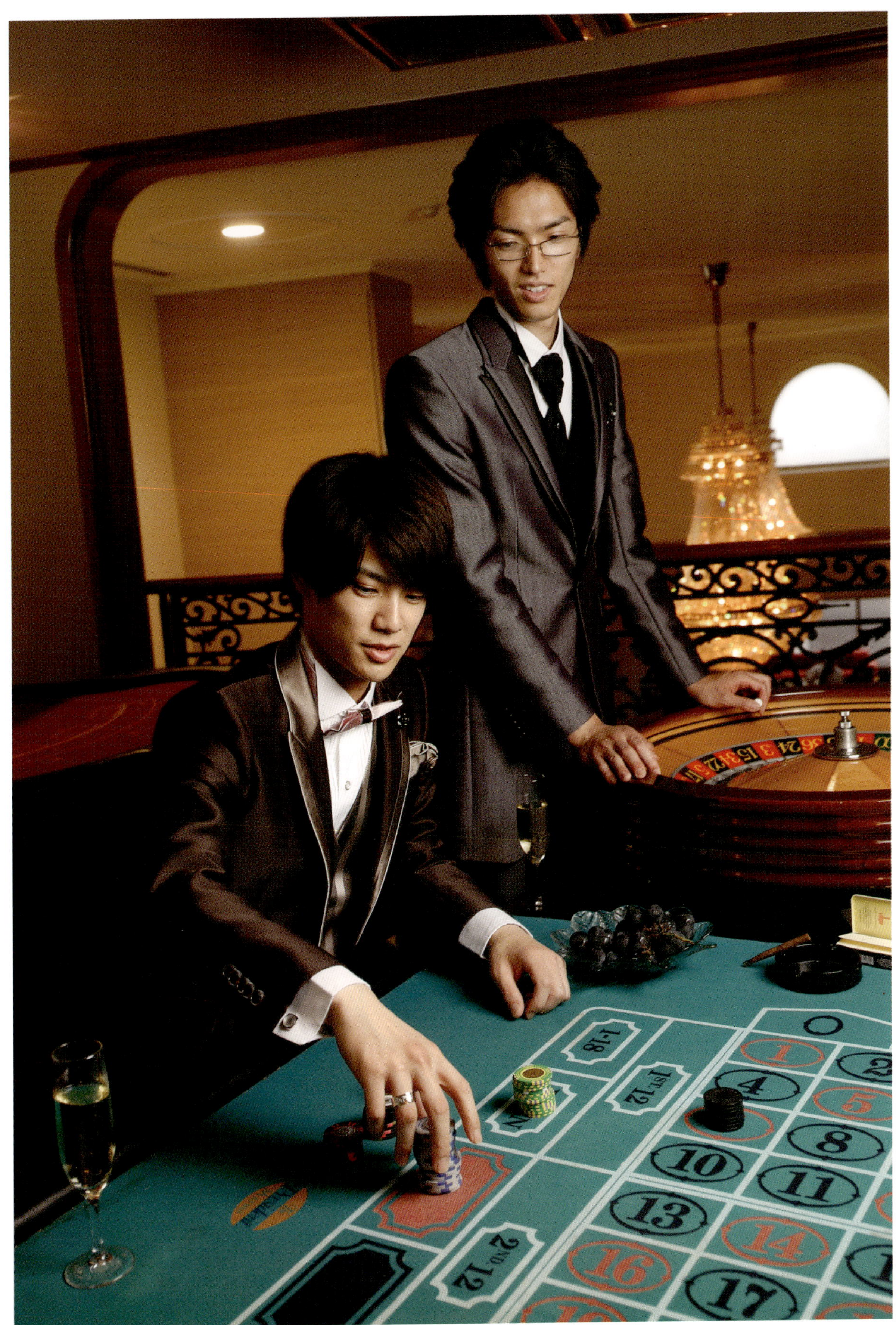

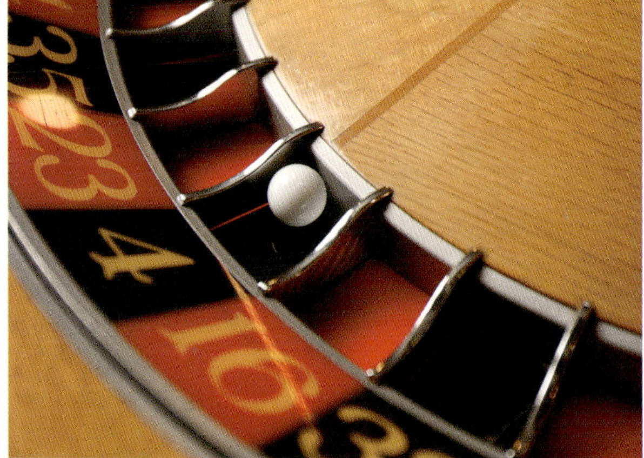

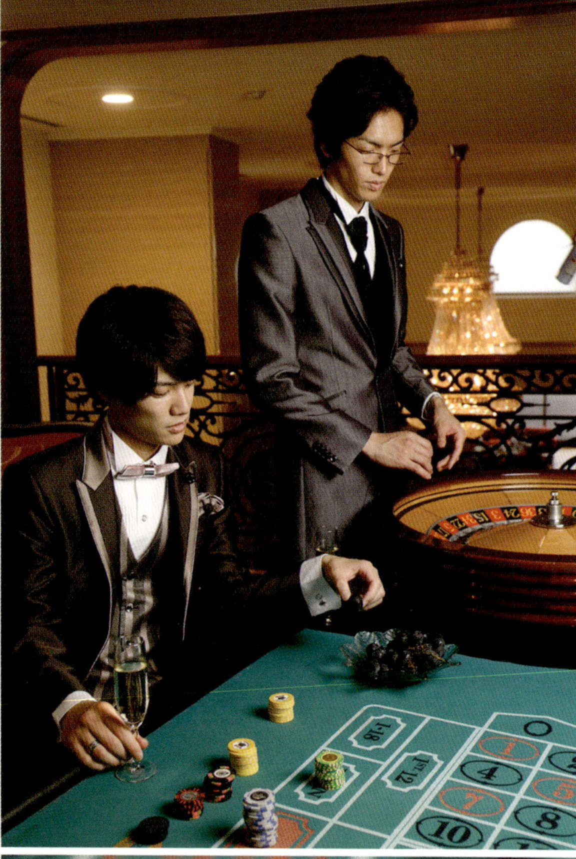

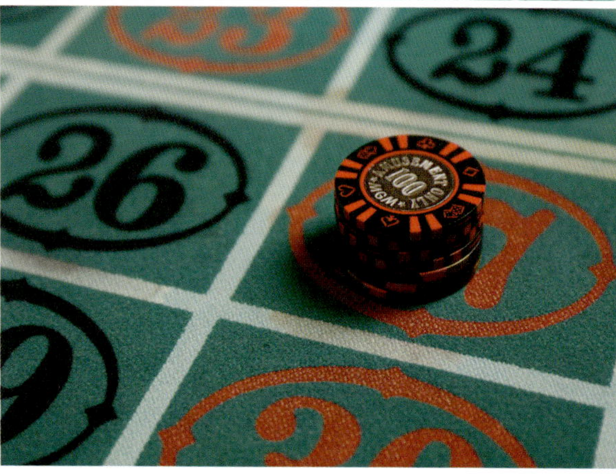

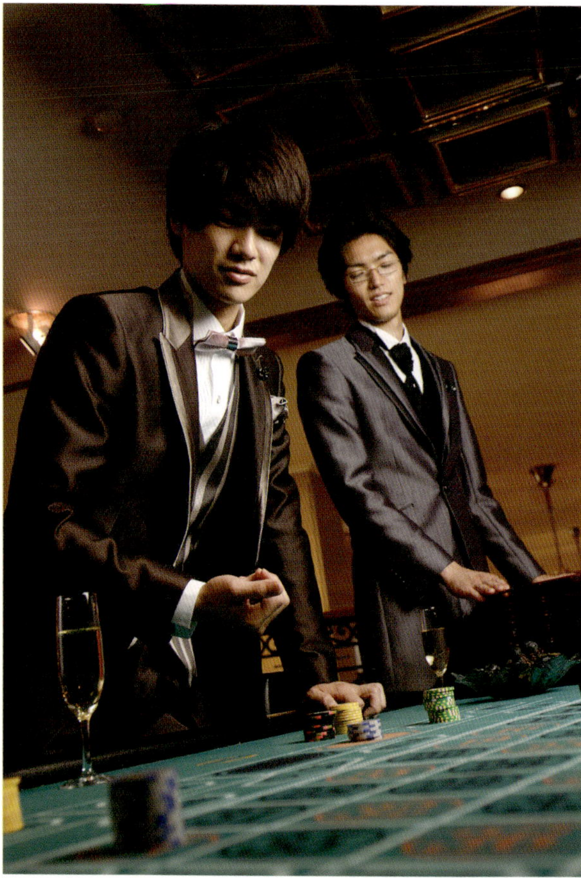

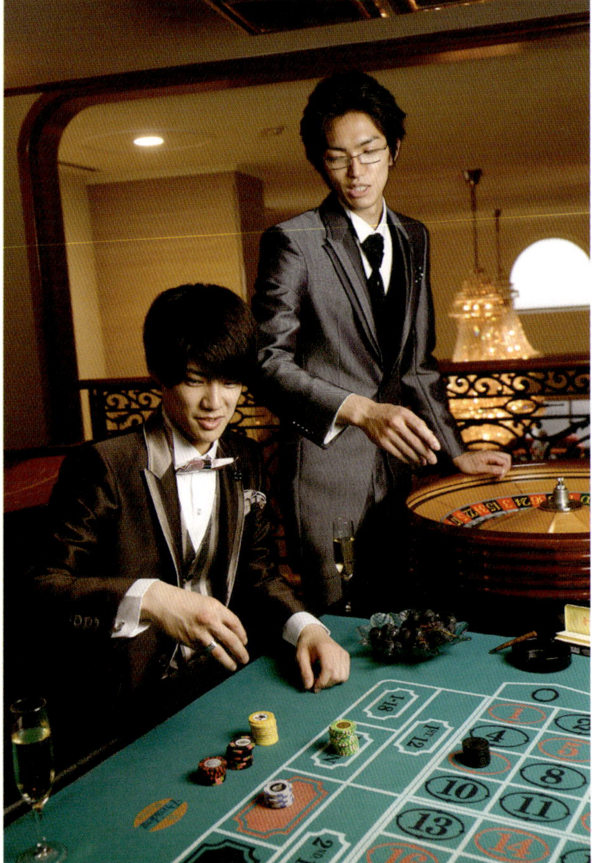

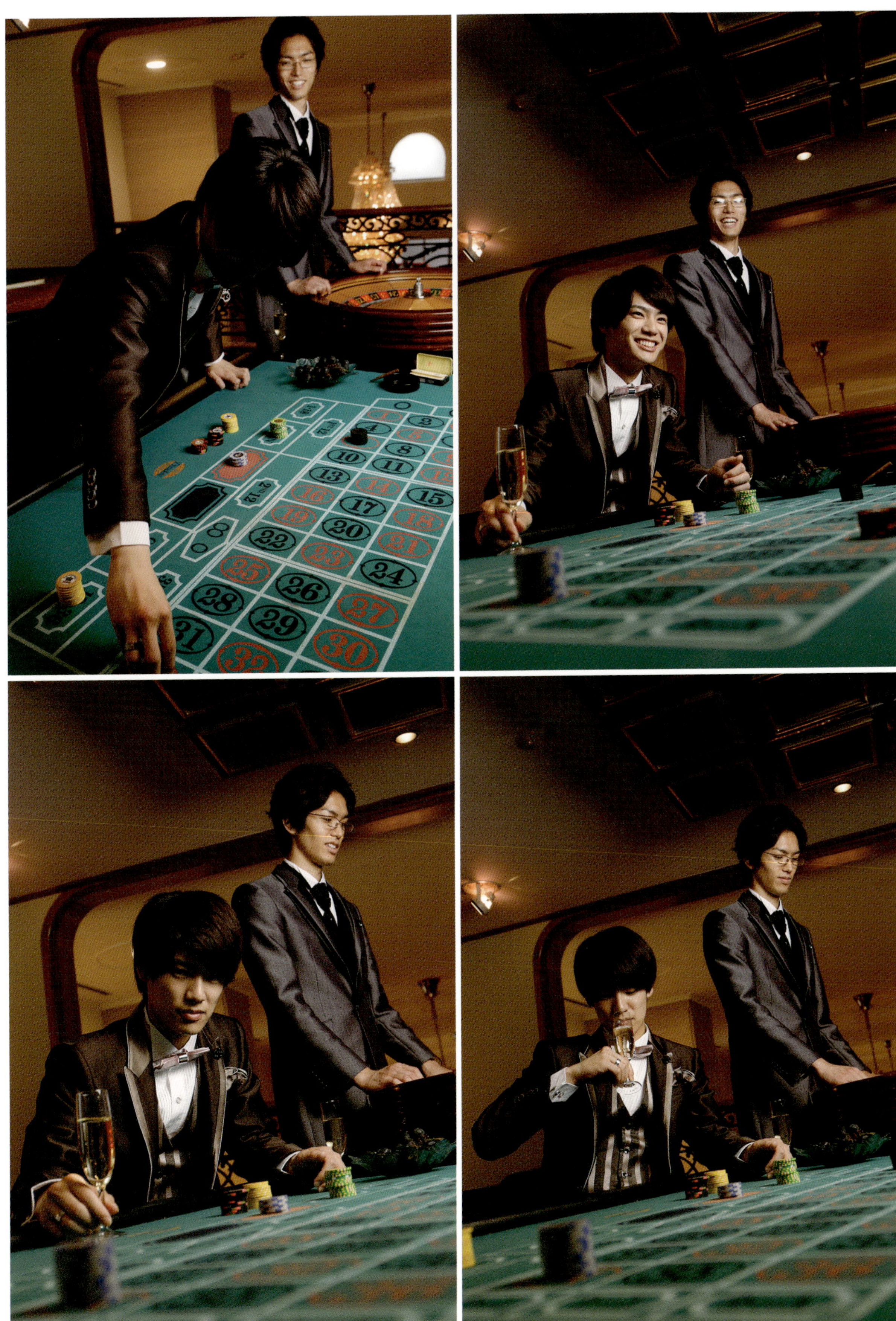

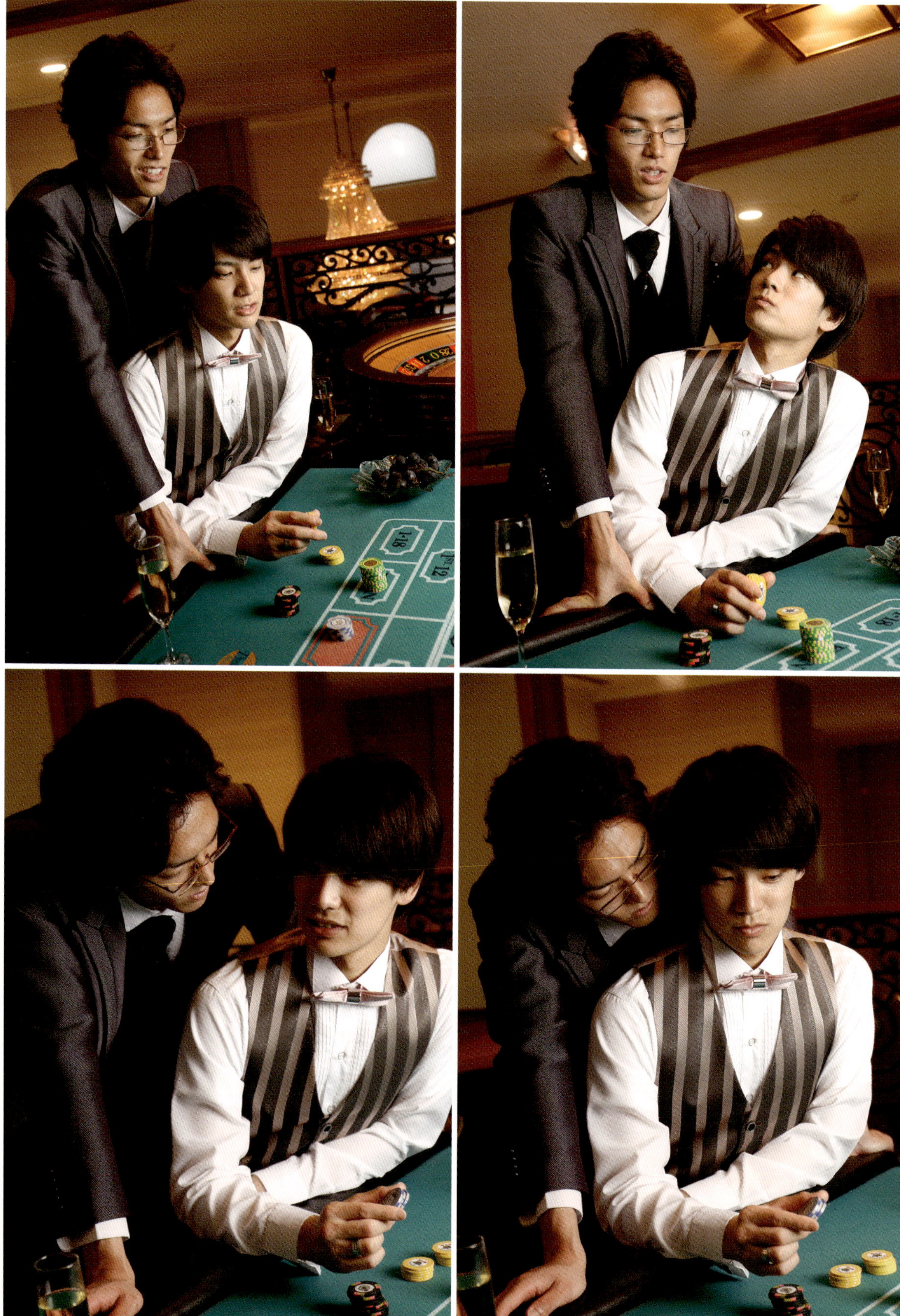

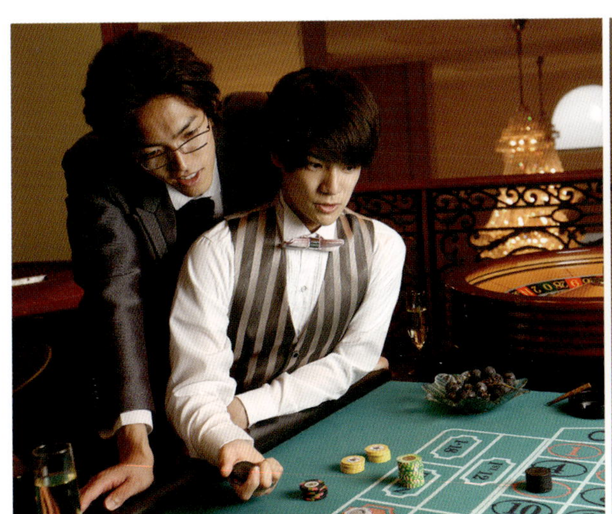
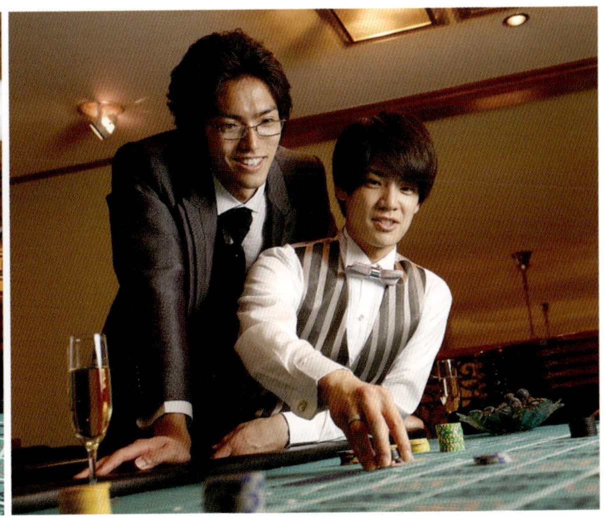

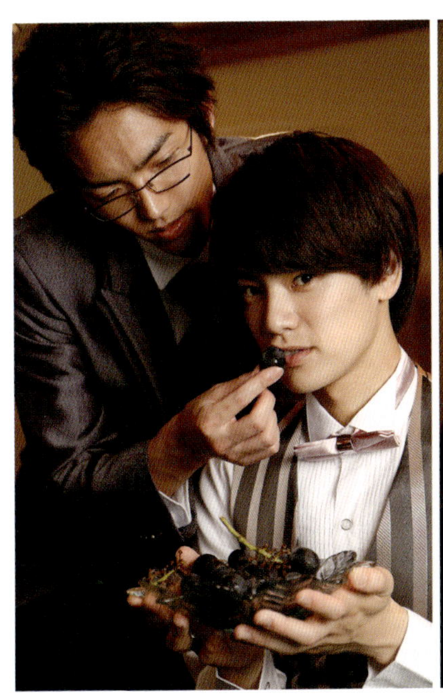
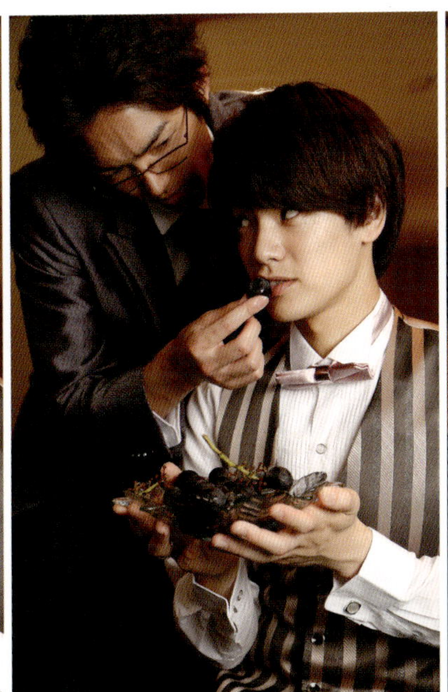
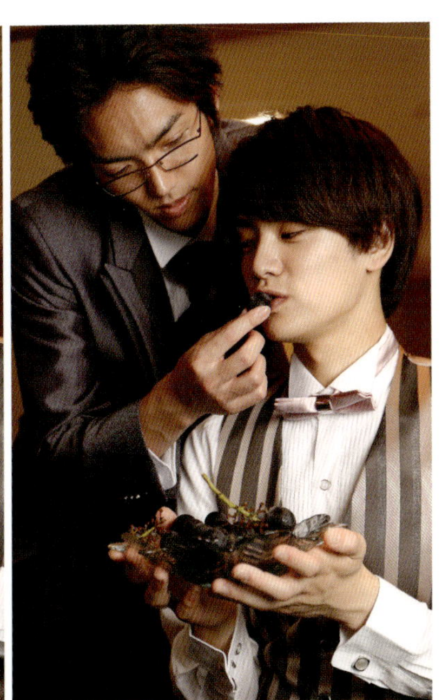

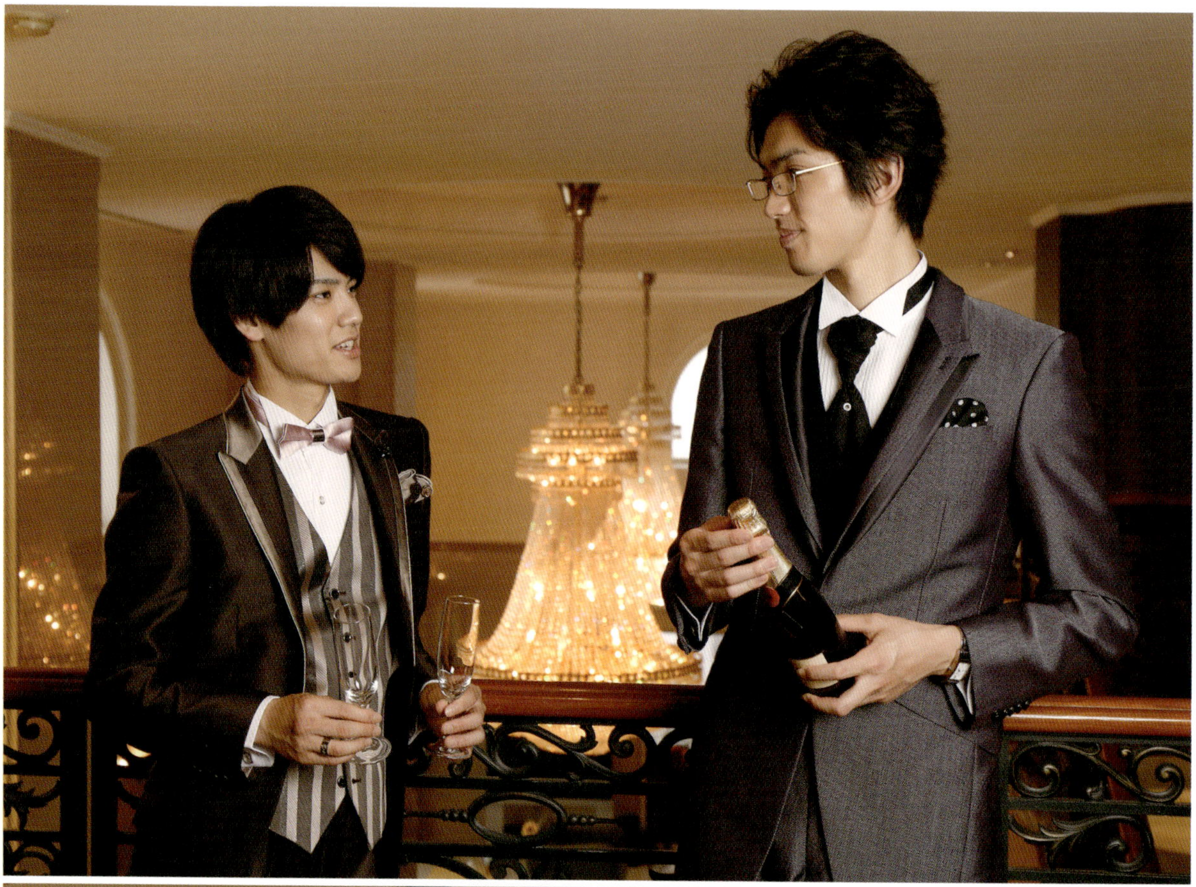

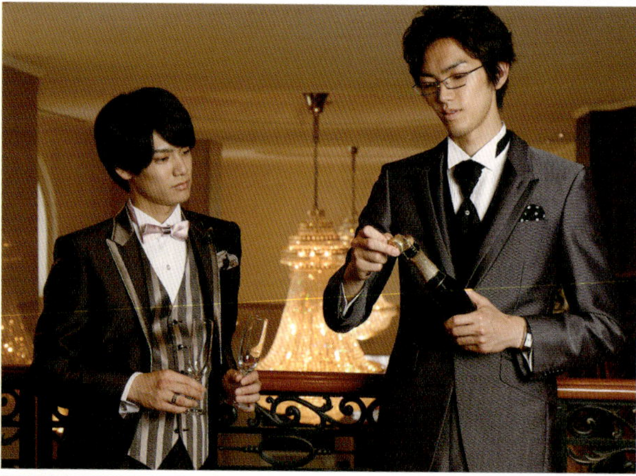
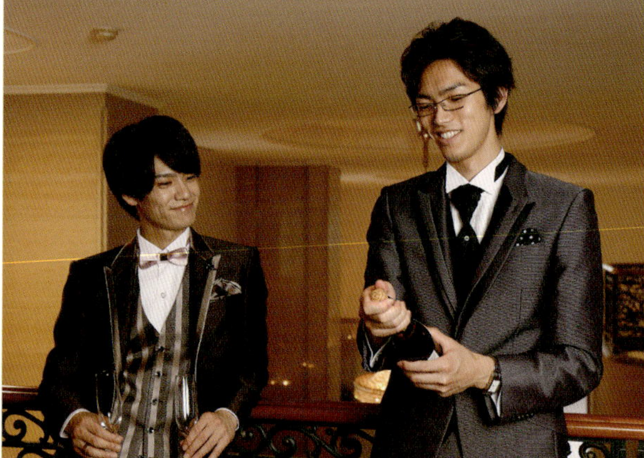
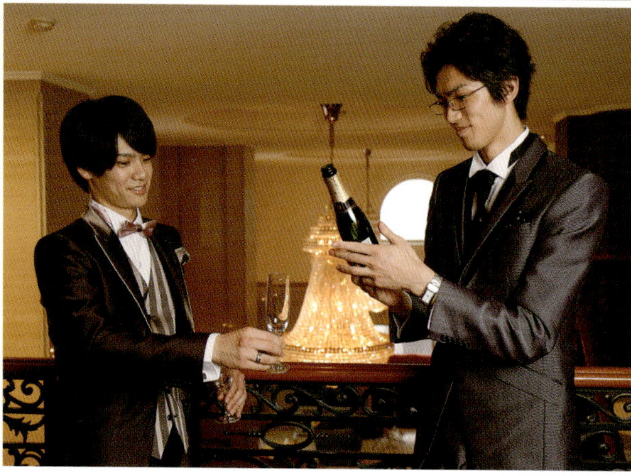
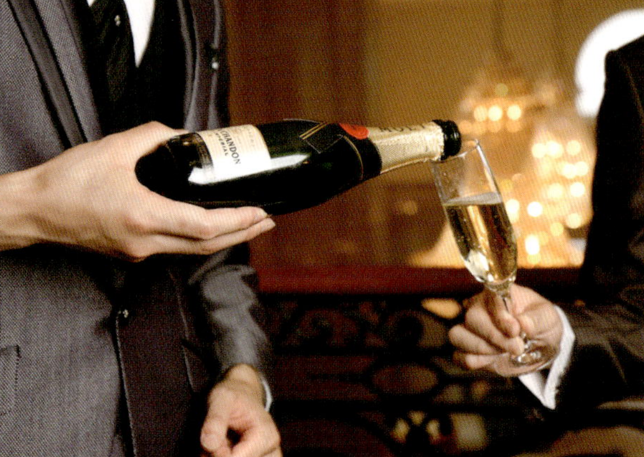

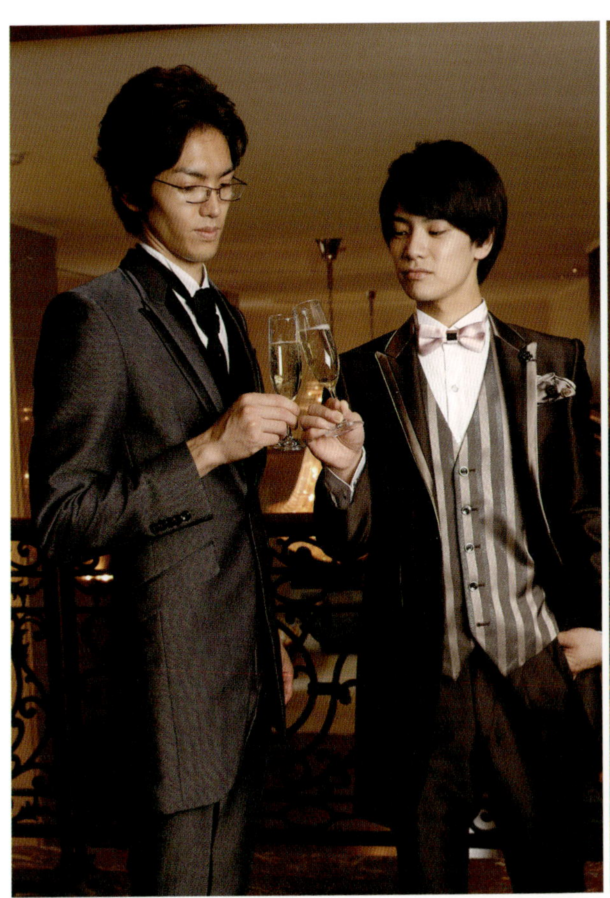
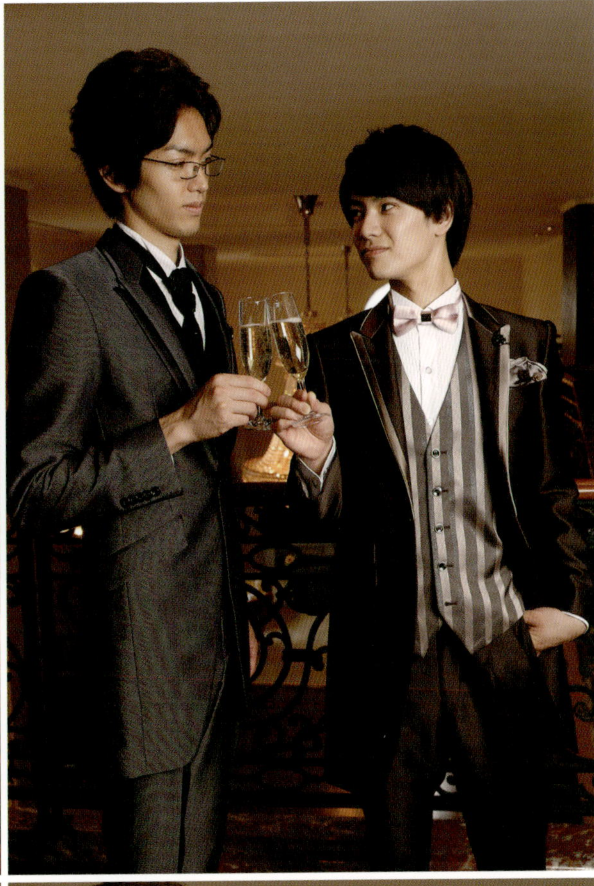
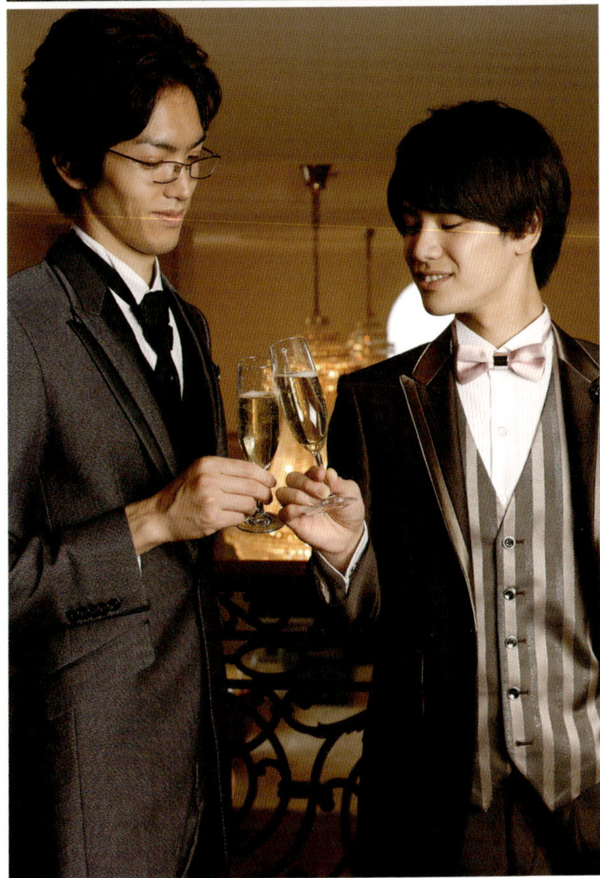
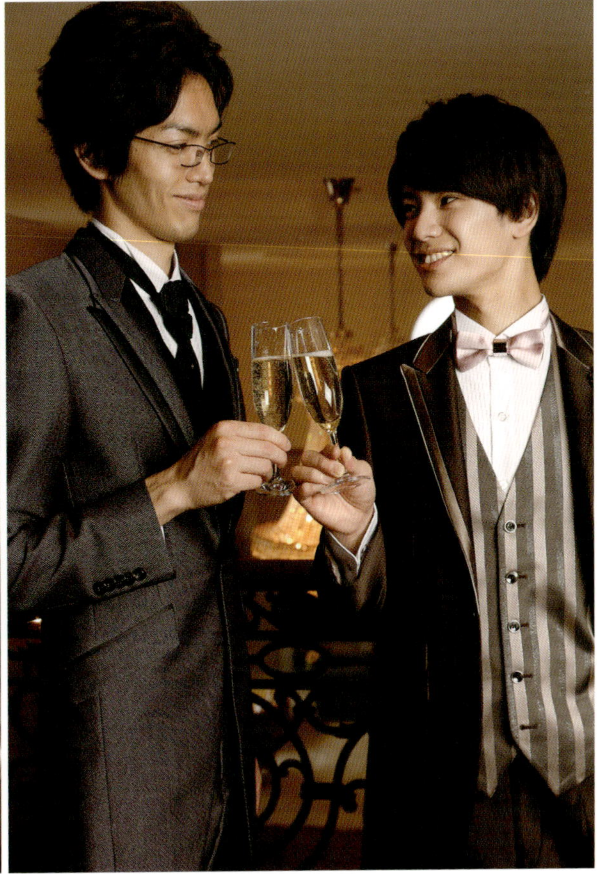

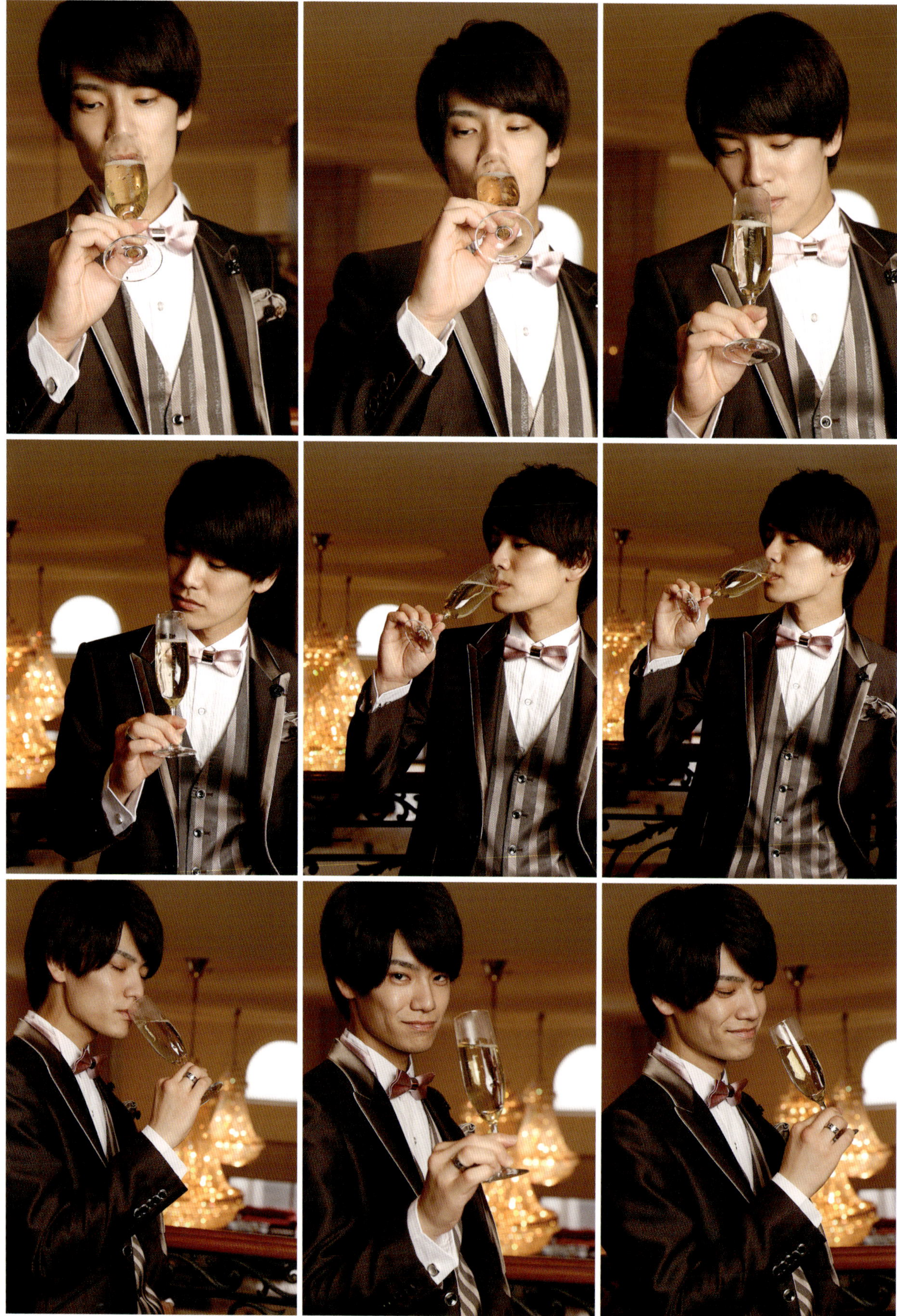

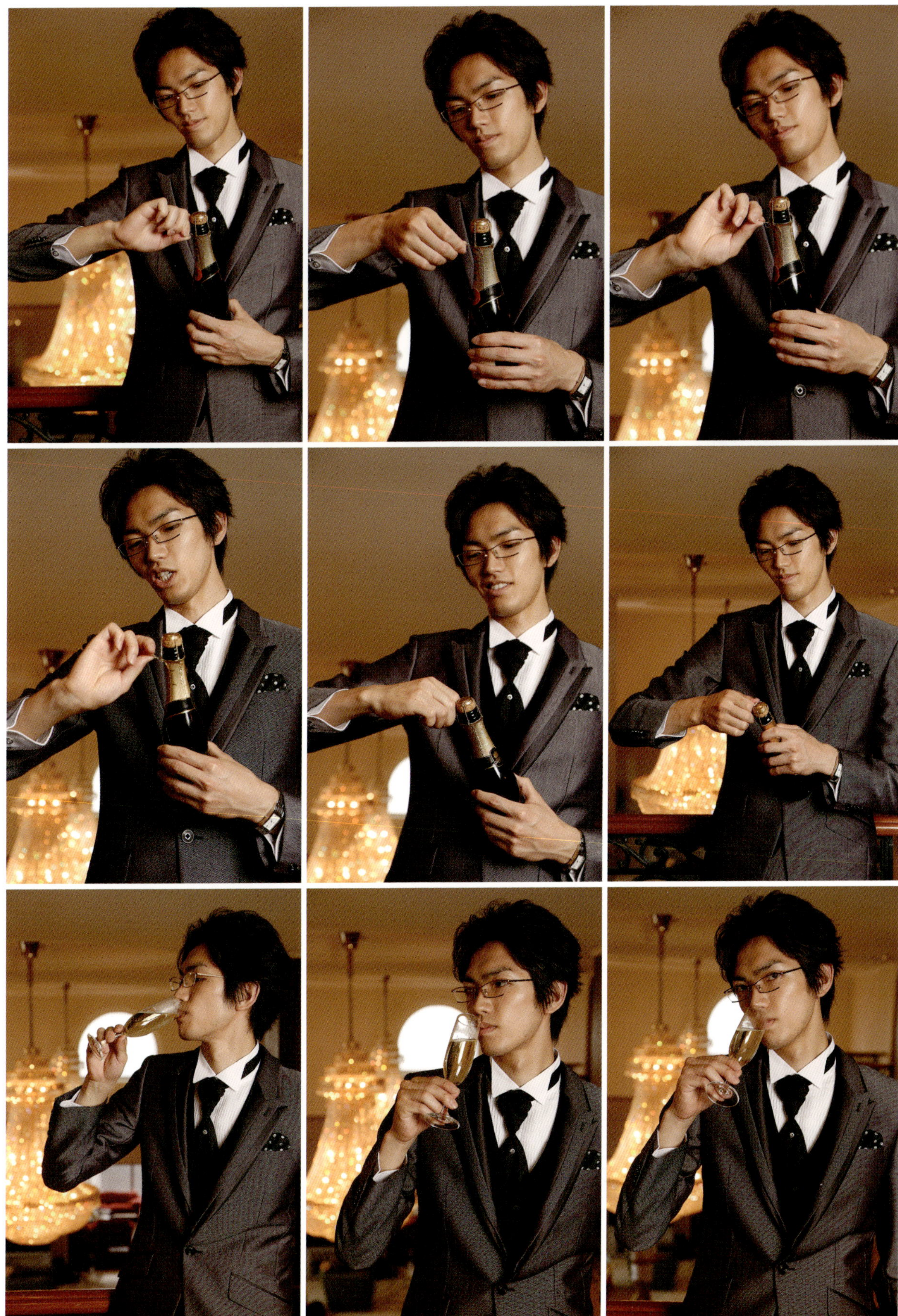

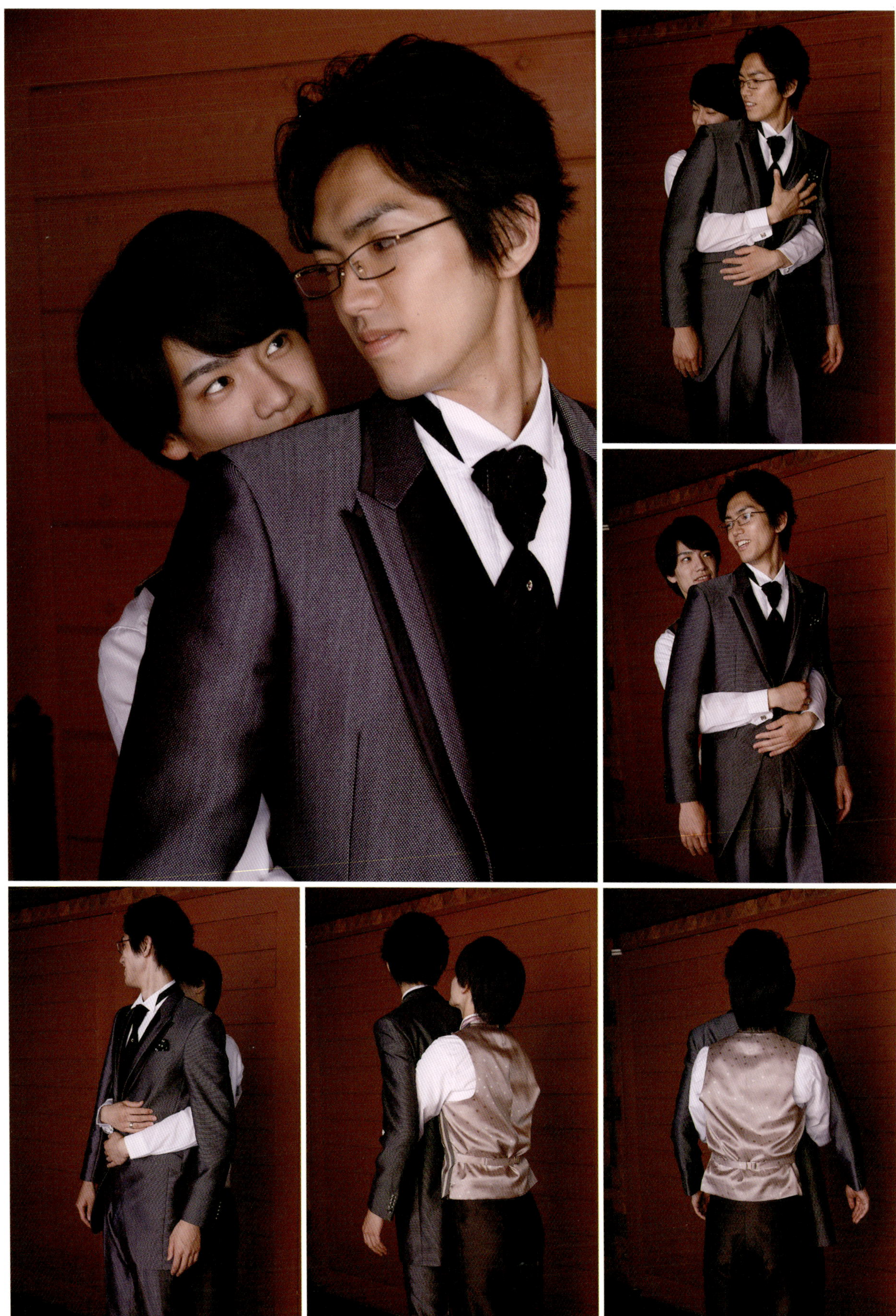

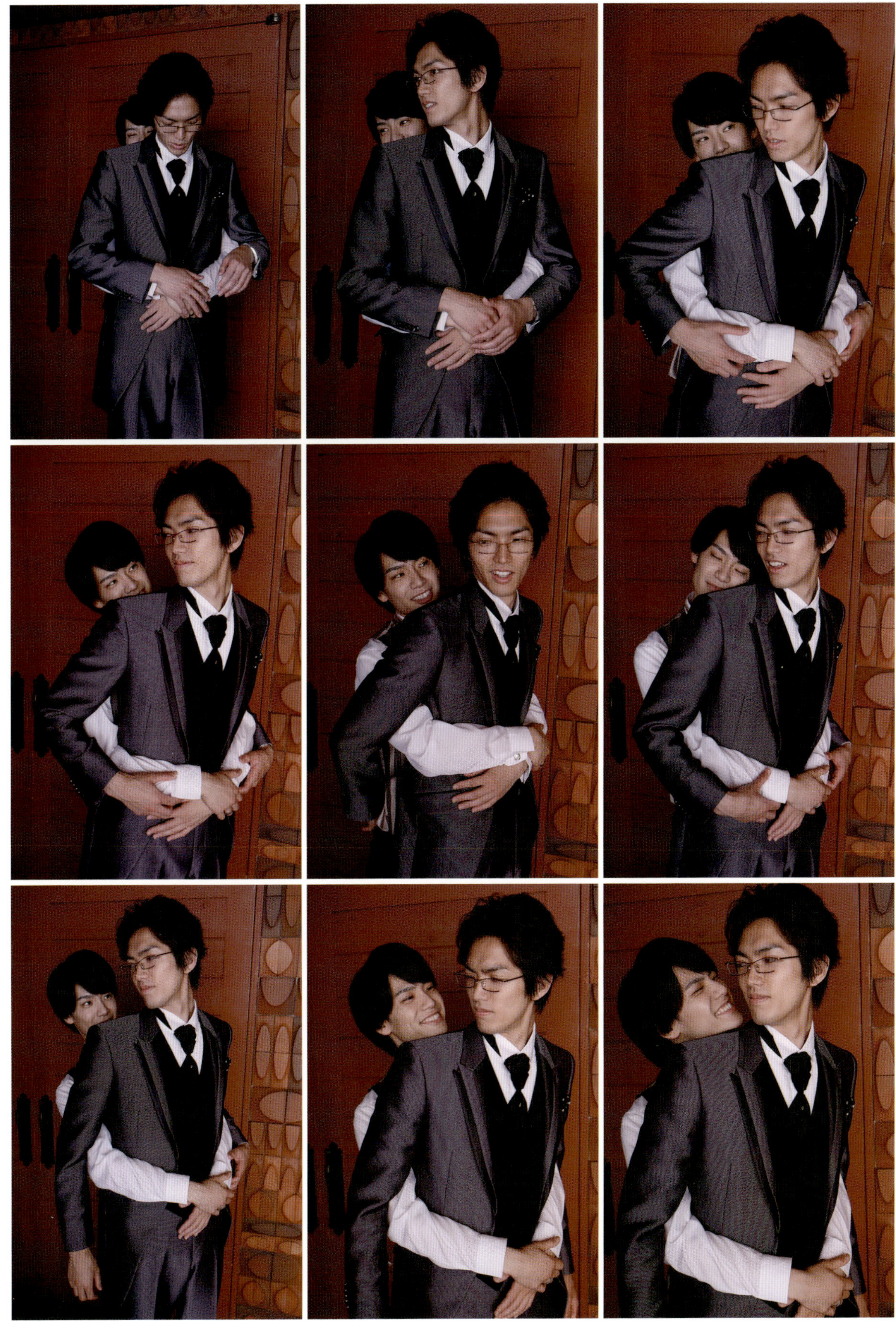

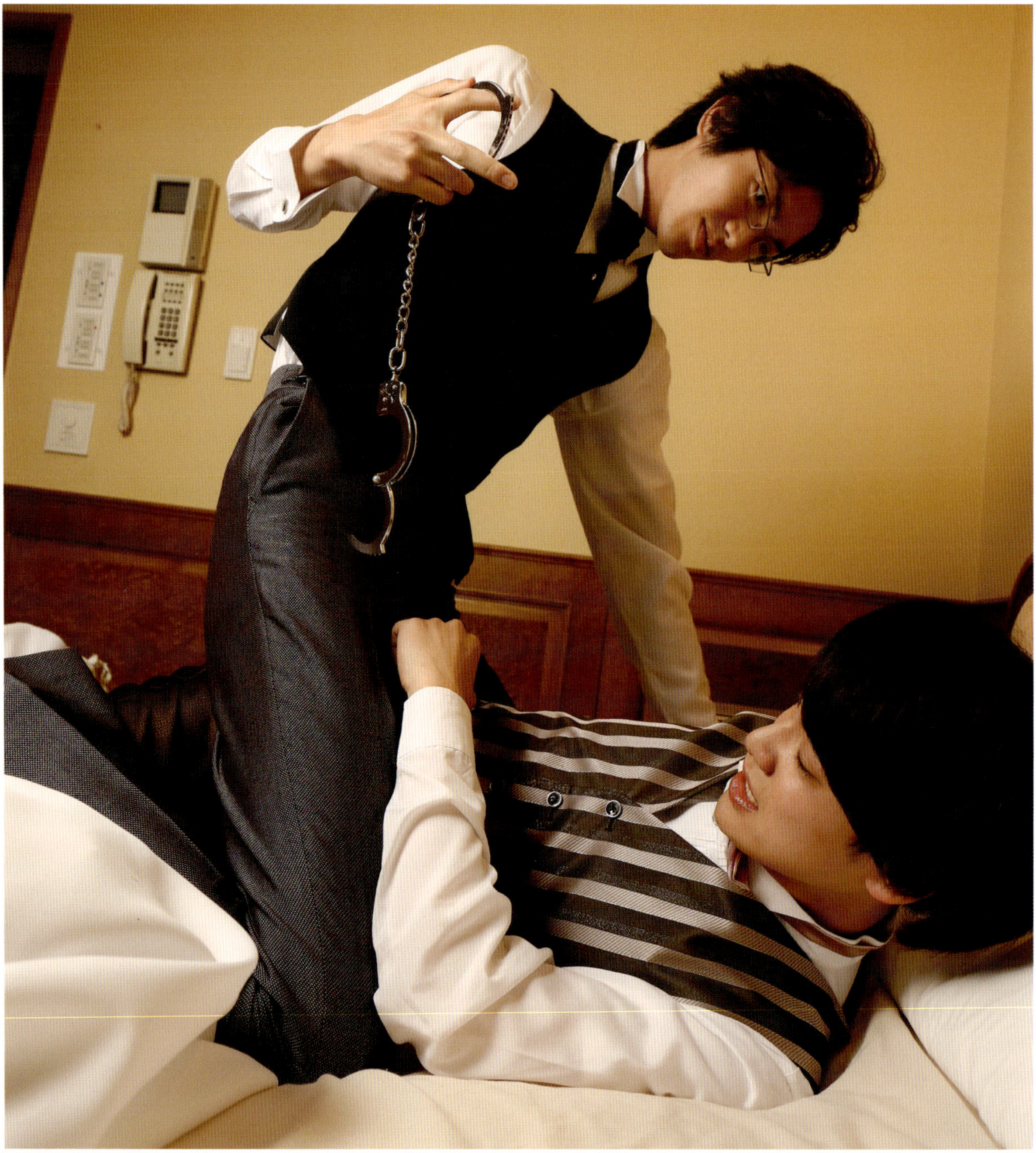

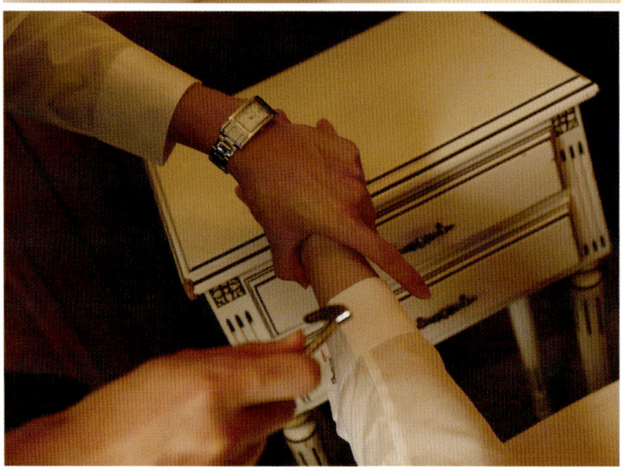

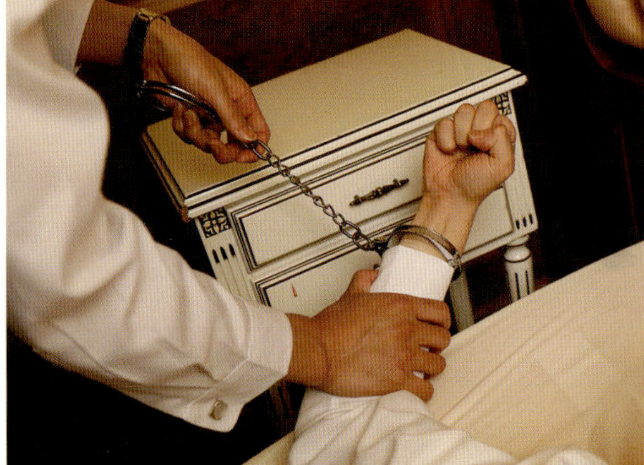

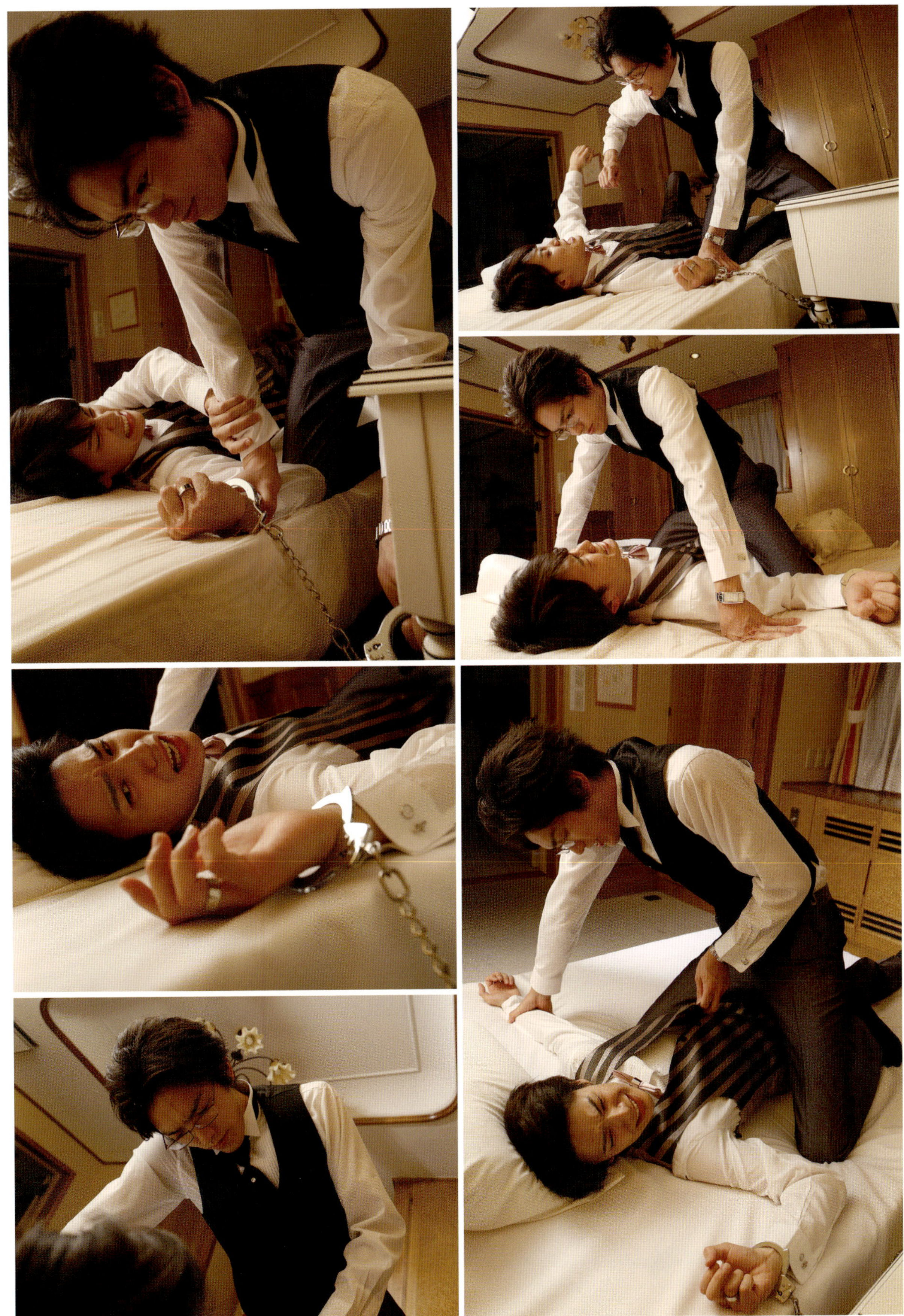

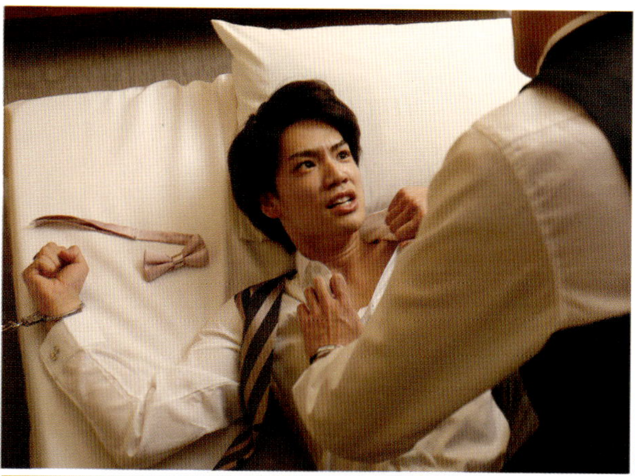

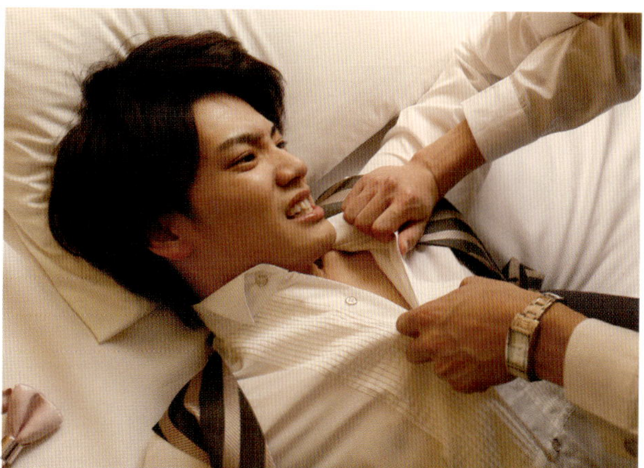

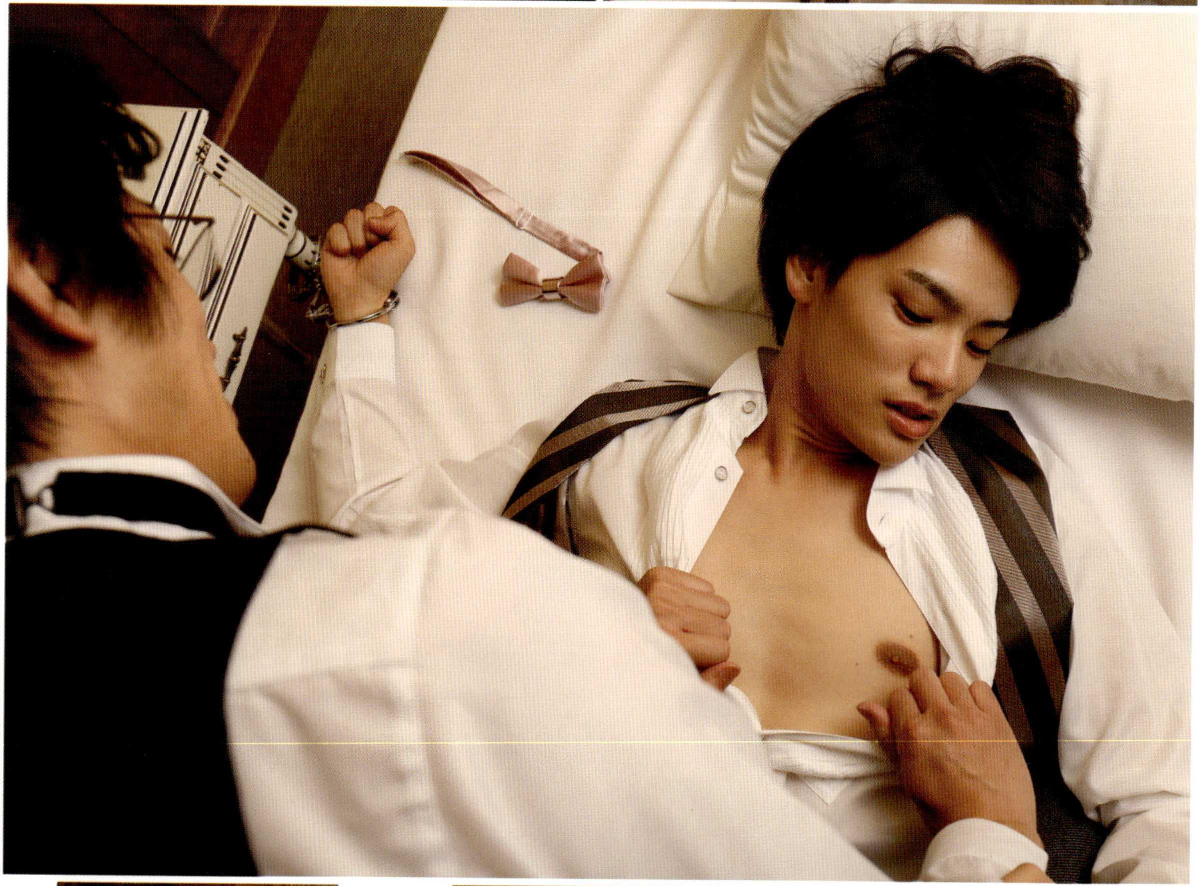

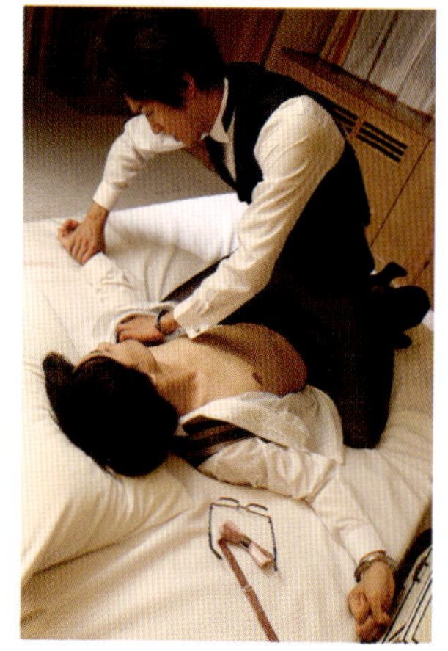

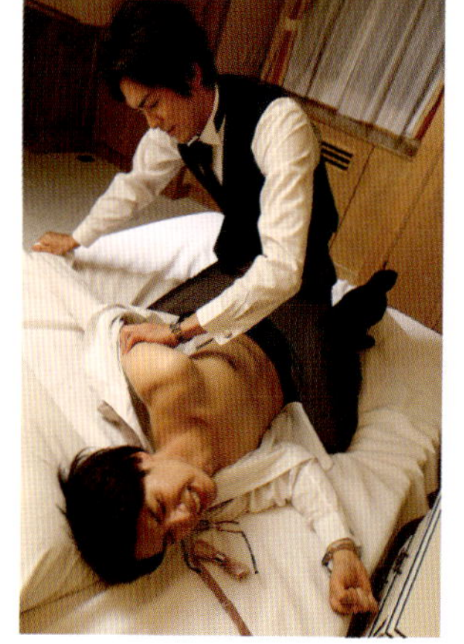

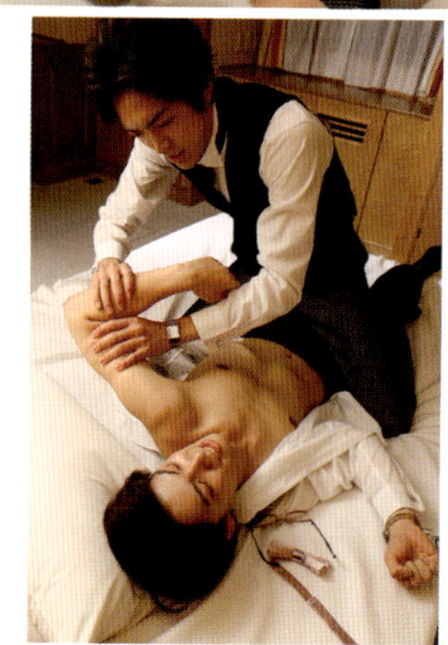

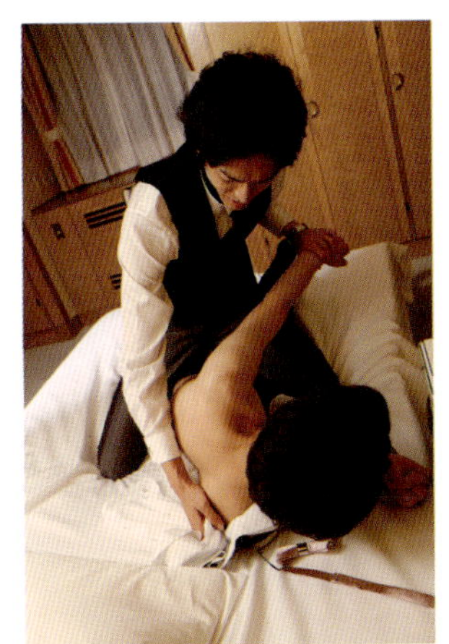
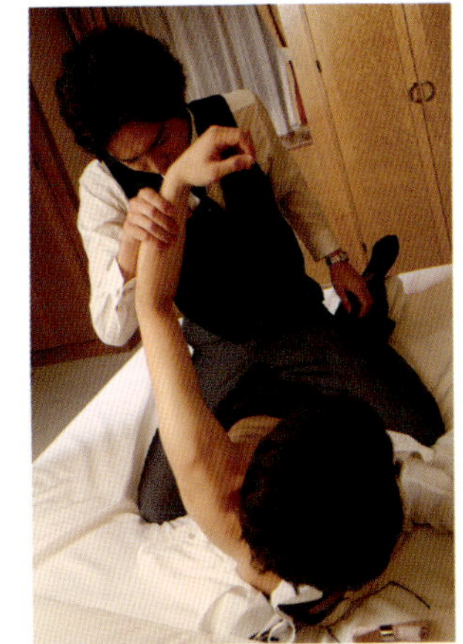
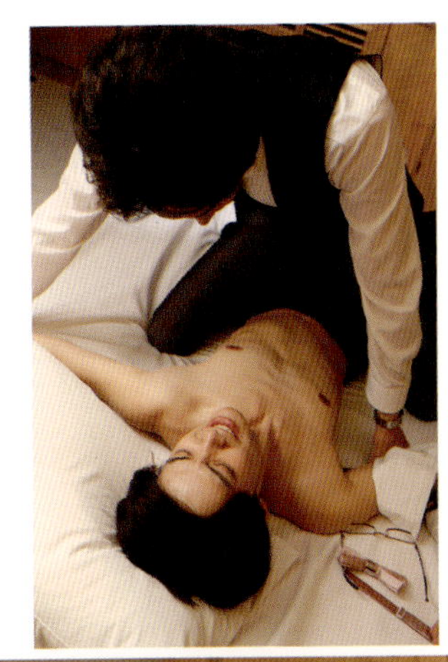

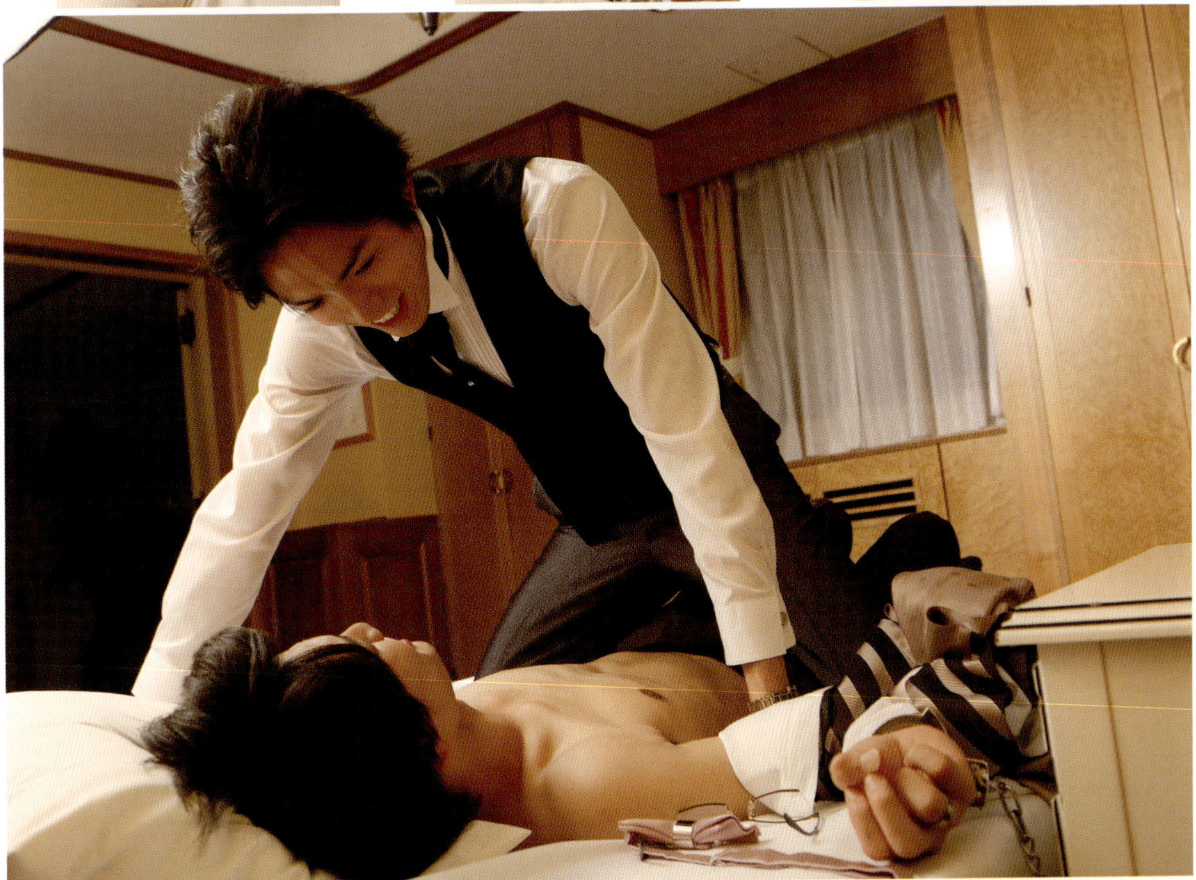

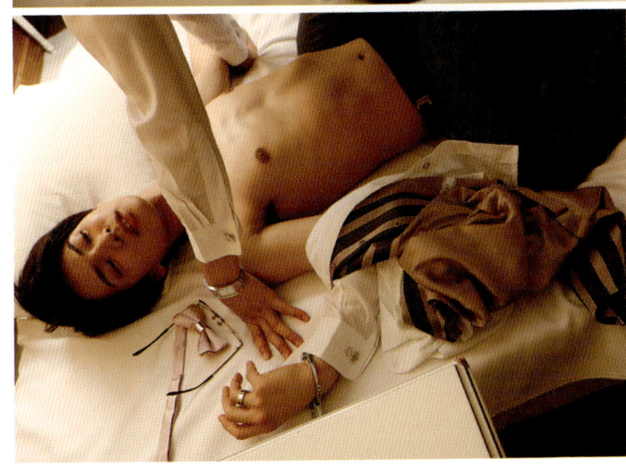
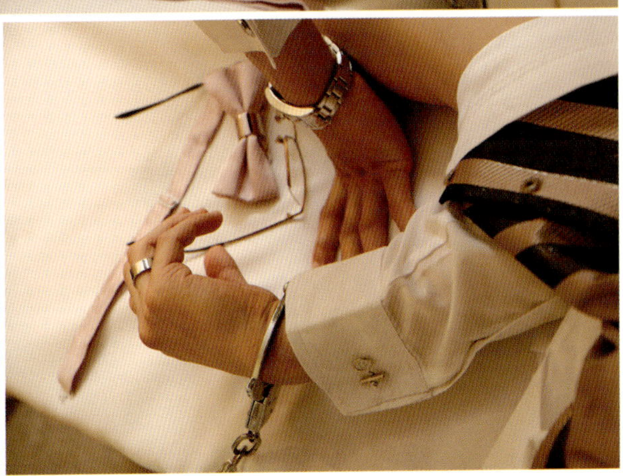

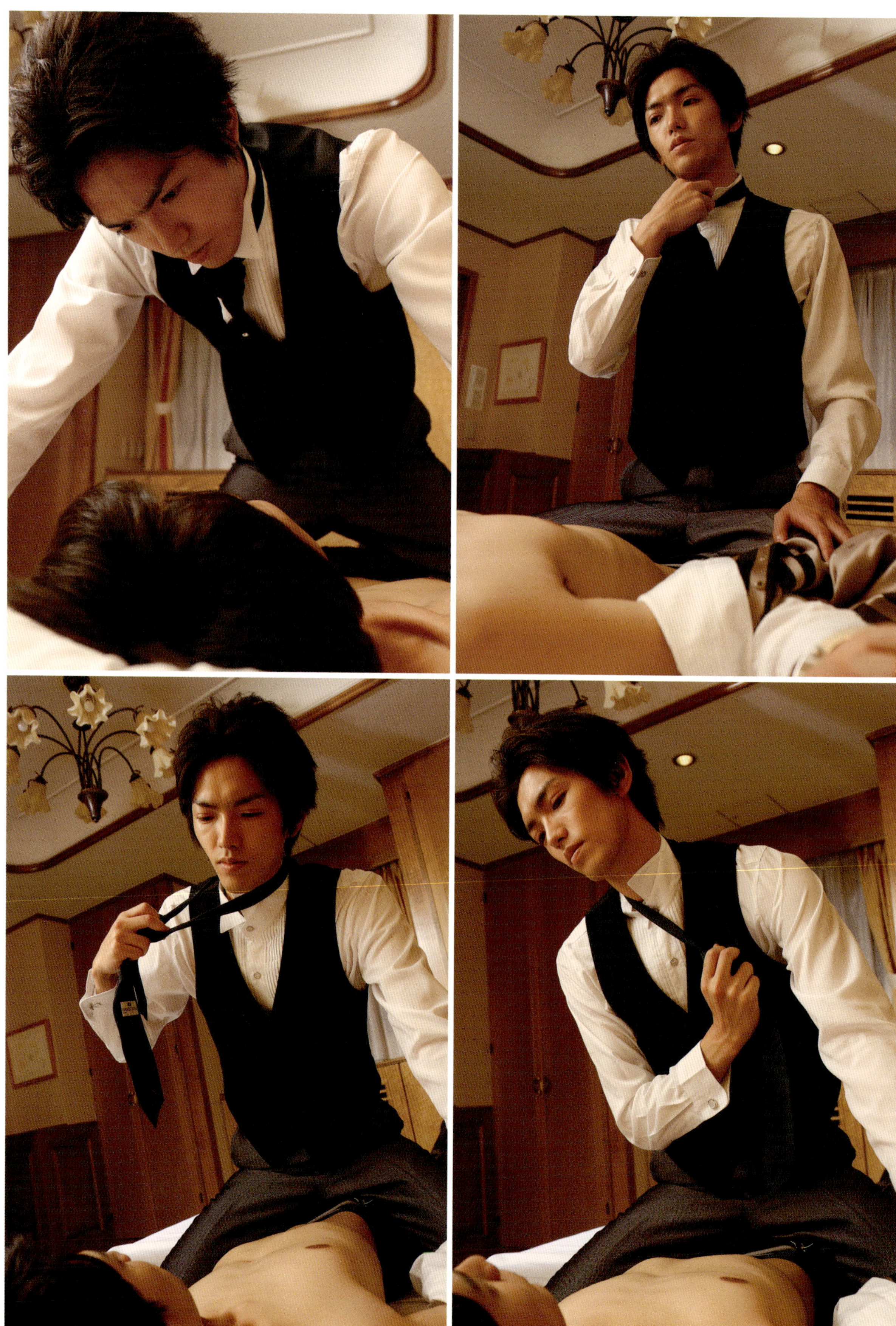

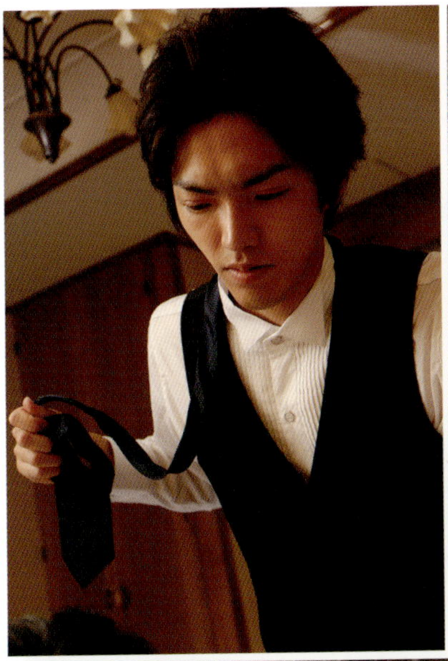

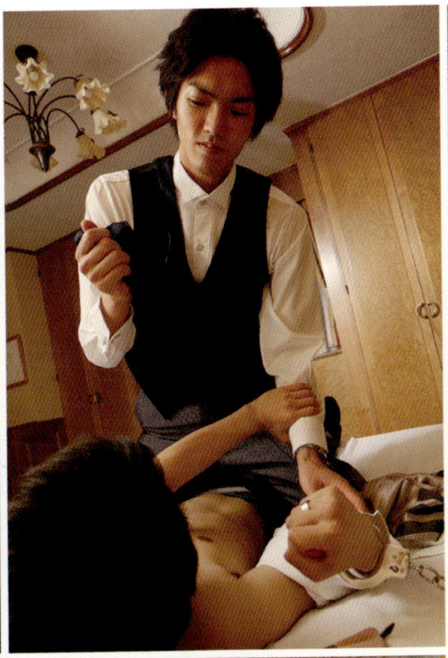

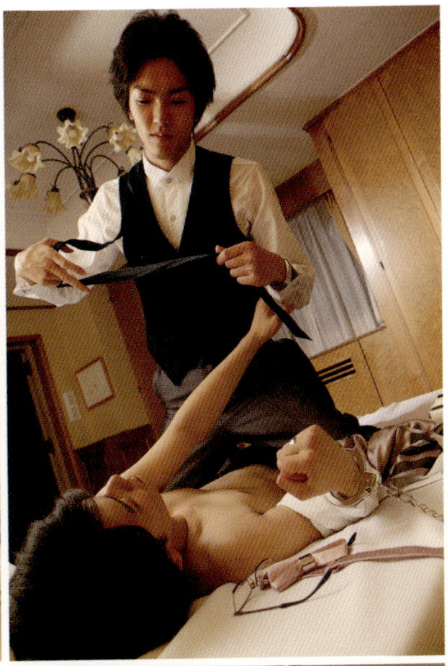

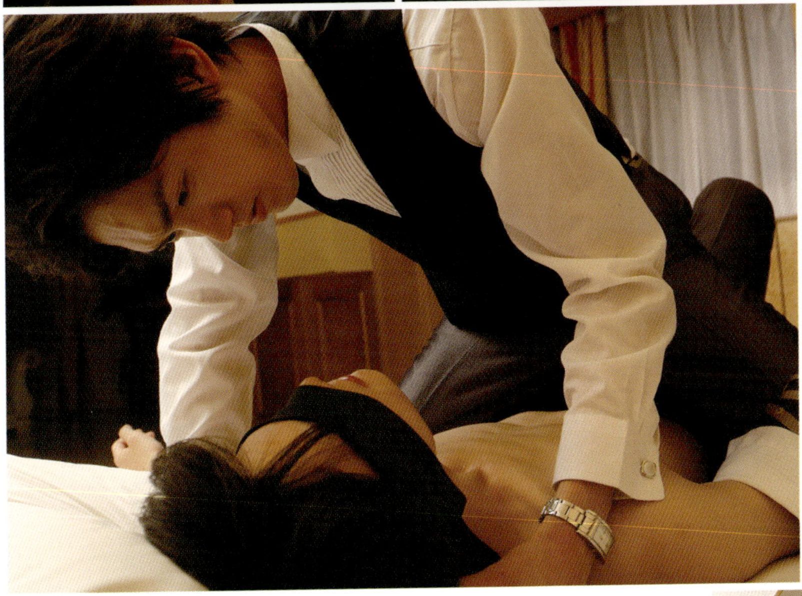

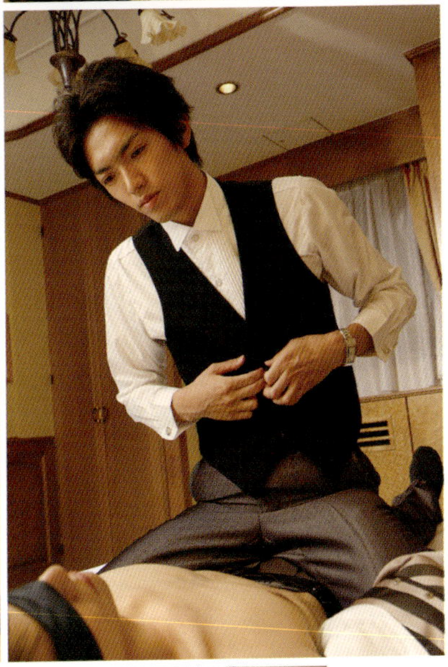

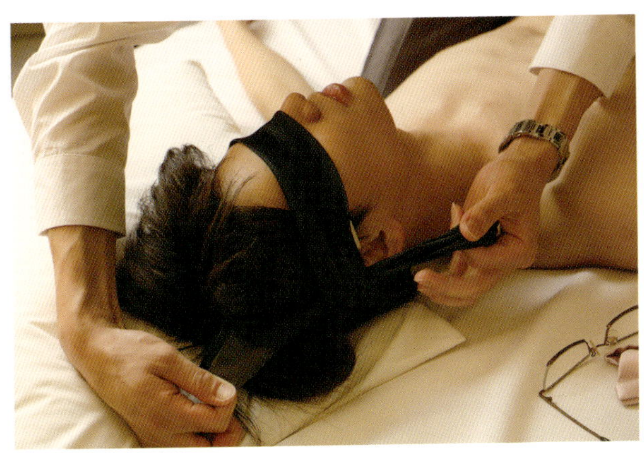
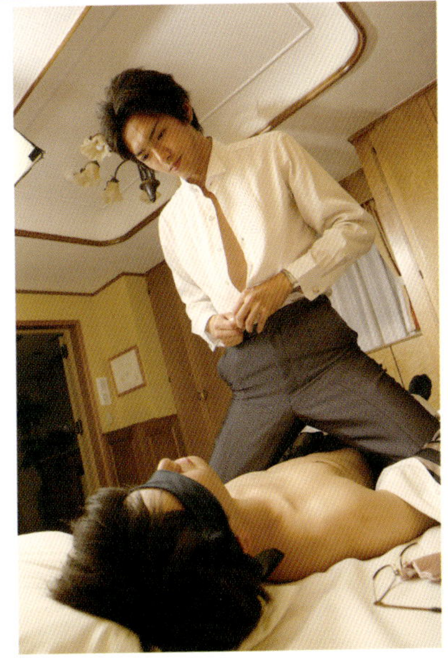

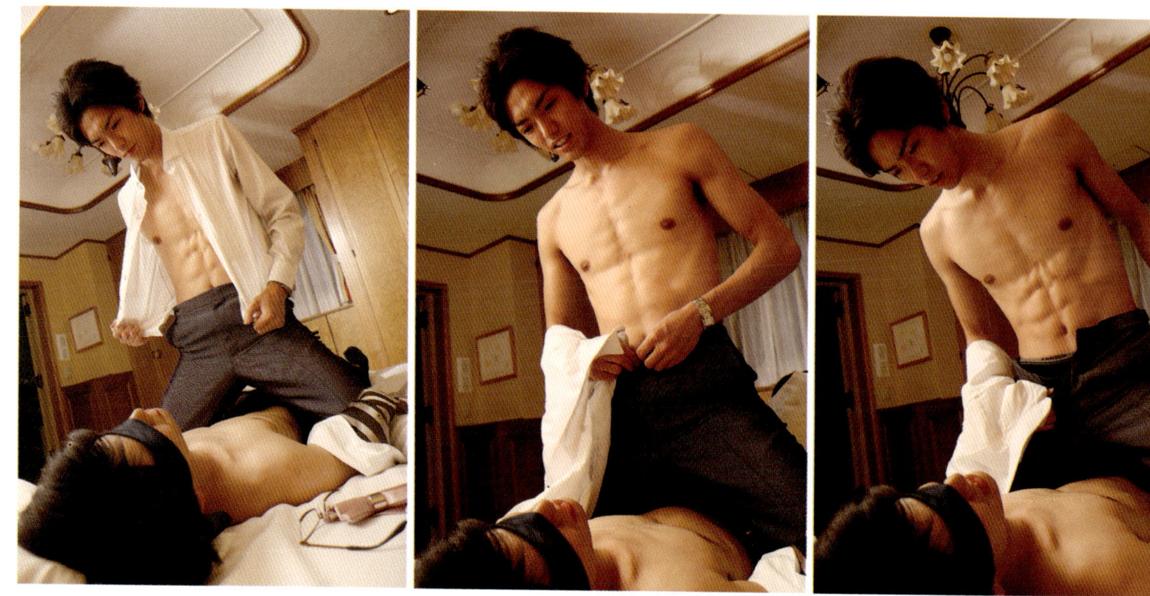

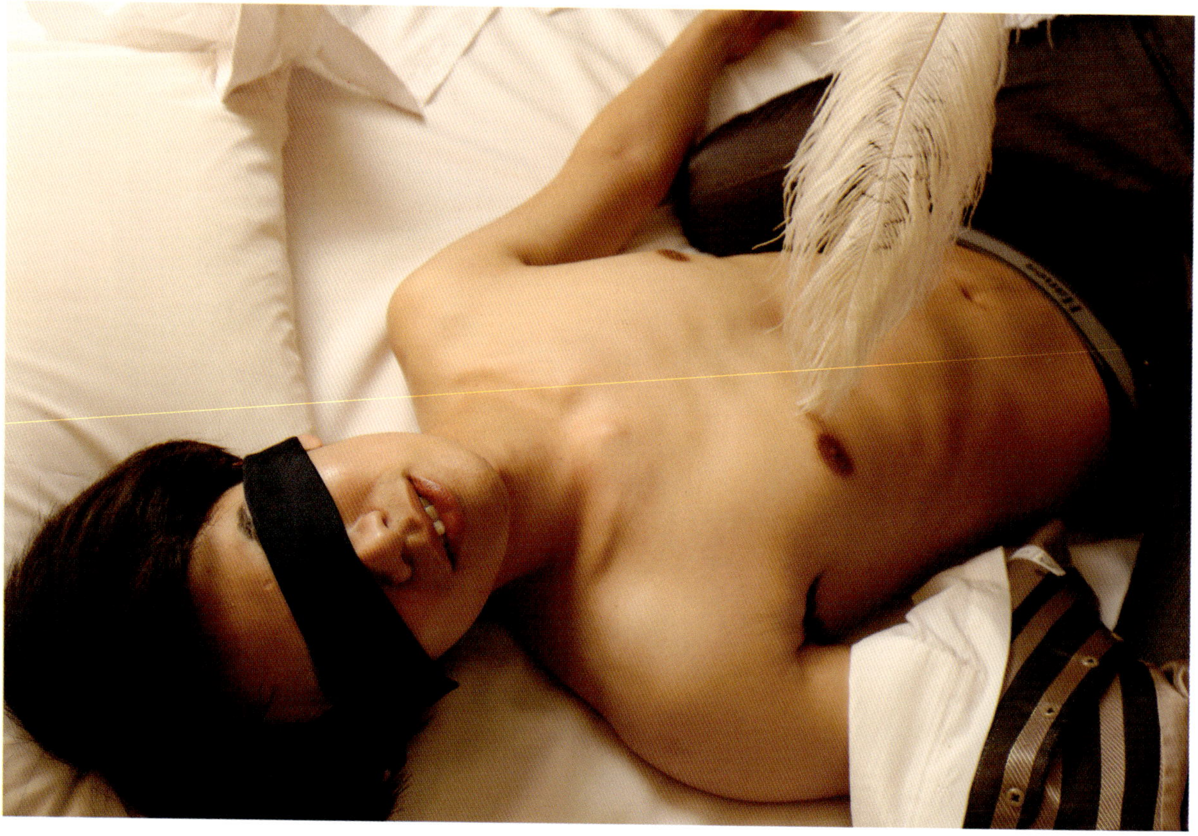

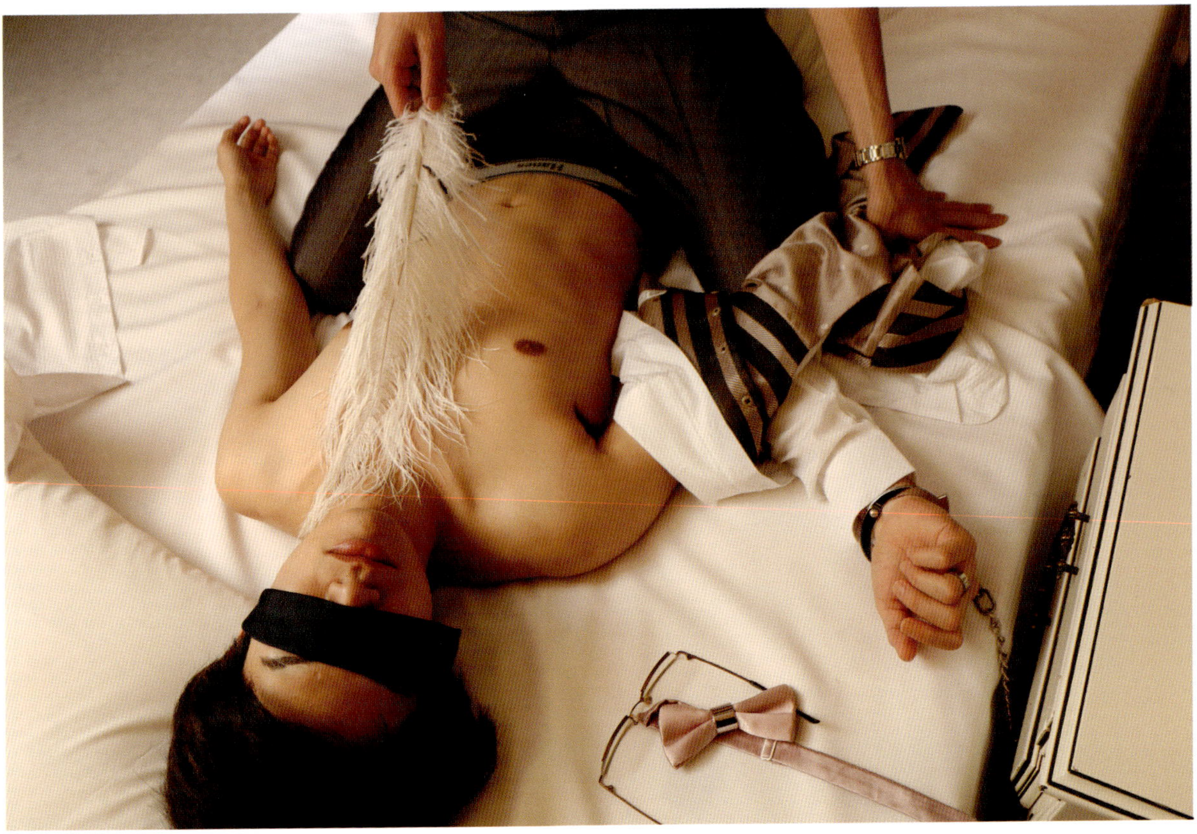

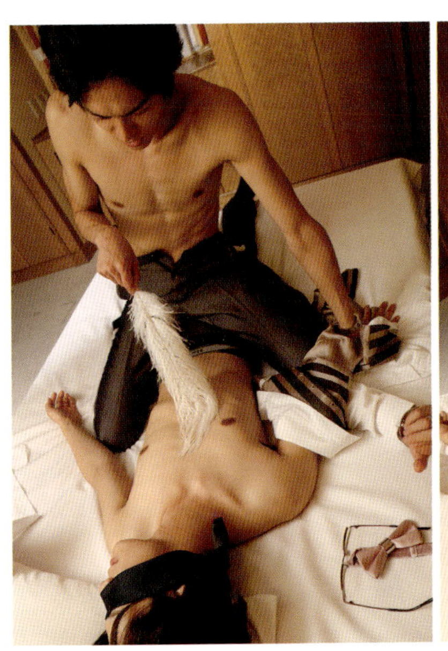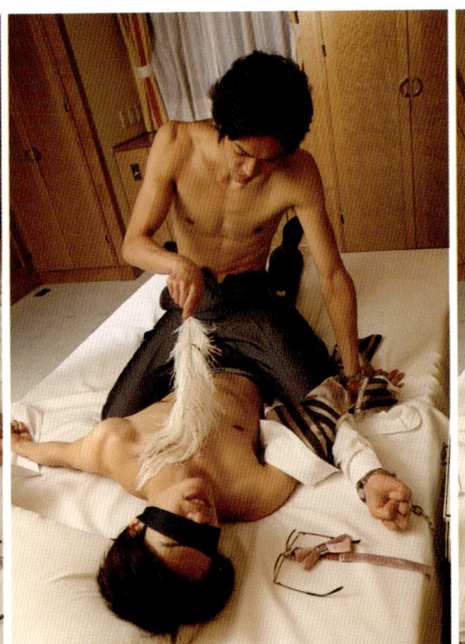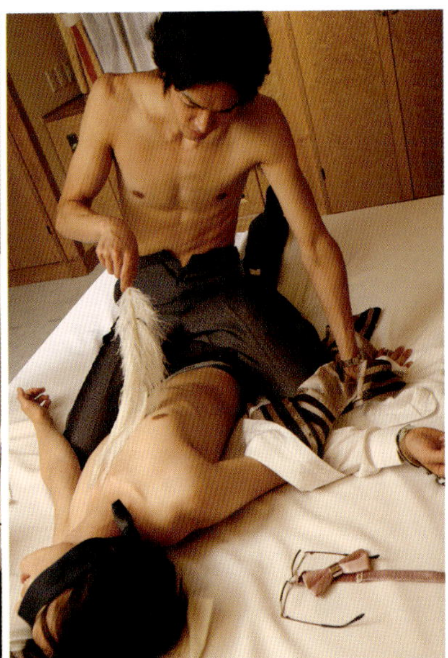

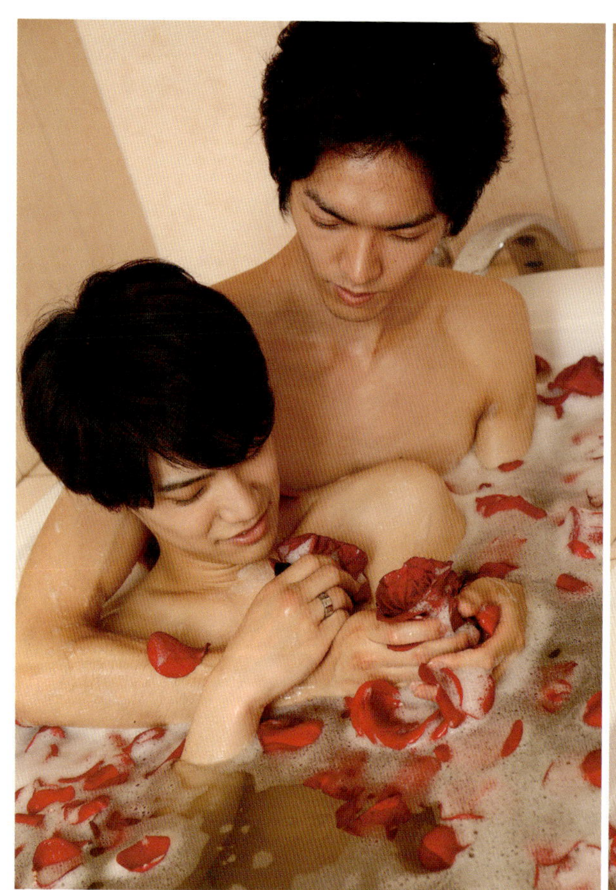 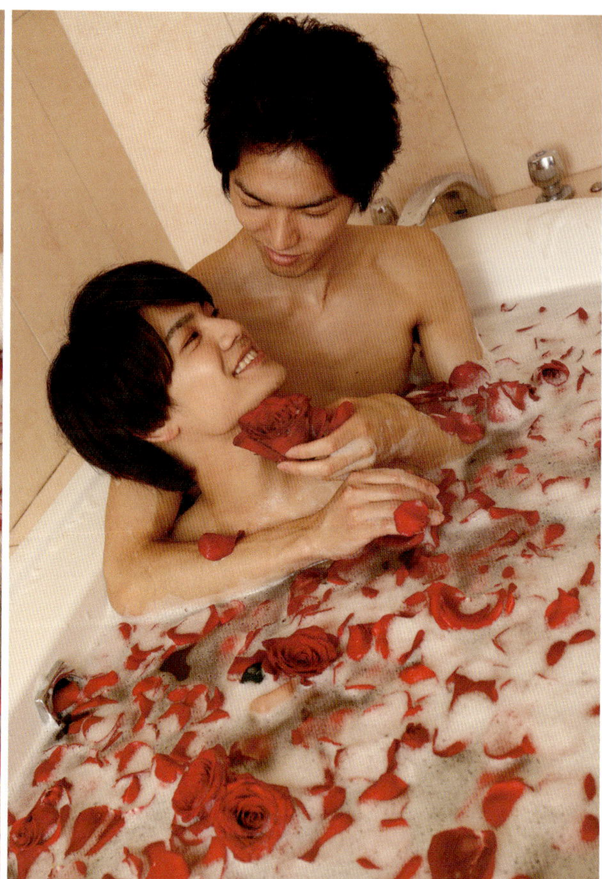

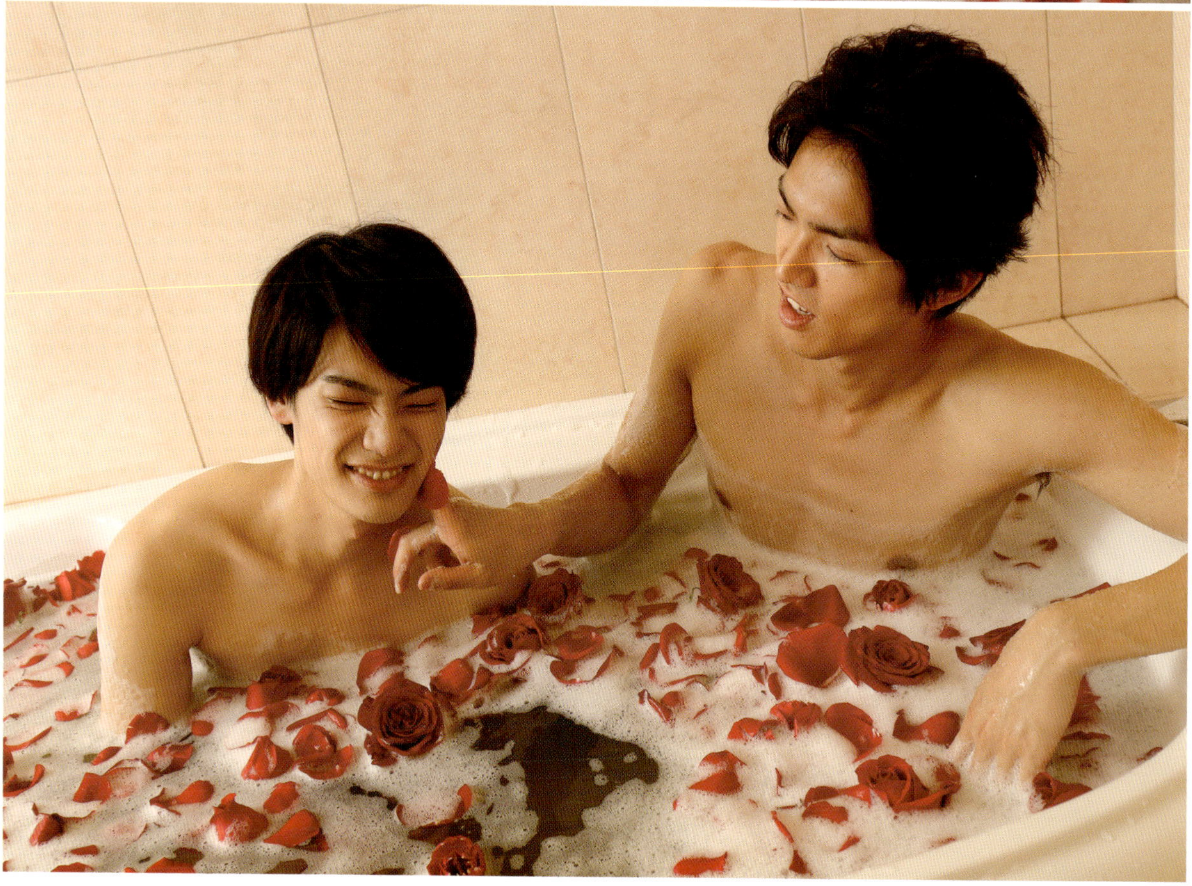

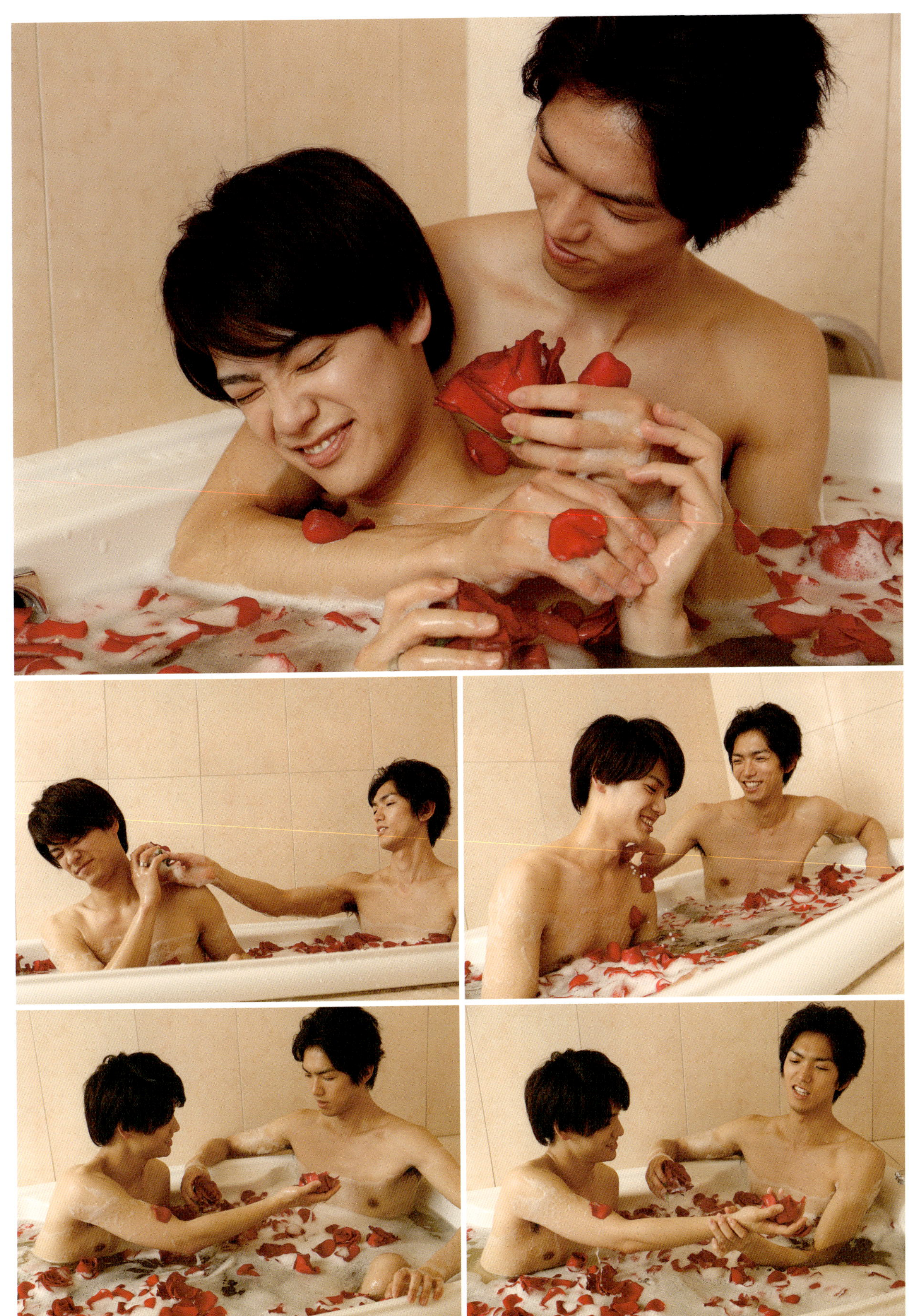

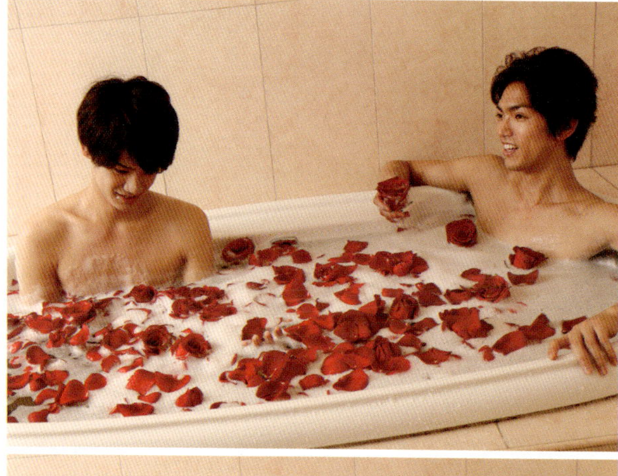

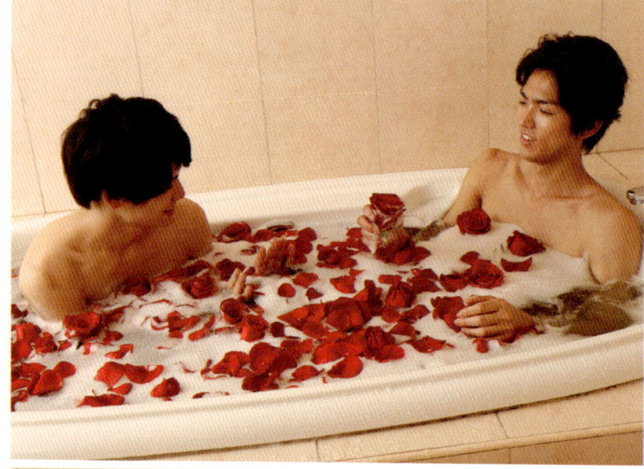

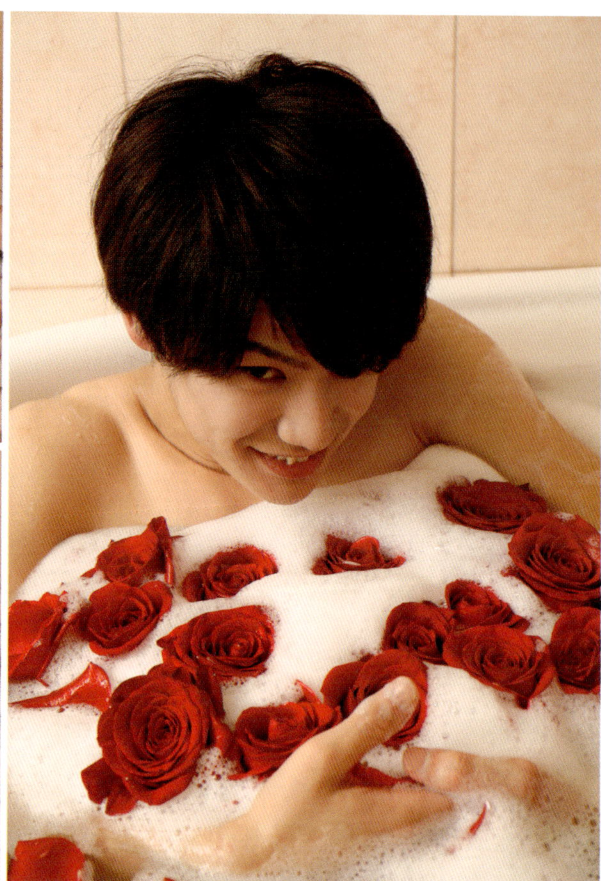

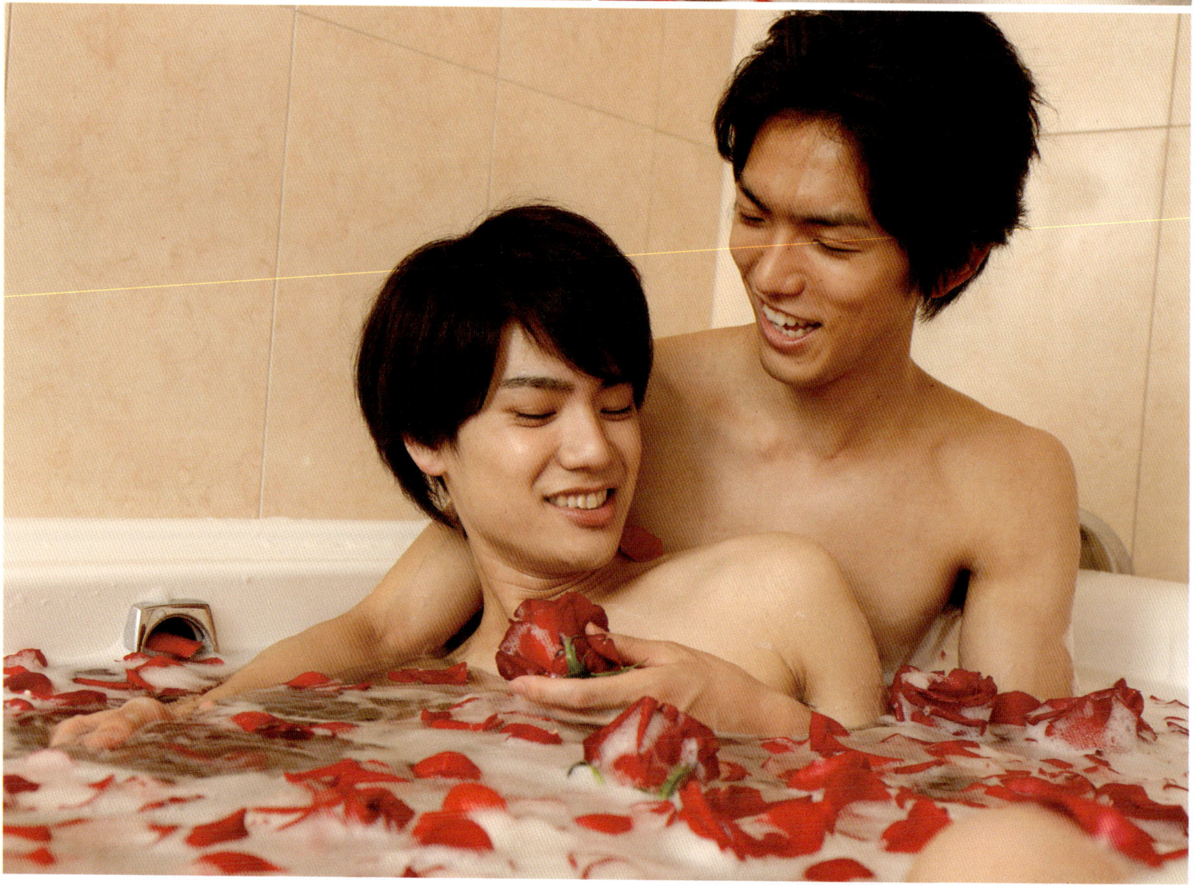

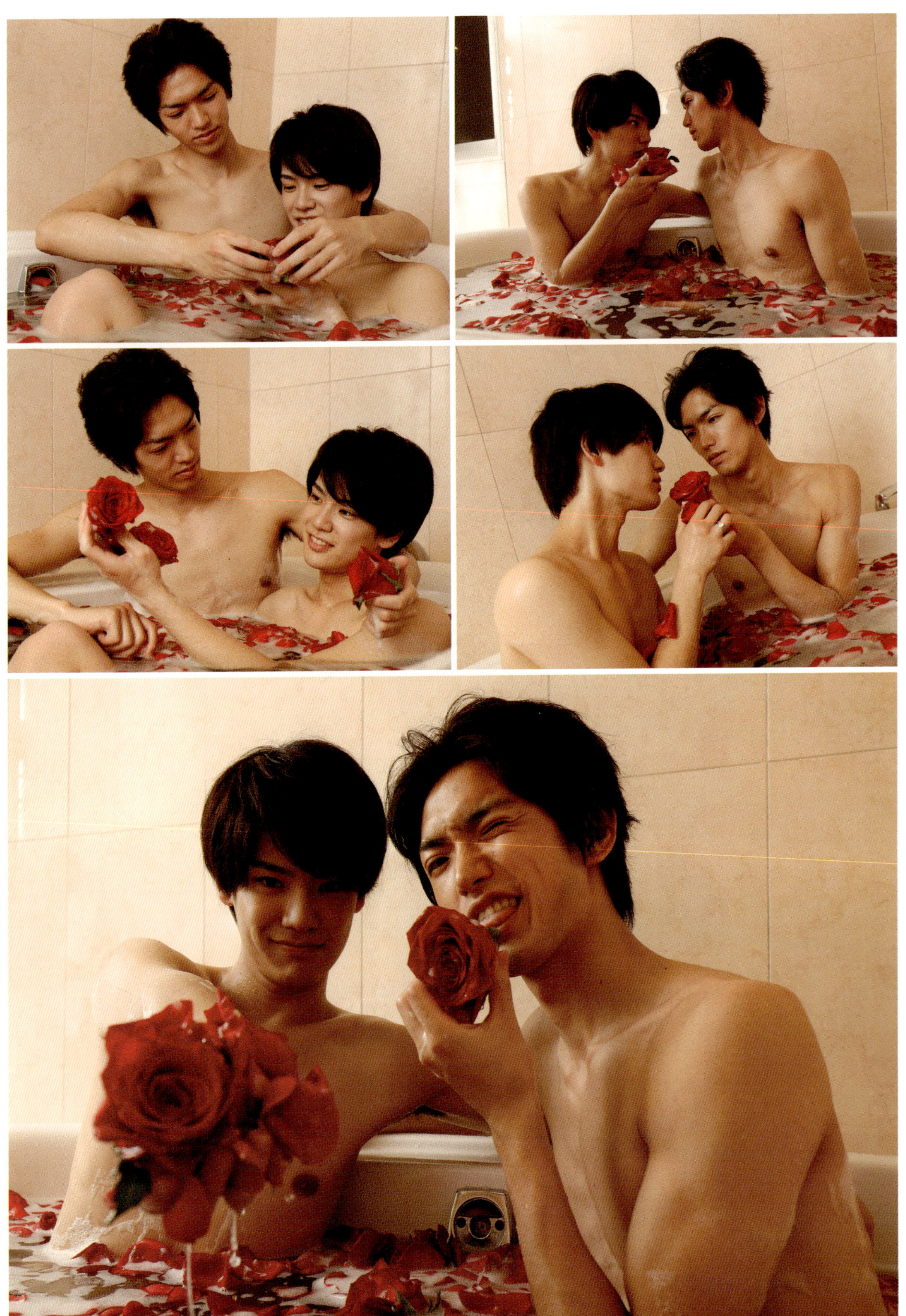

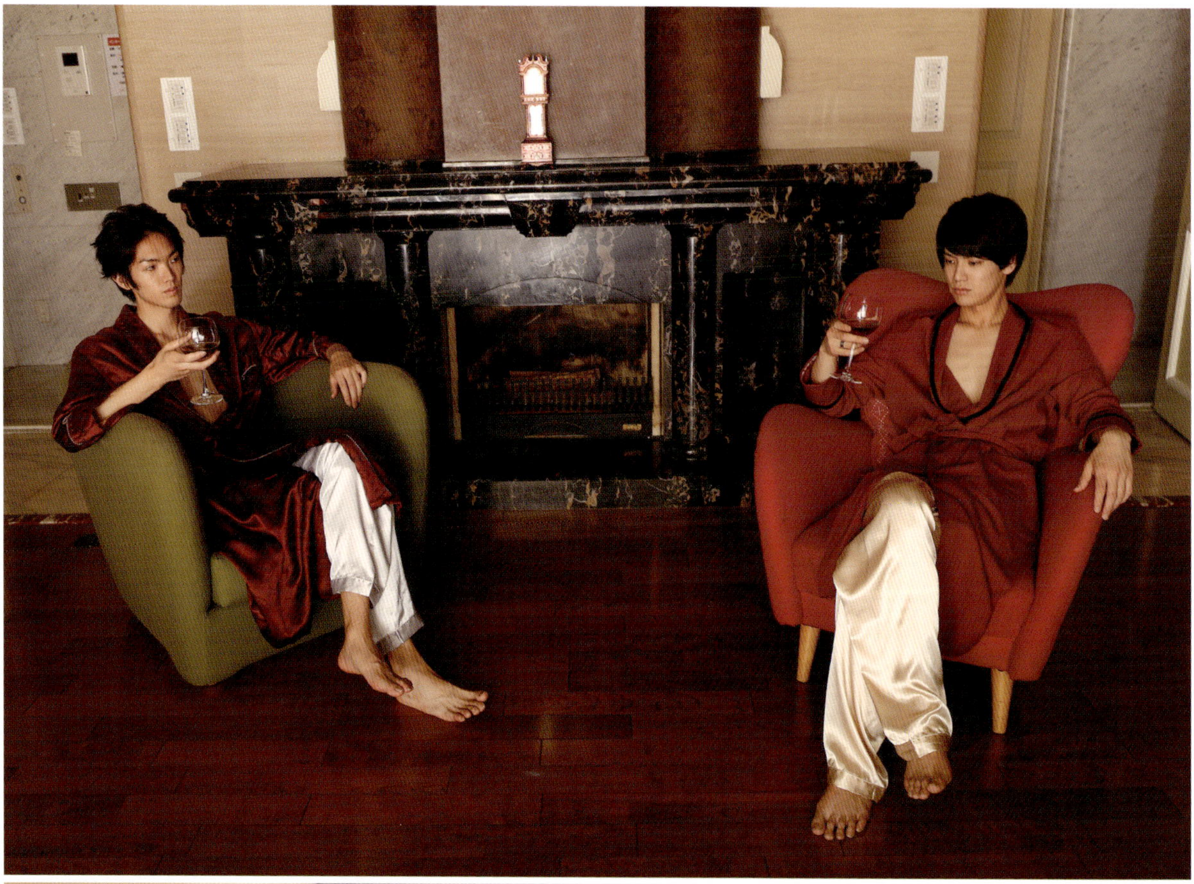

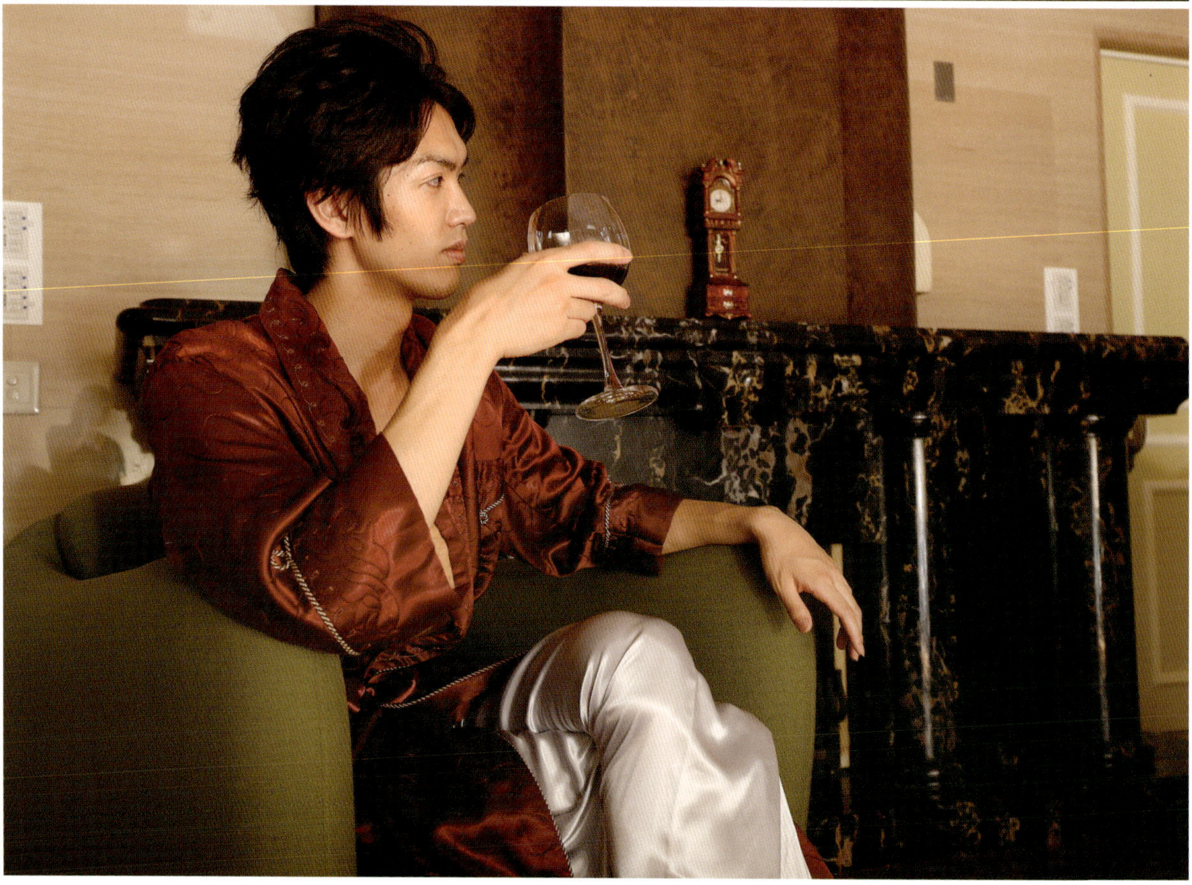

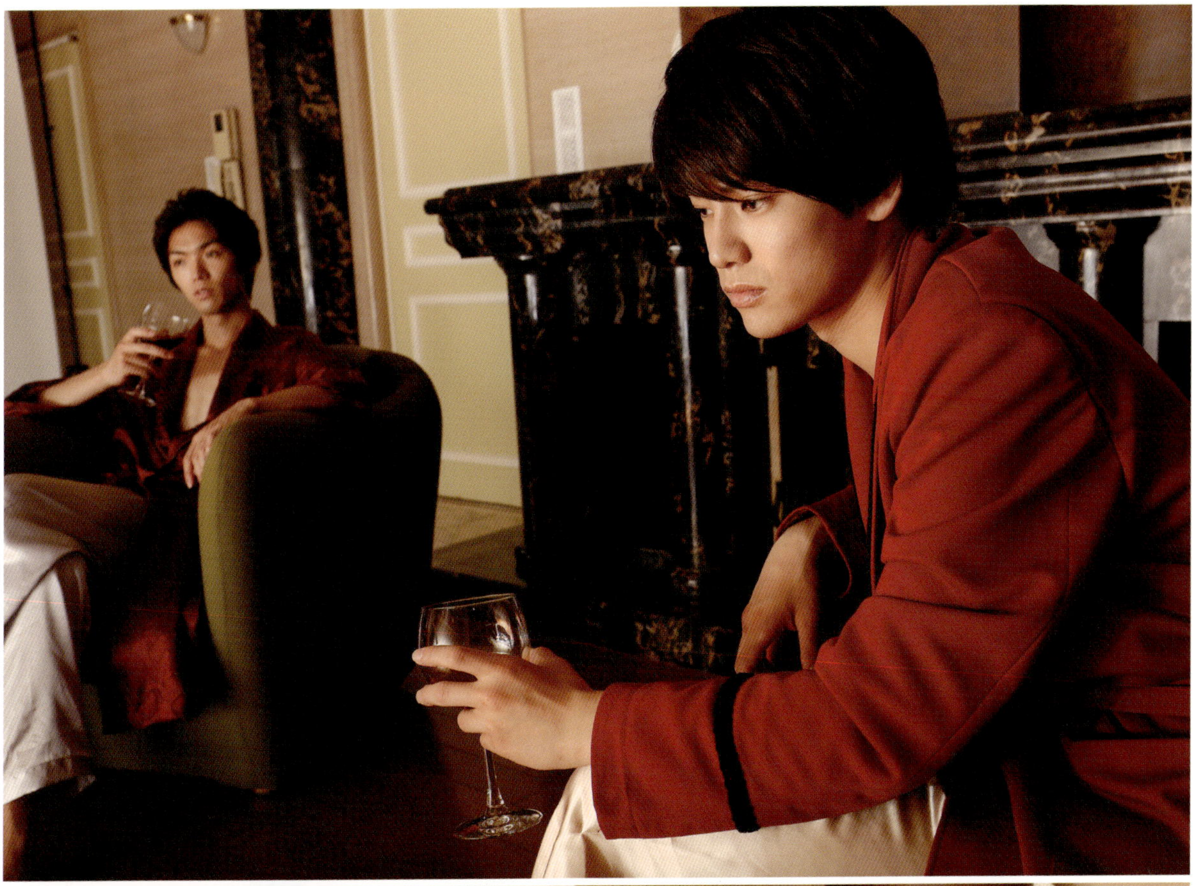

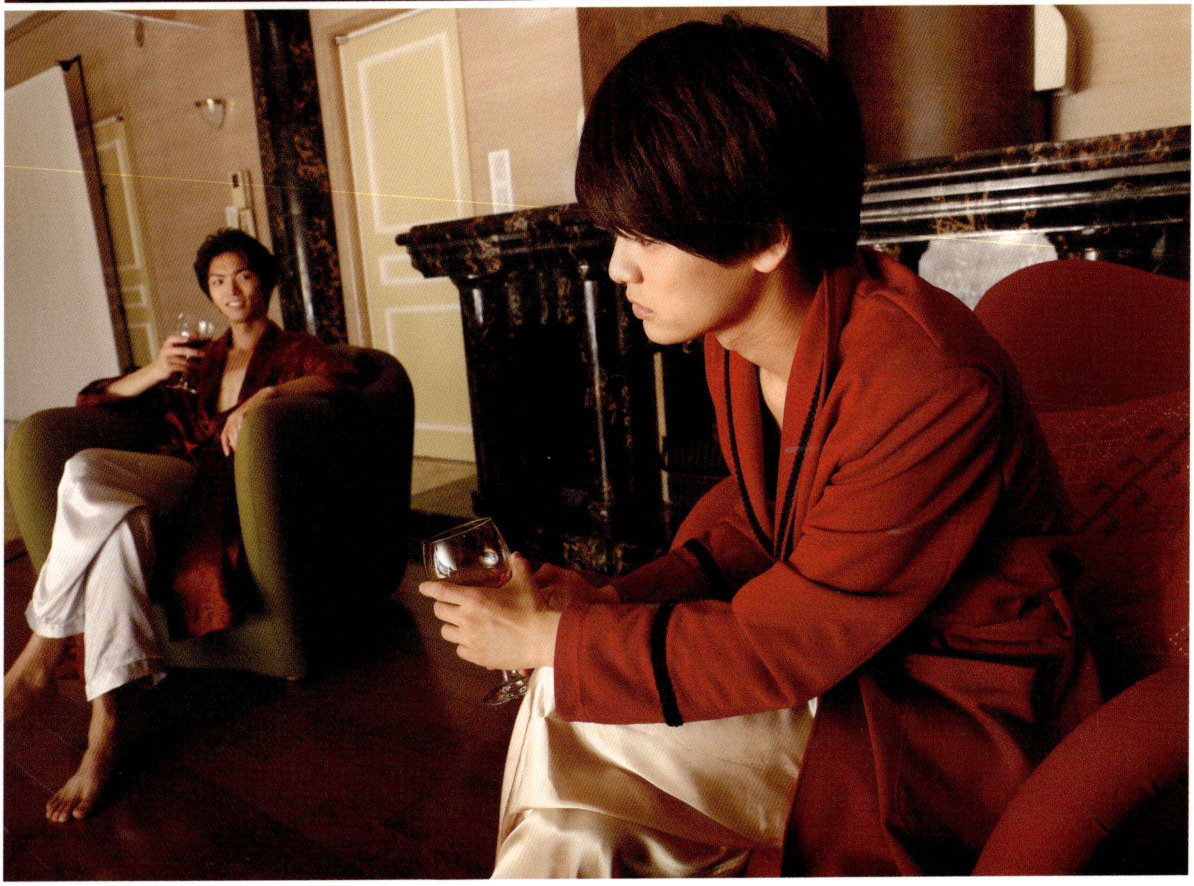

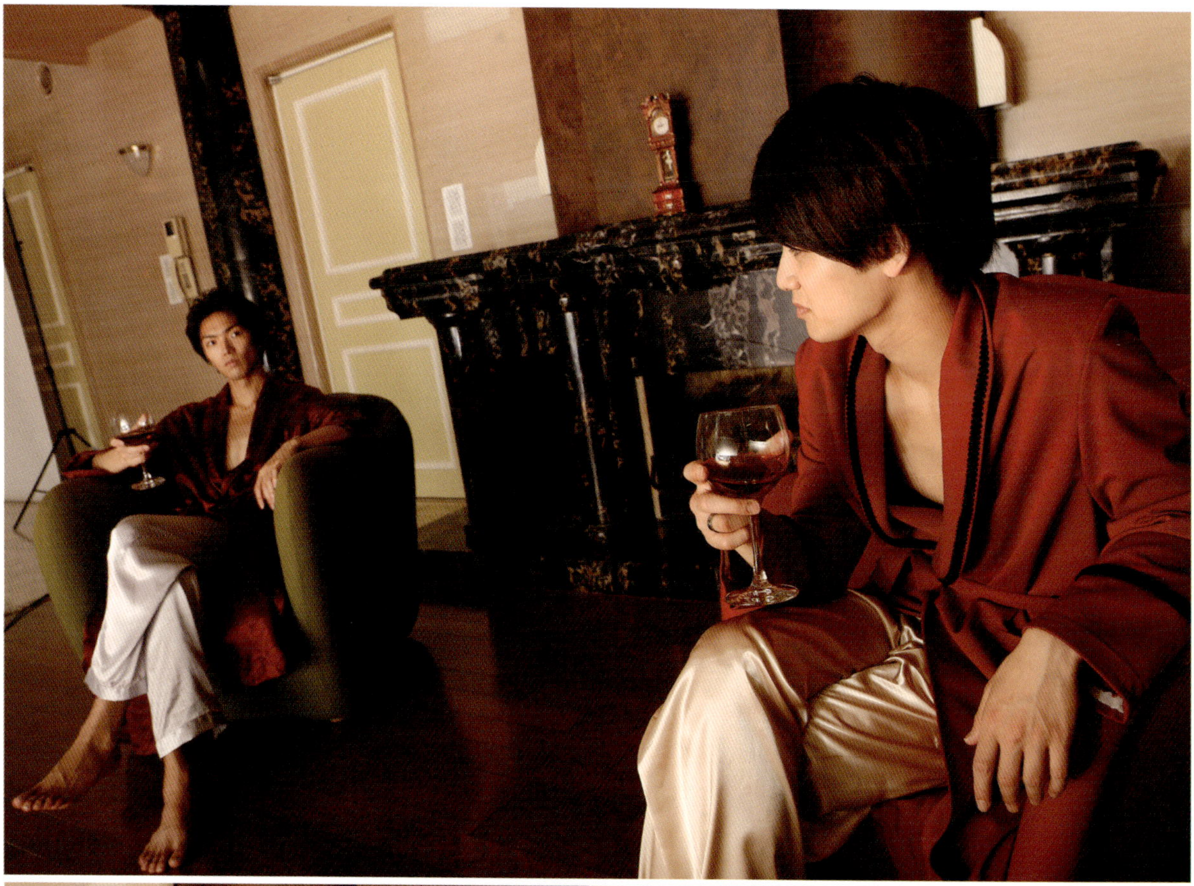

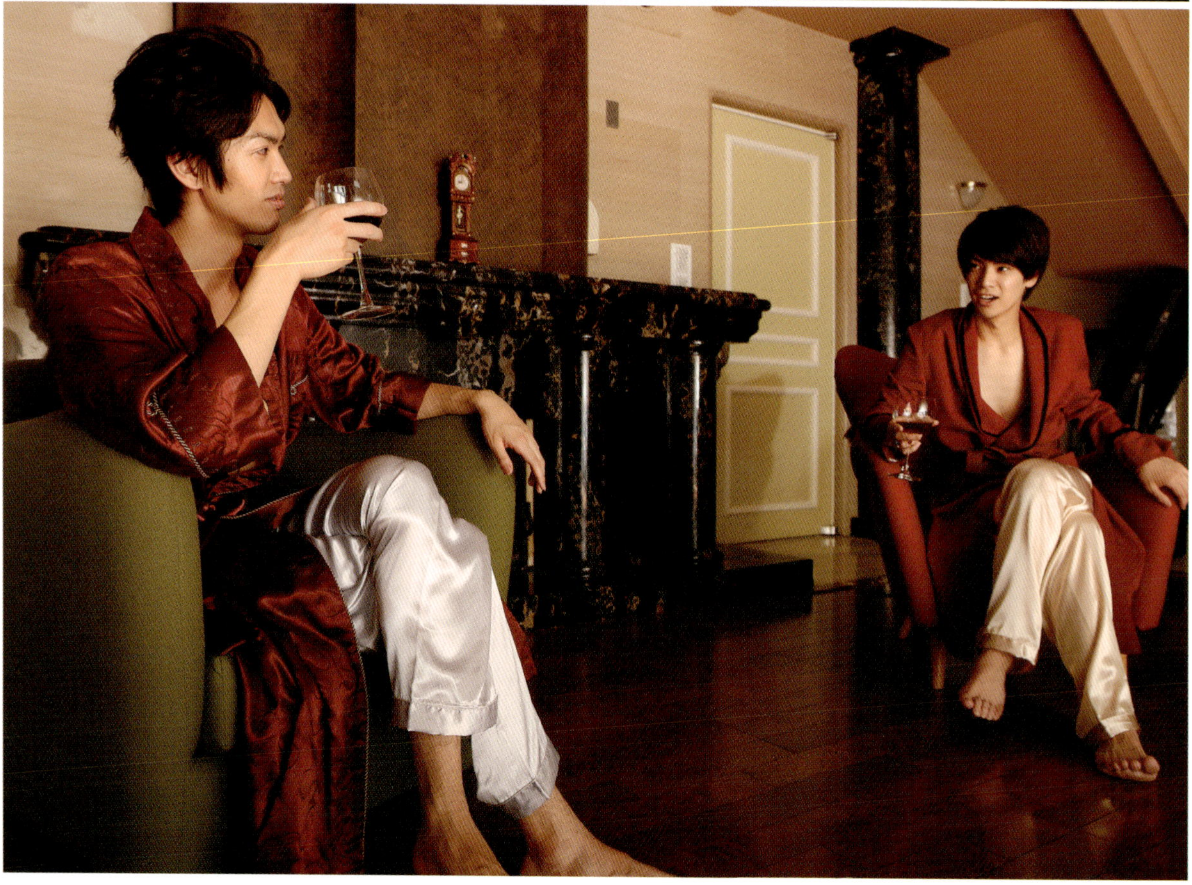

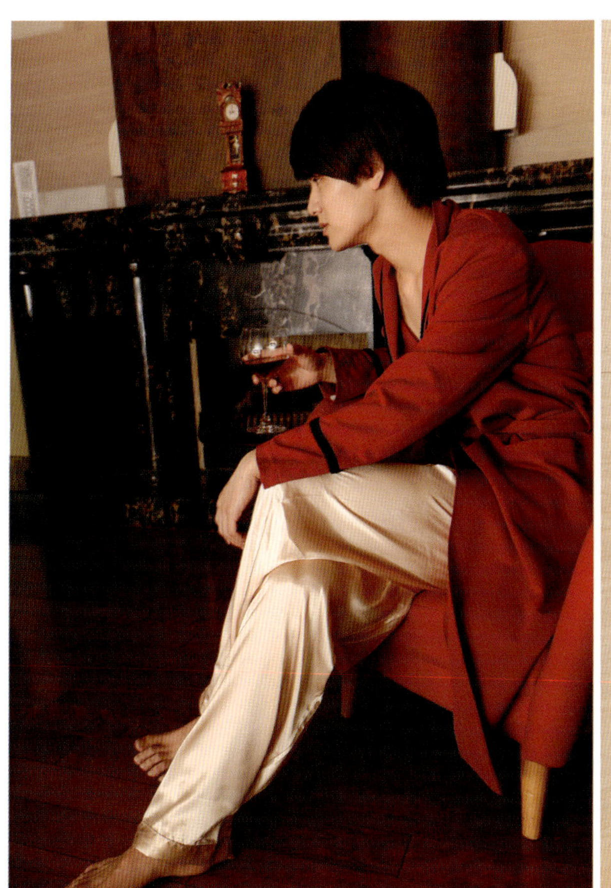

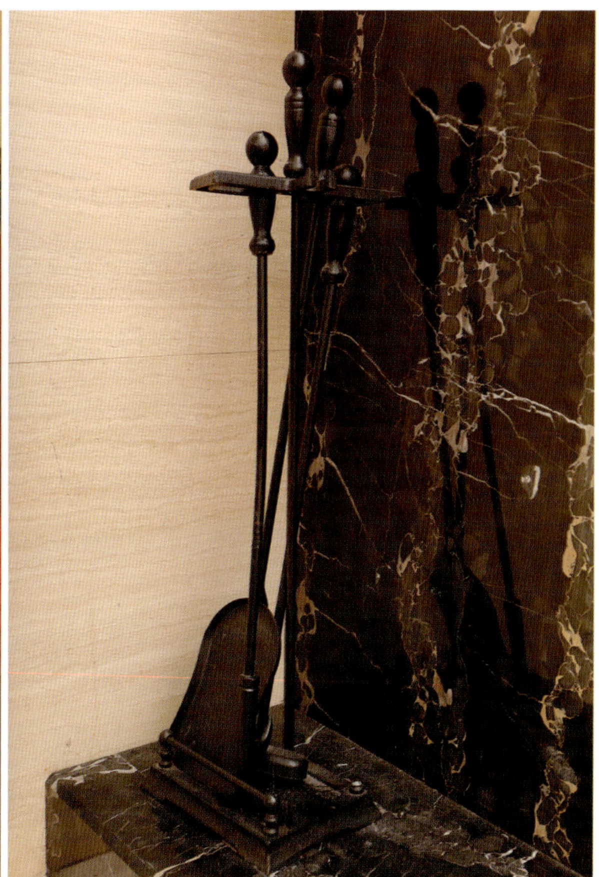

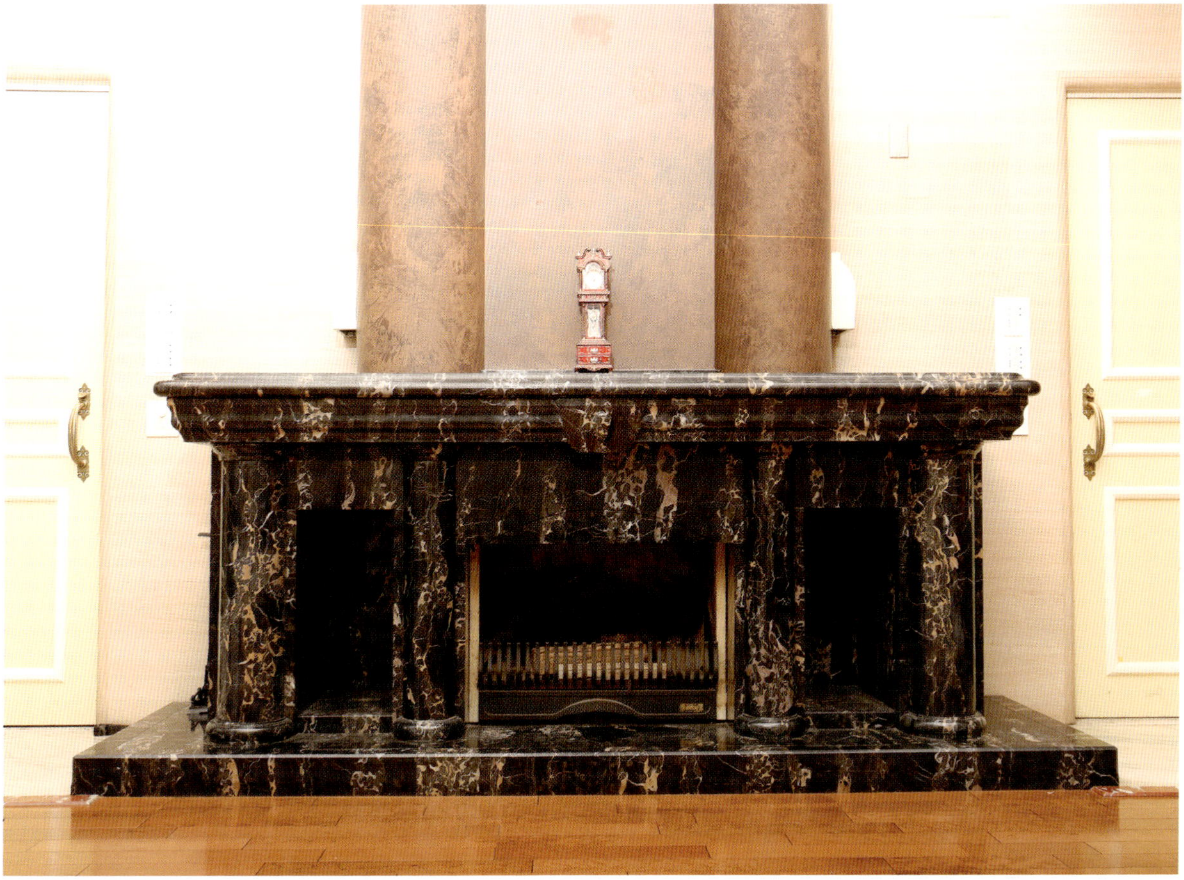

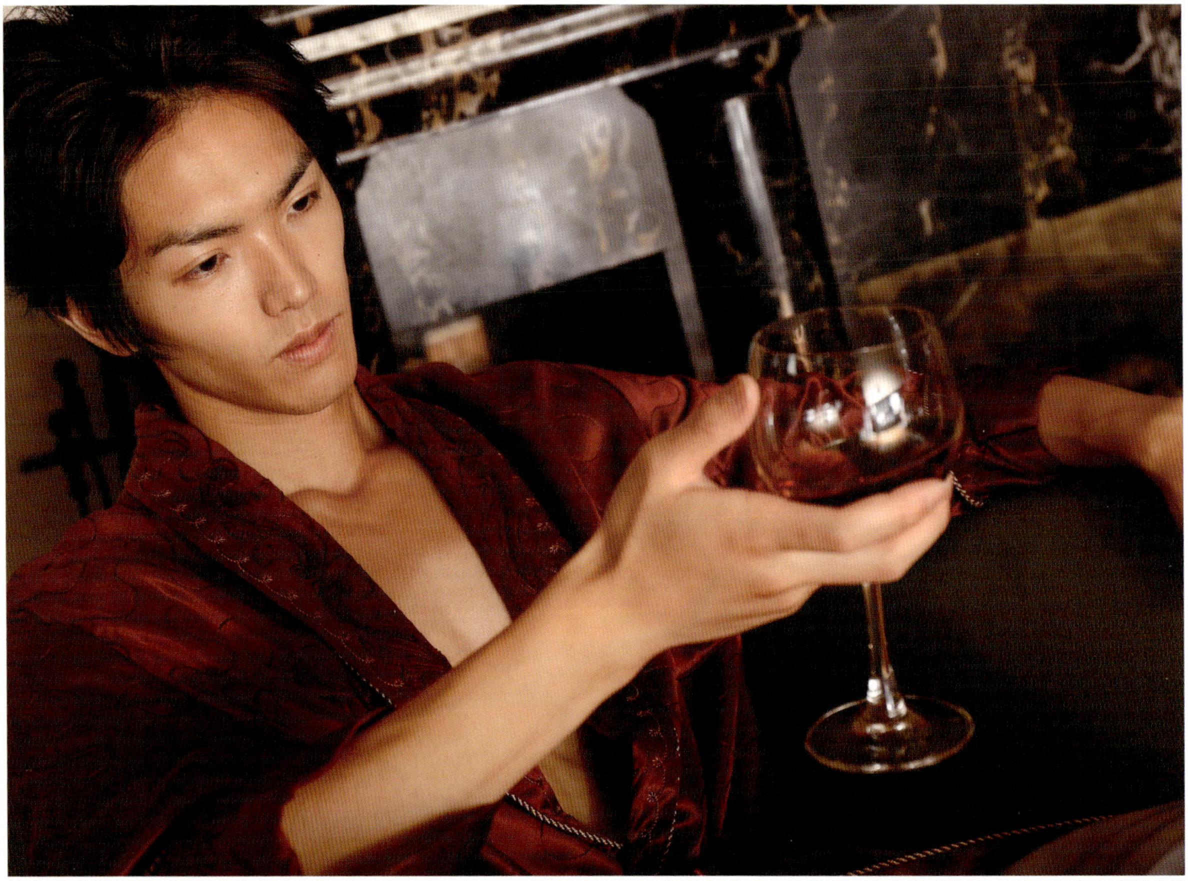

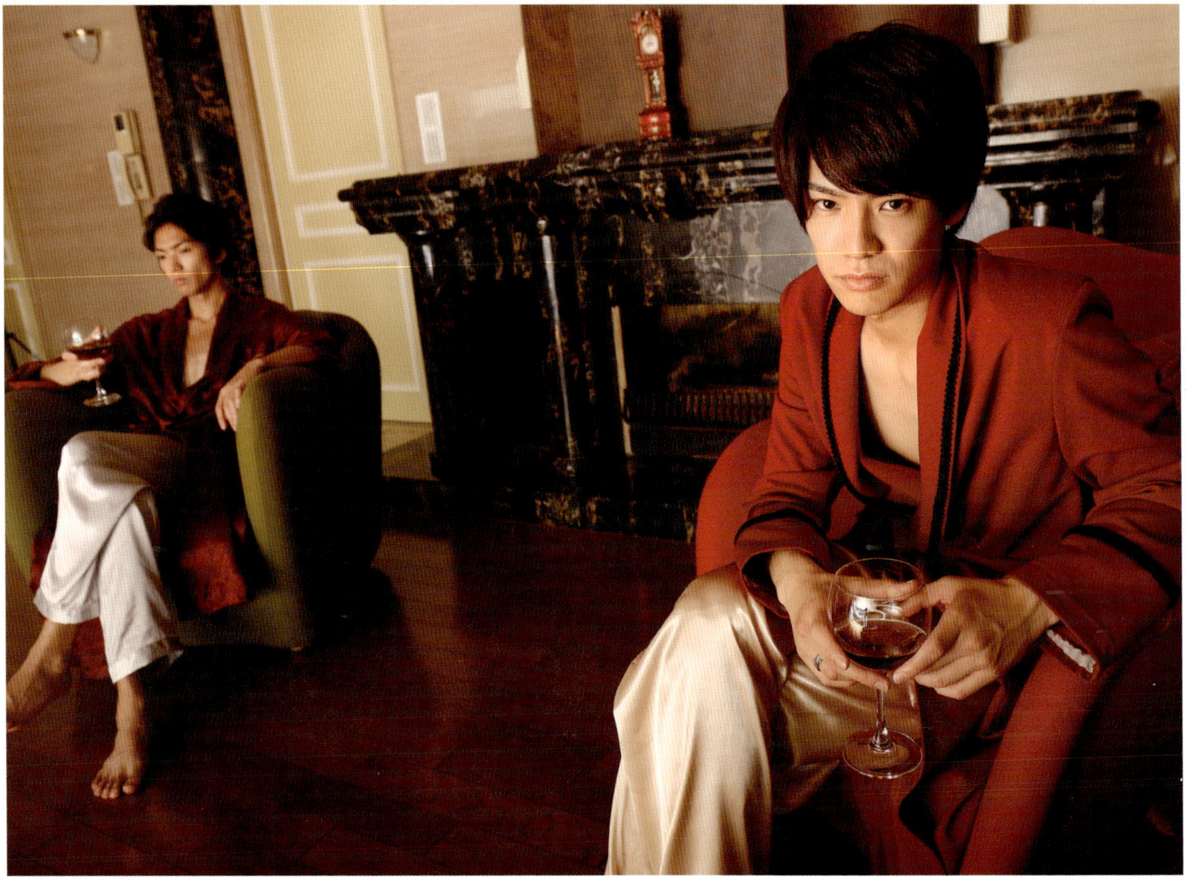

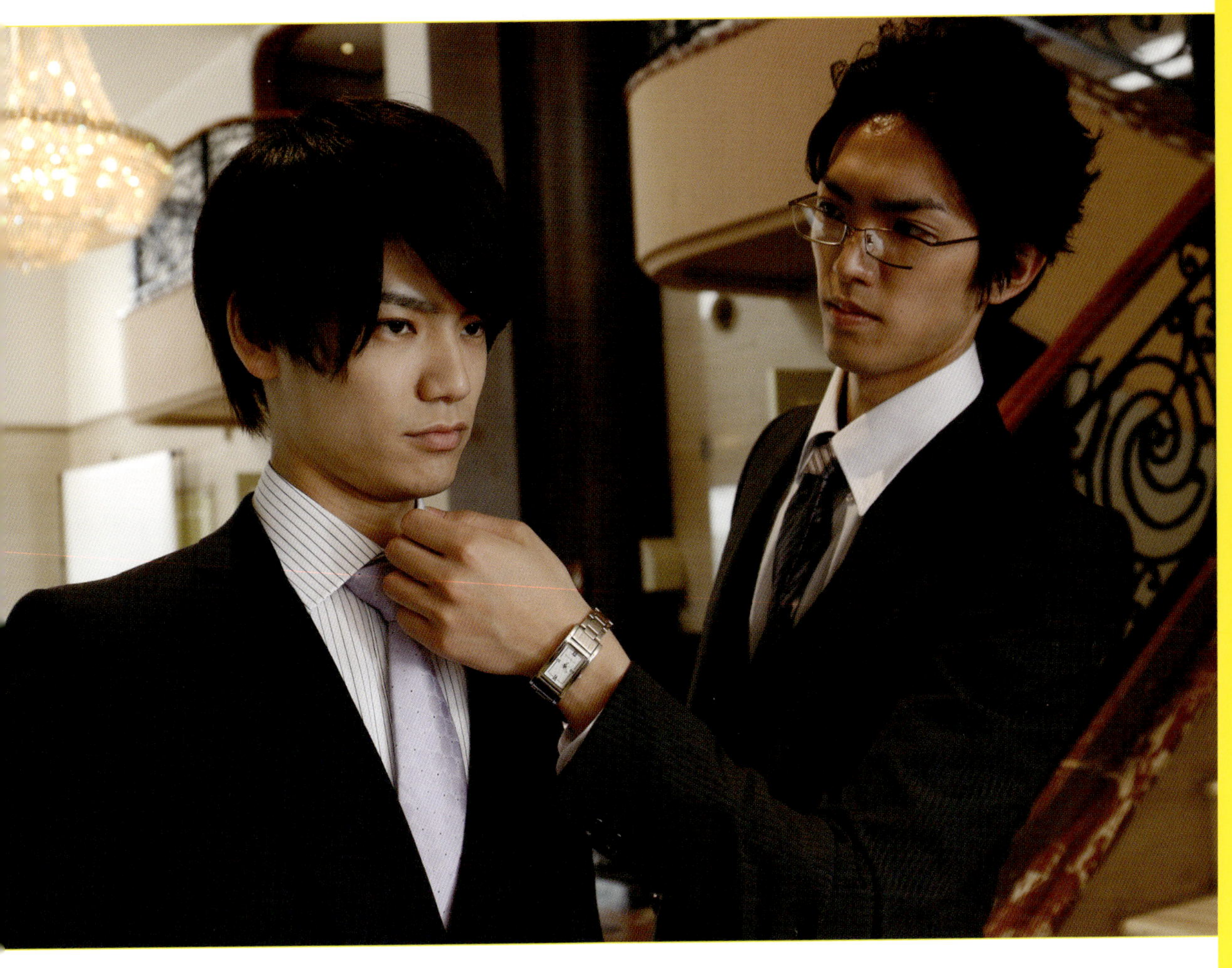

MONDAY MORNING

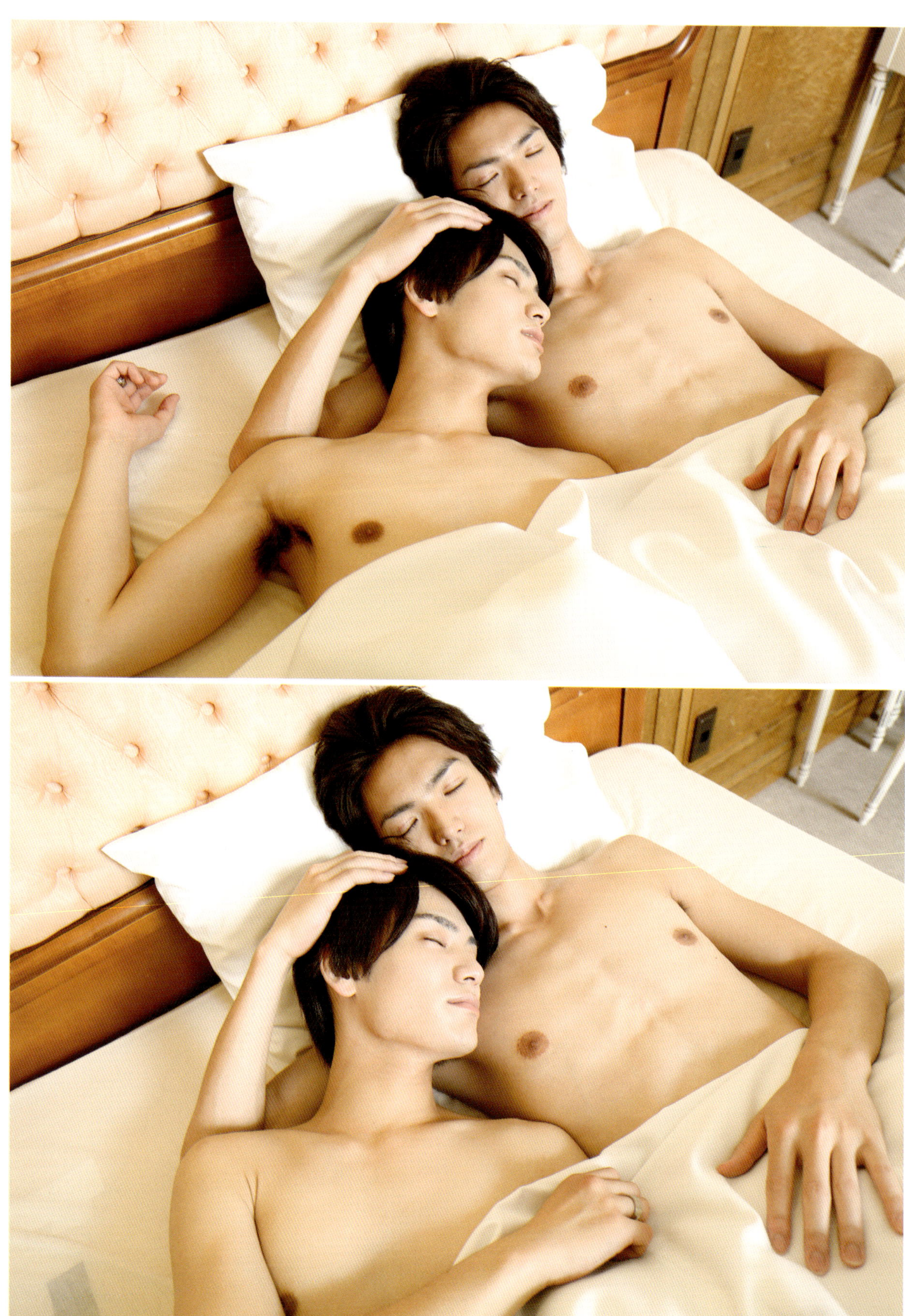

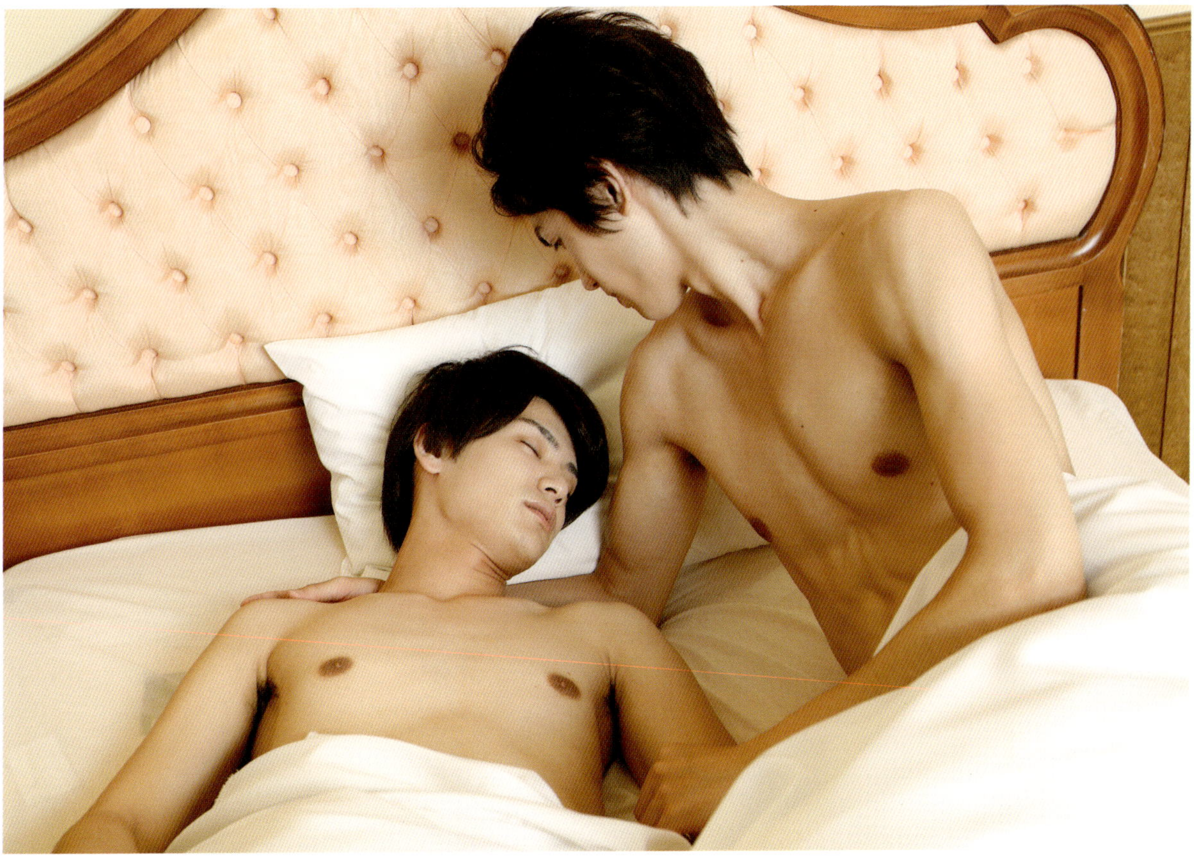

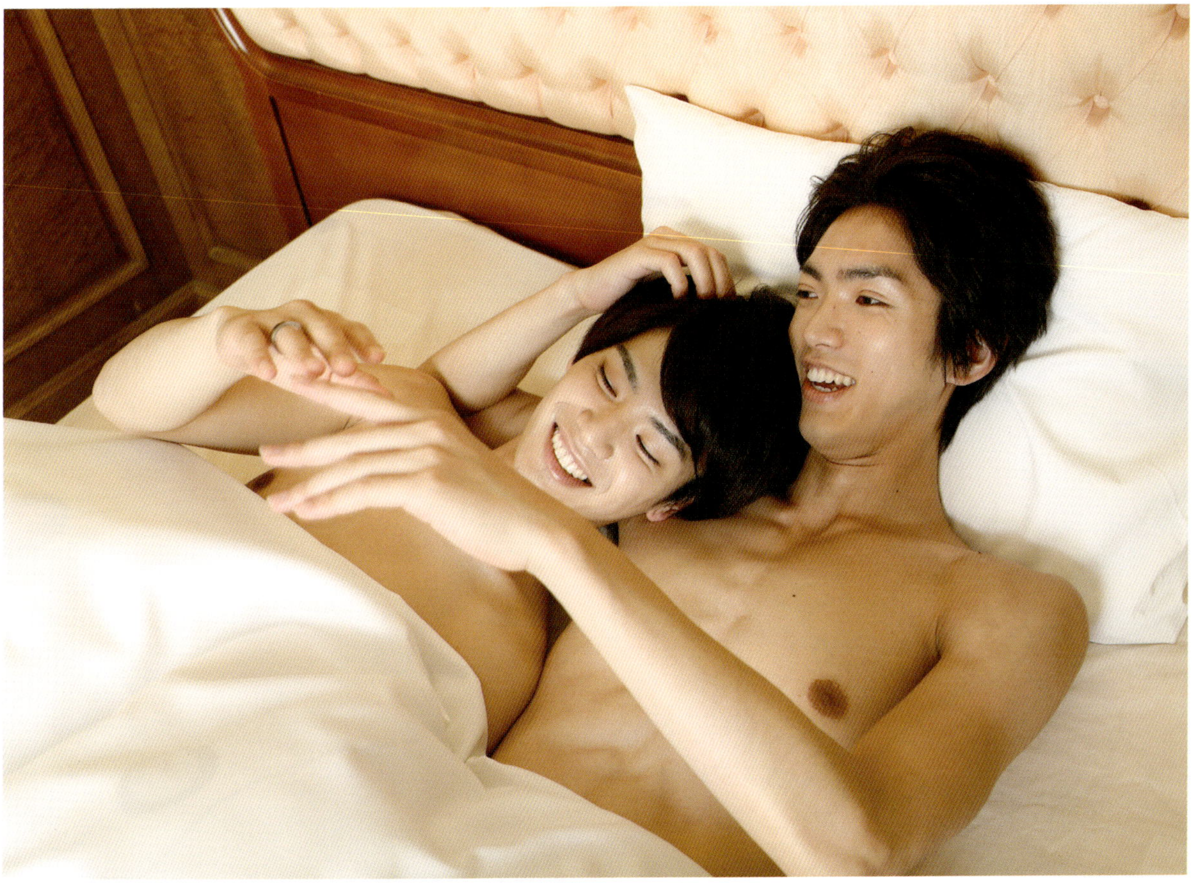

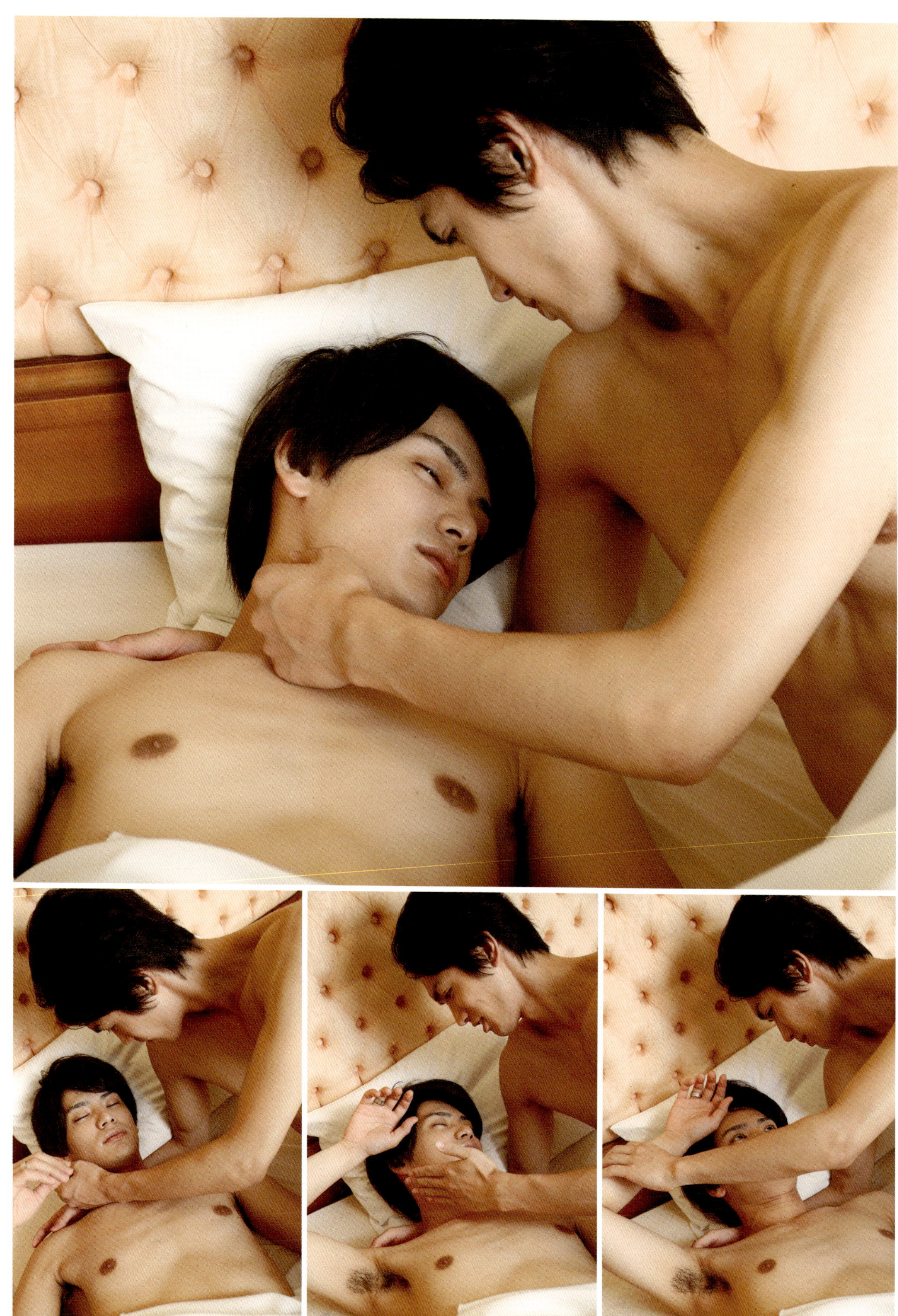

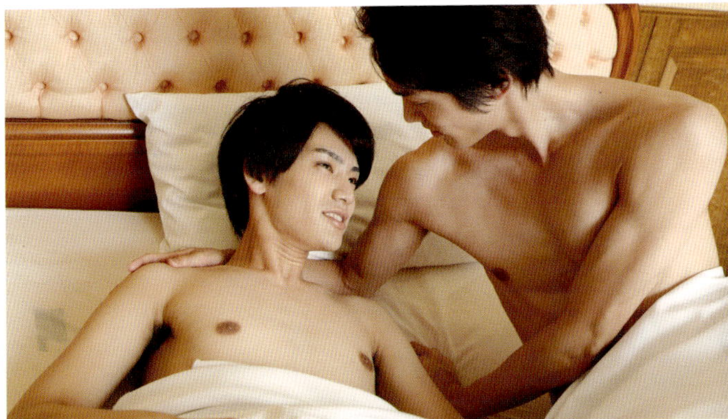
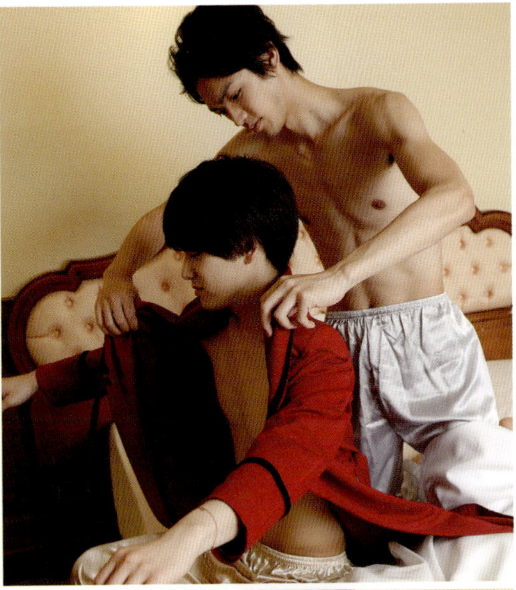
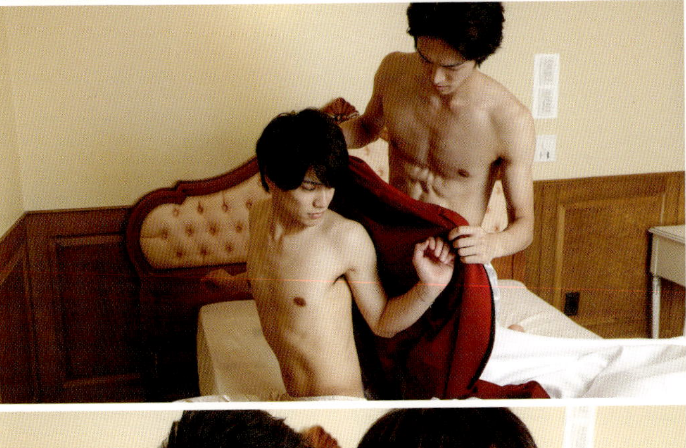
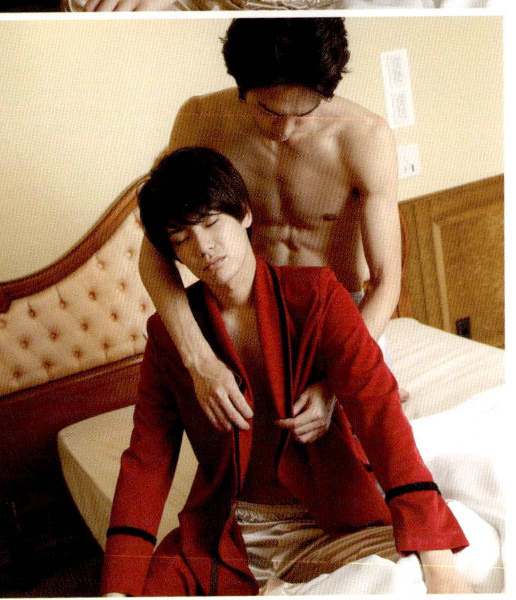
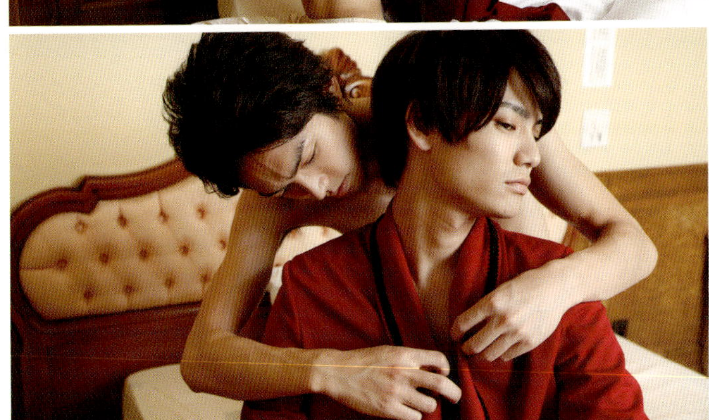
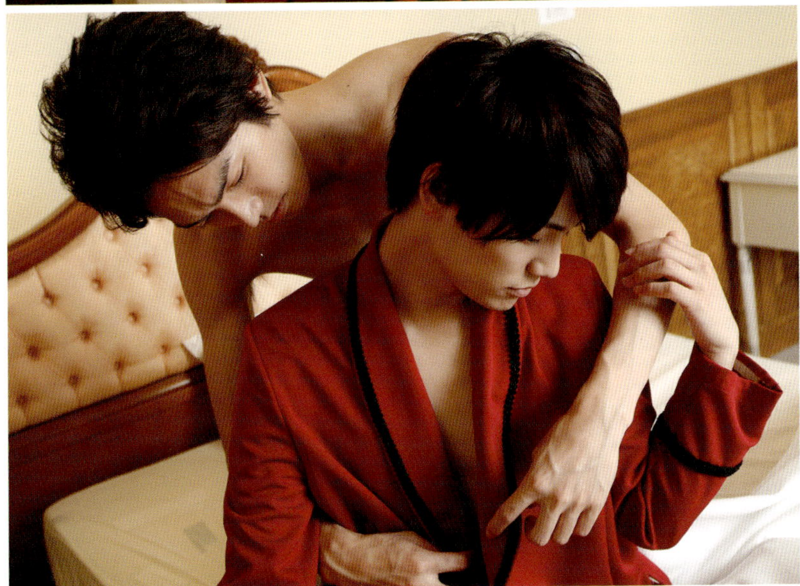
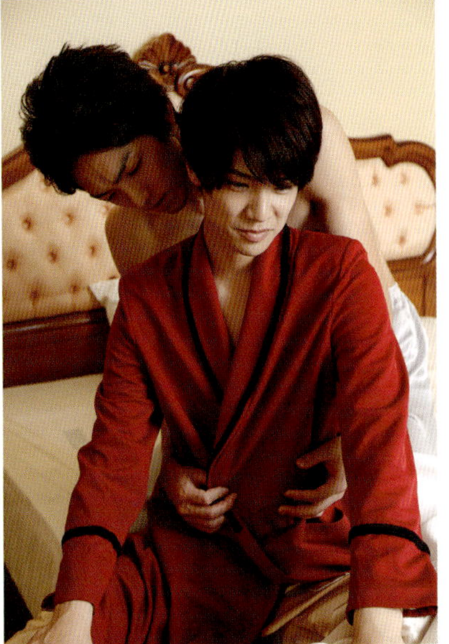

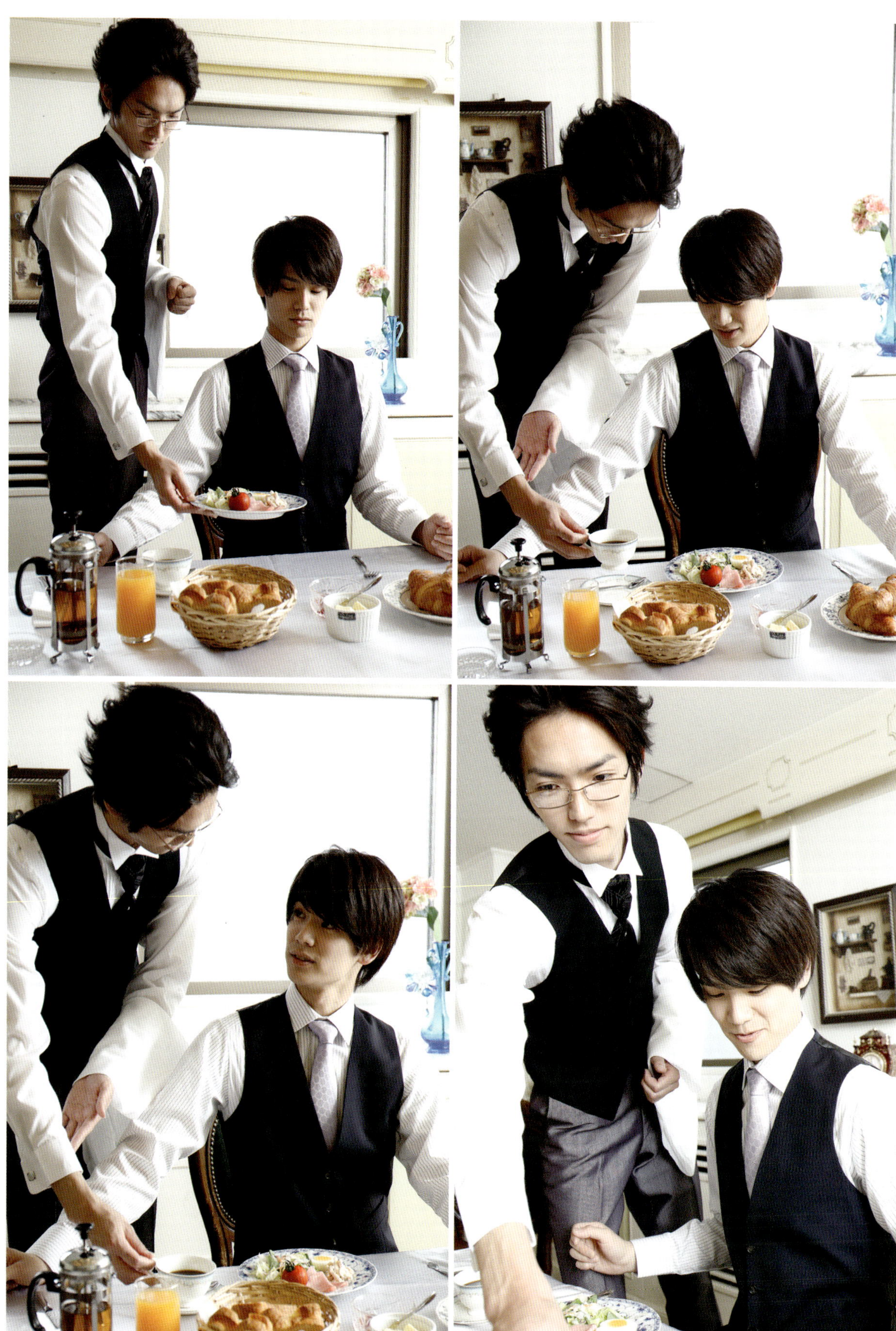

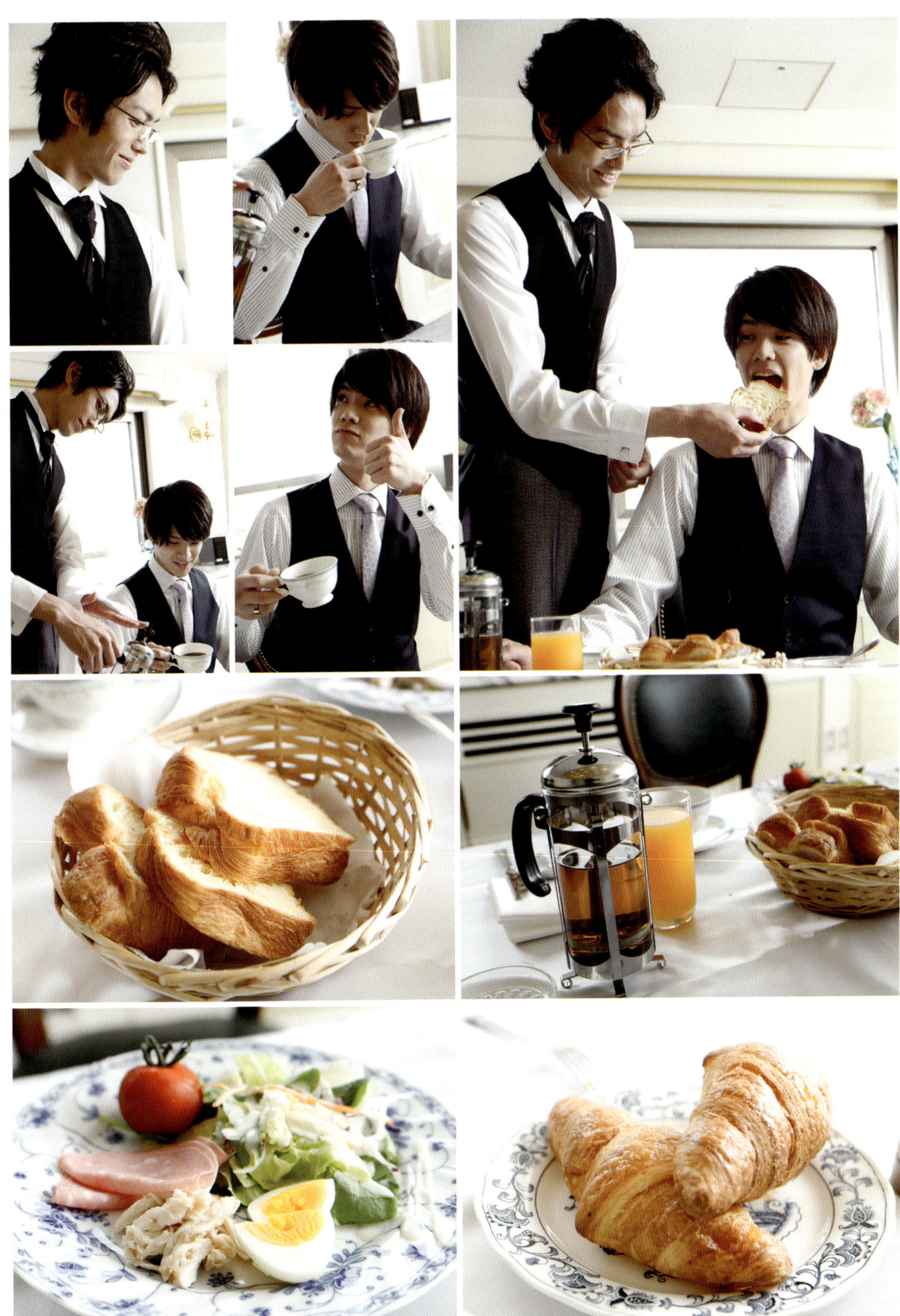

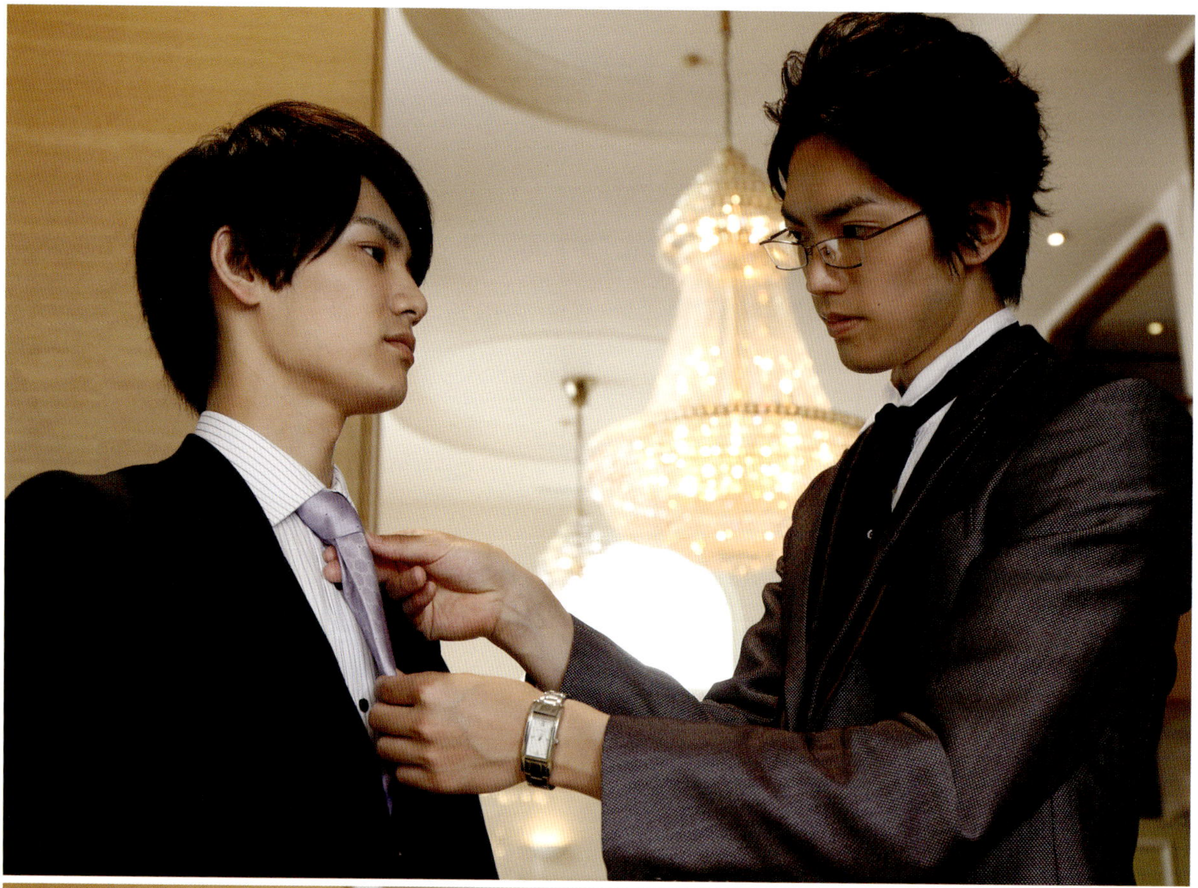

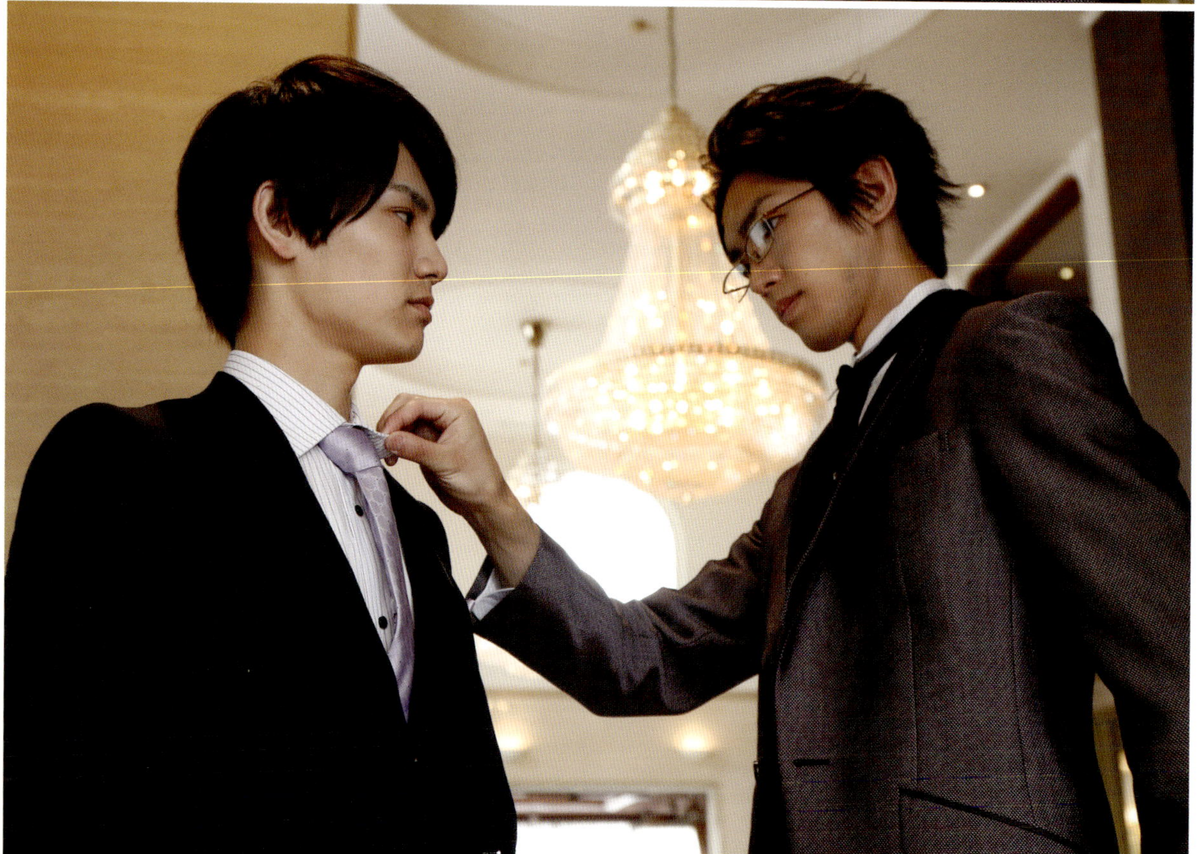

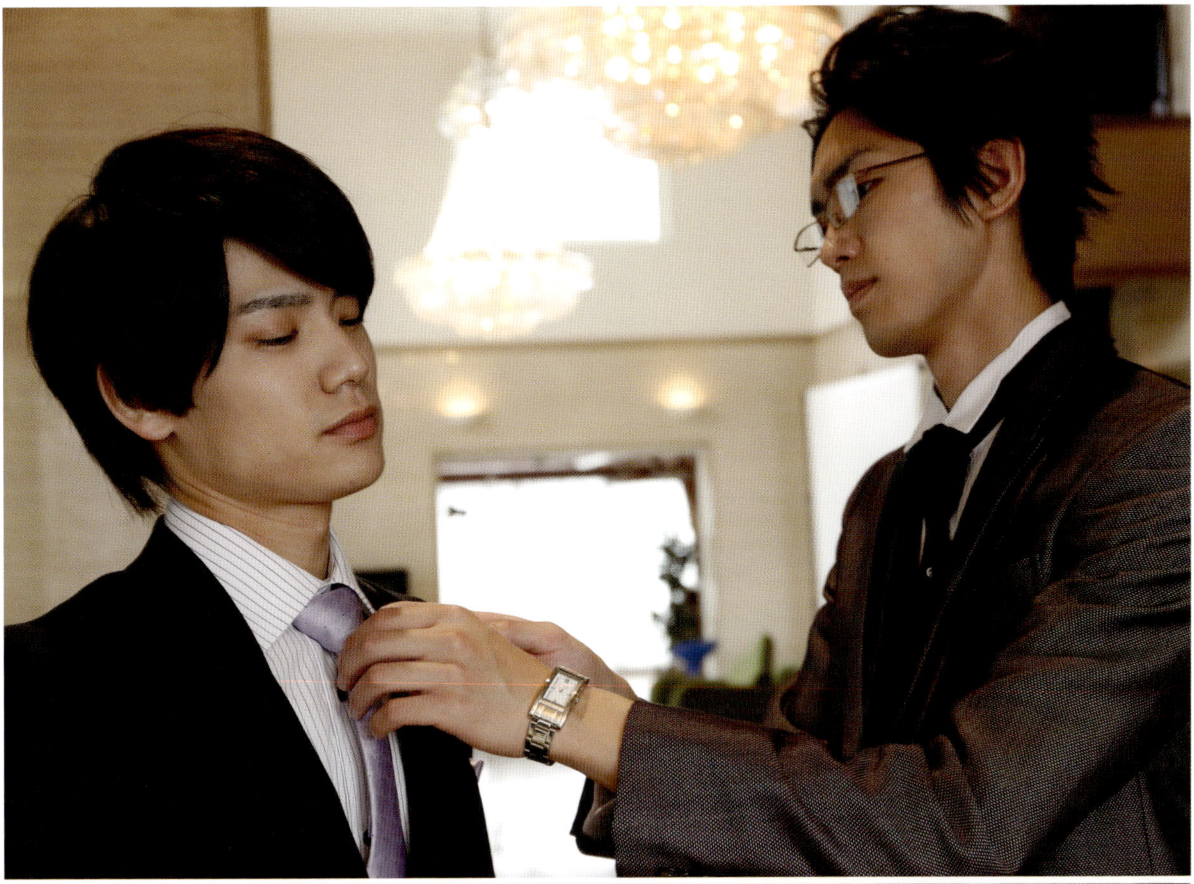

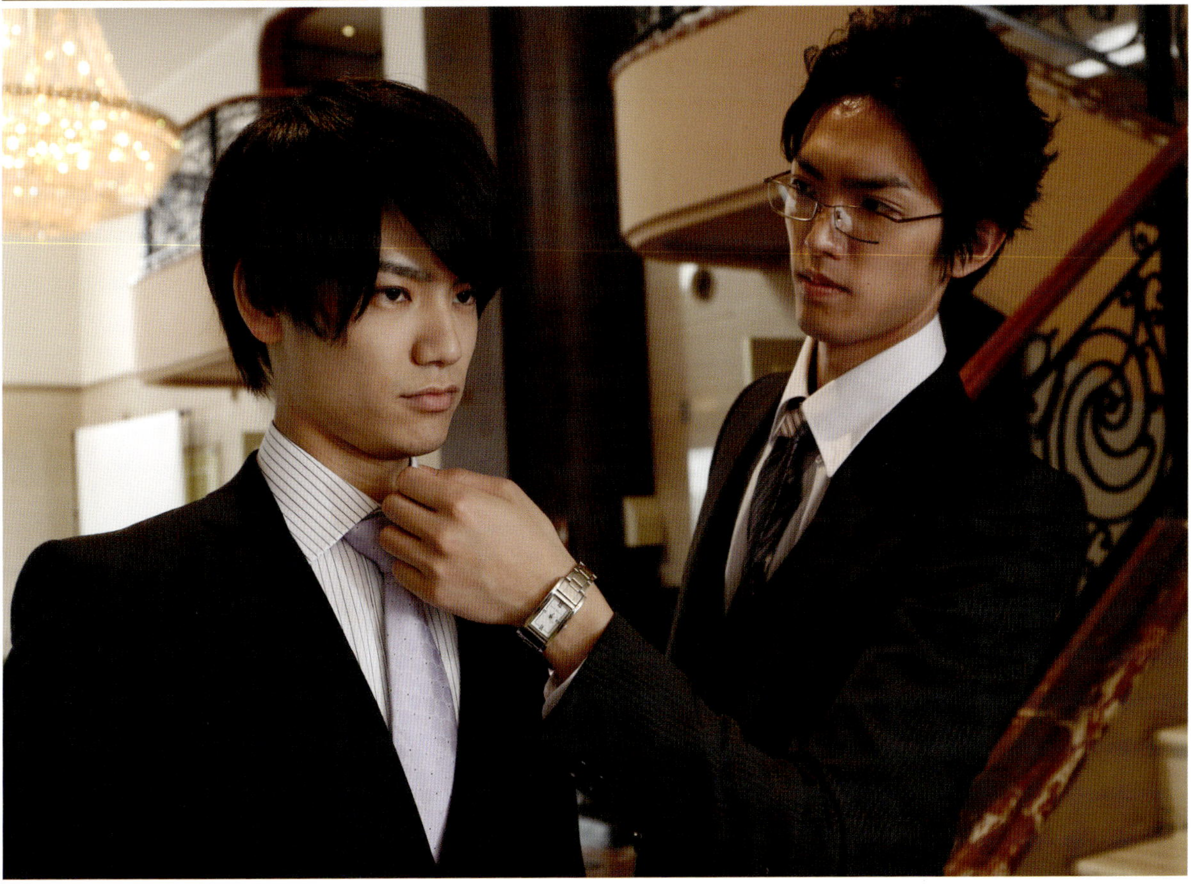

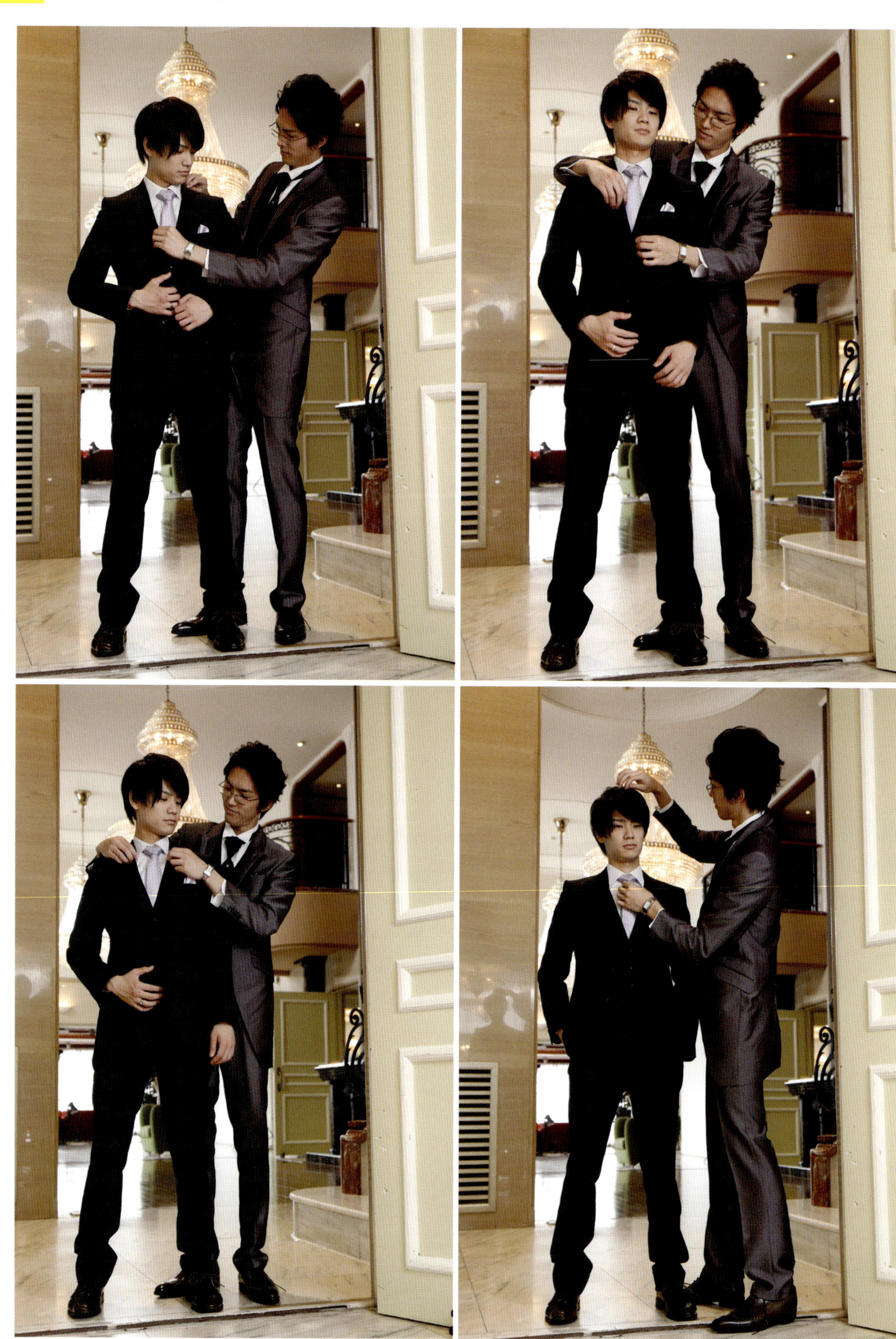

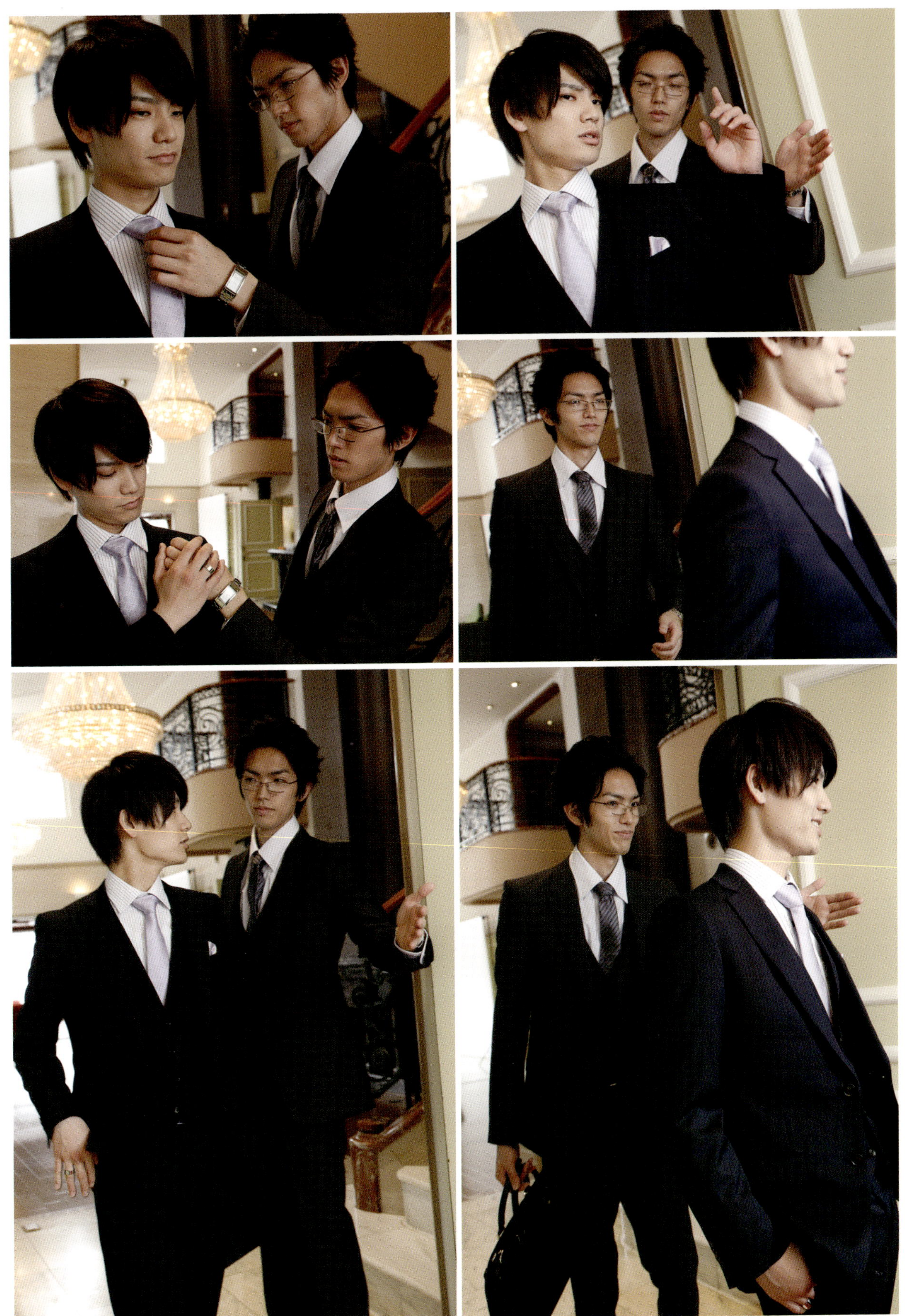

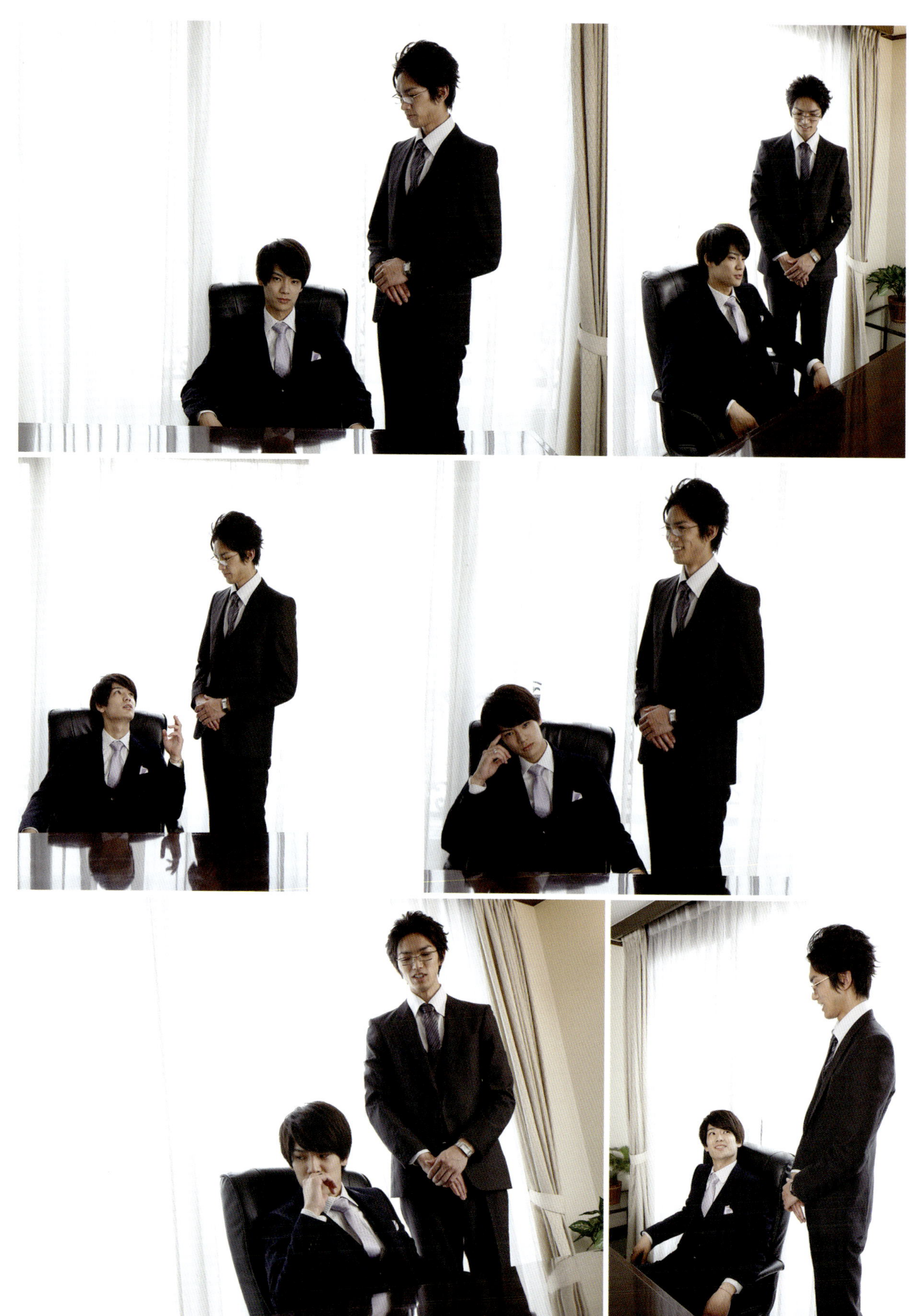

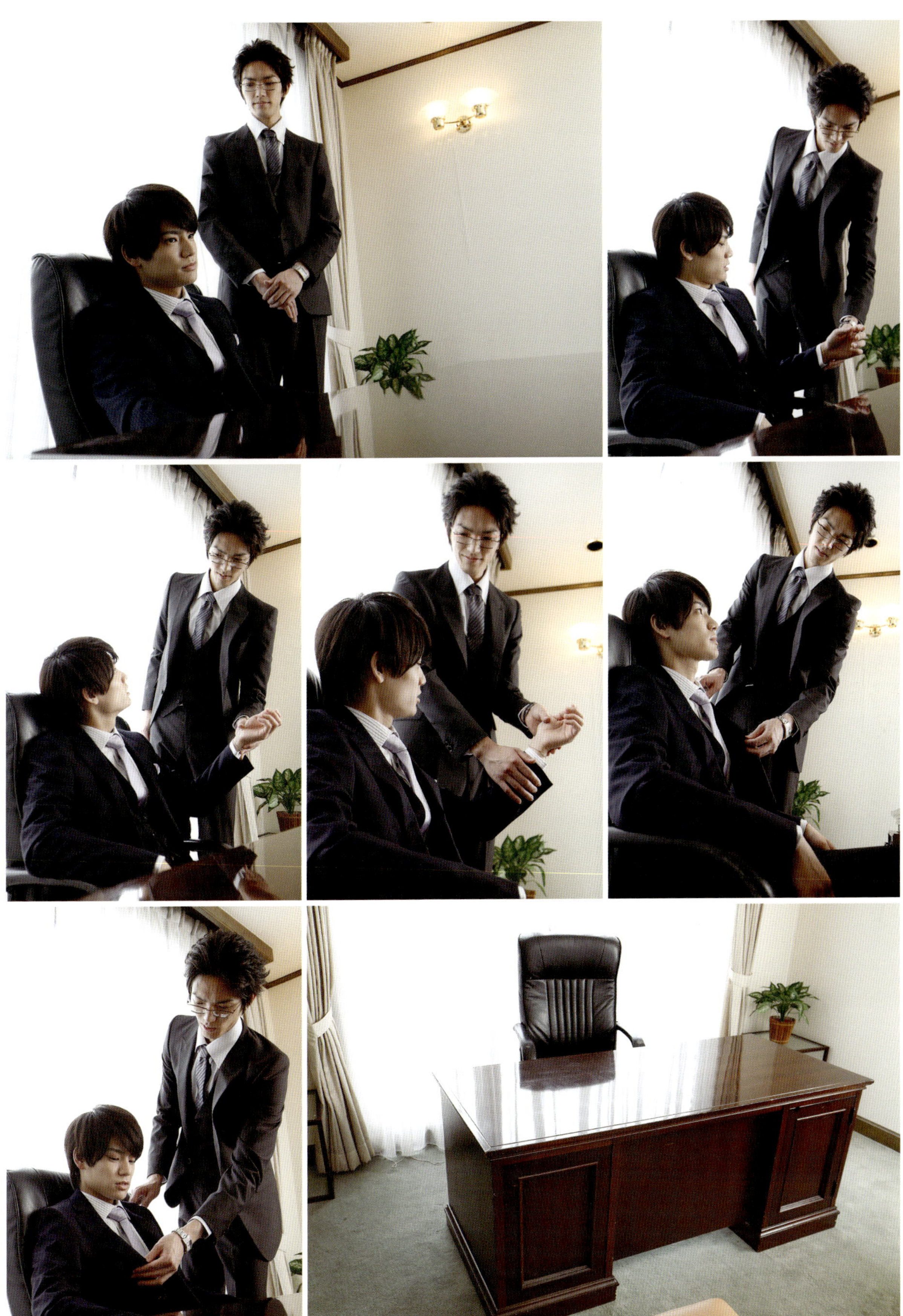

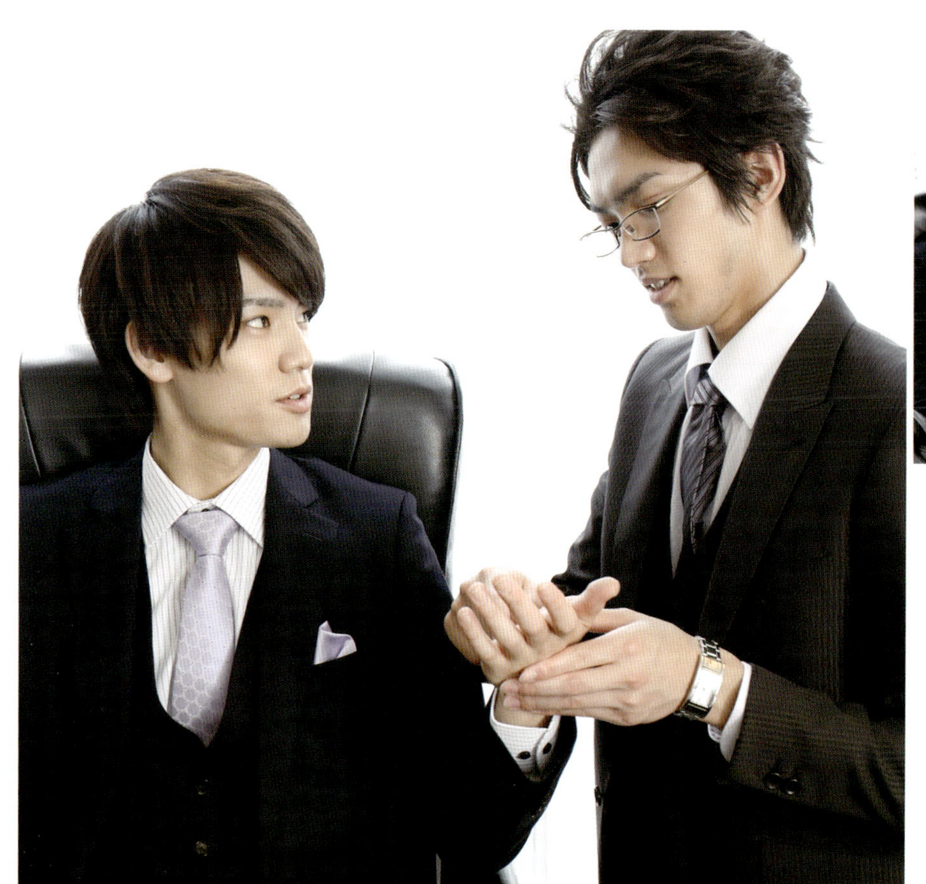
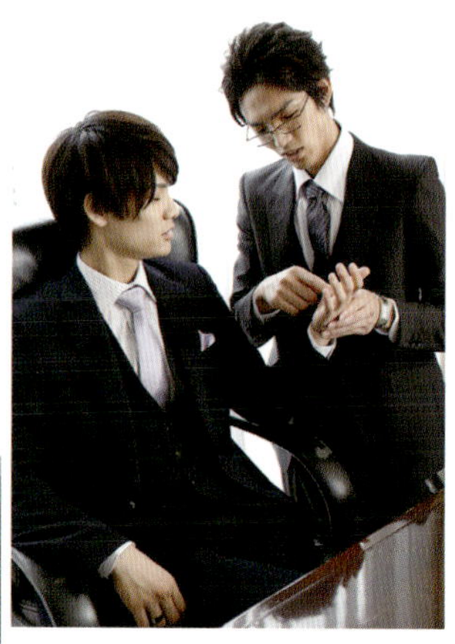
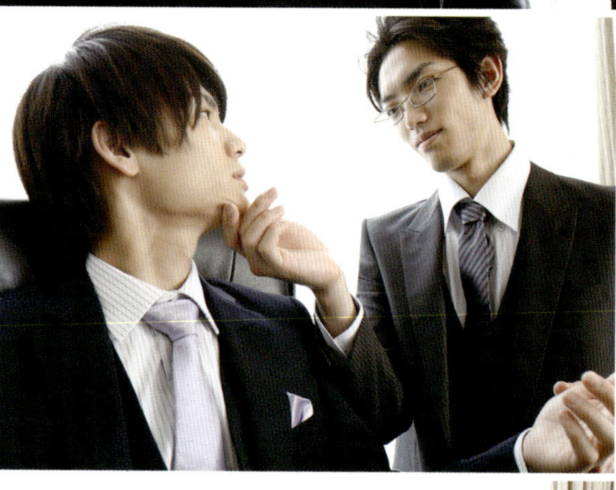
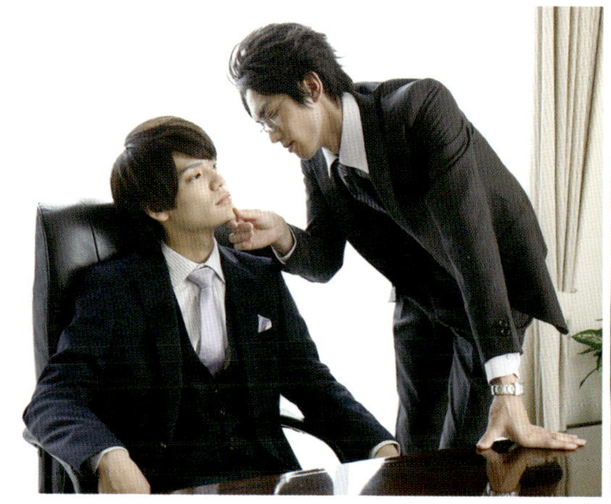
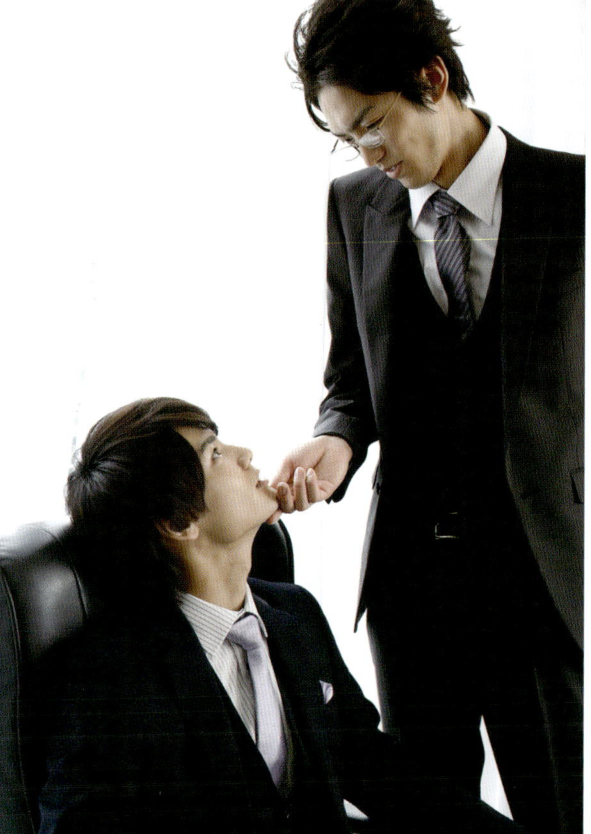

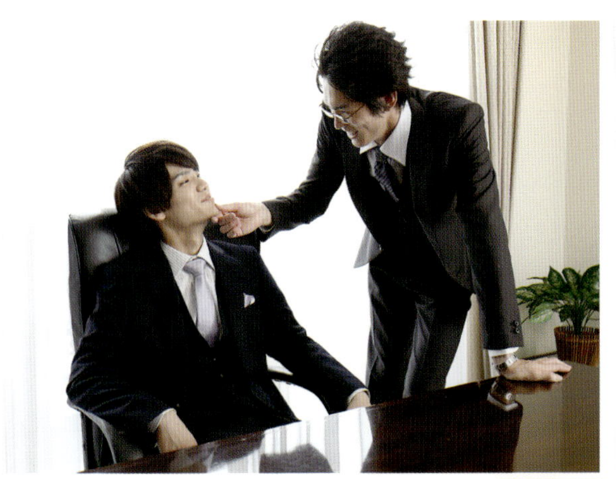

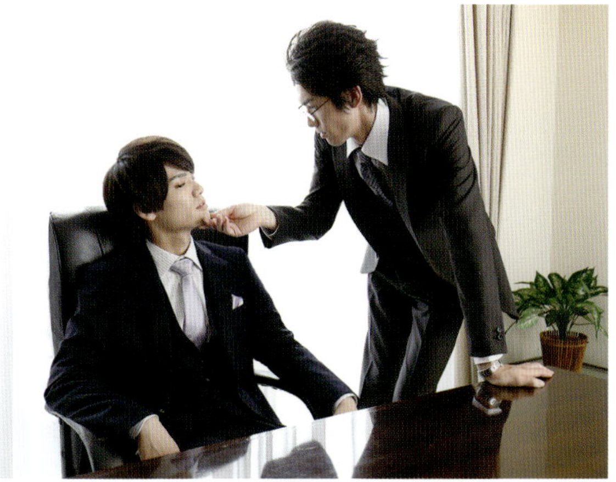

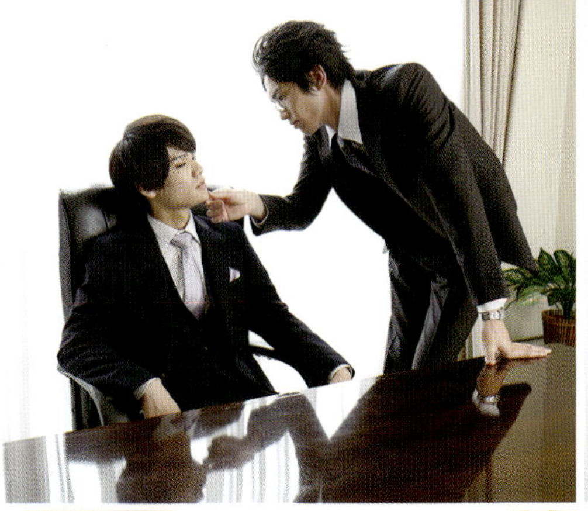

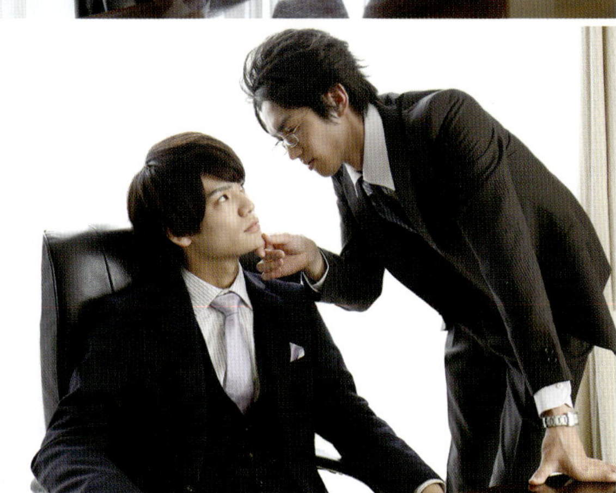

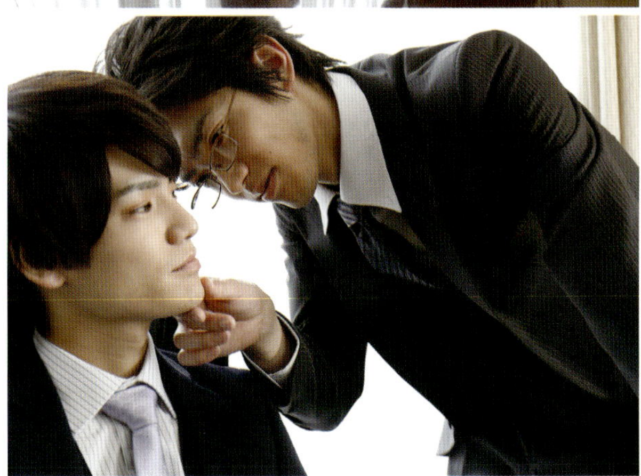

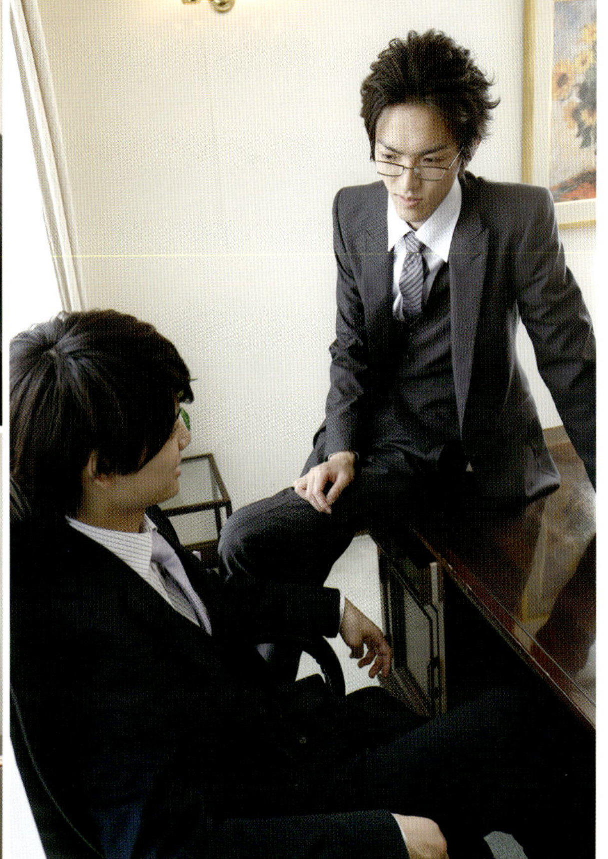

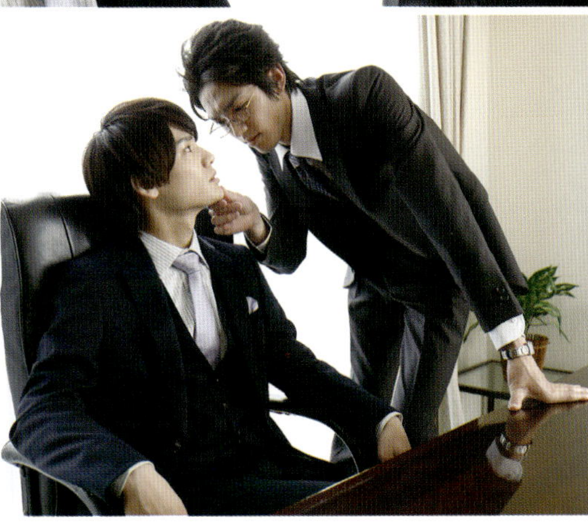

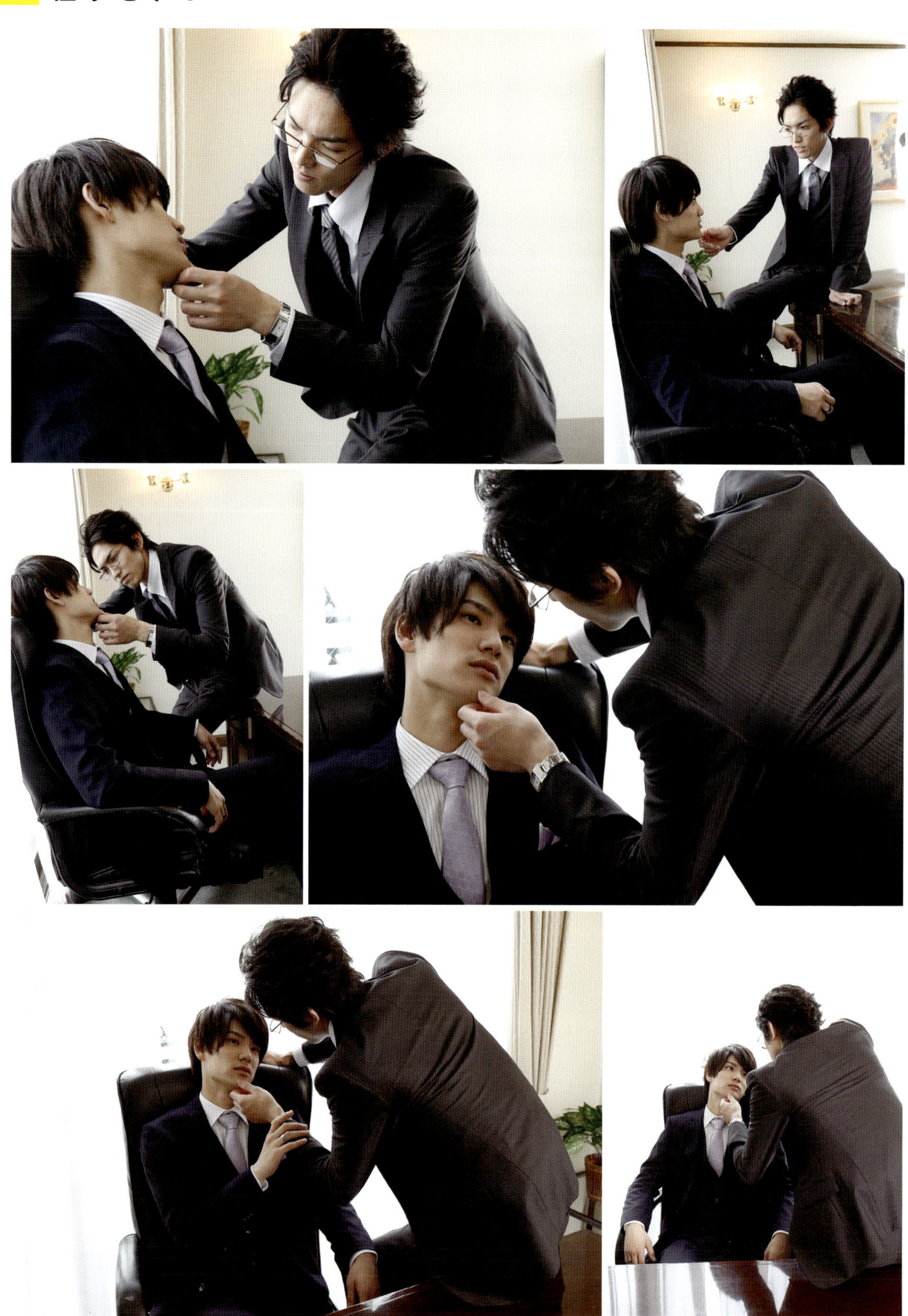

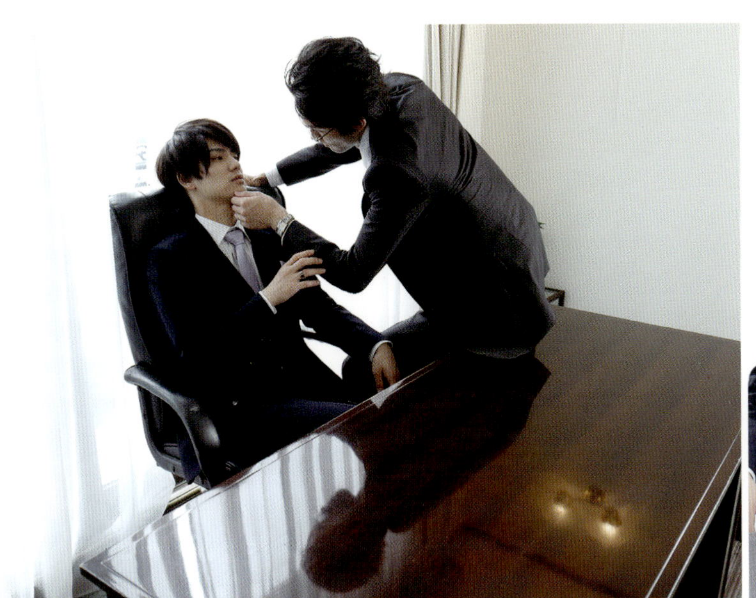

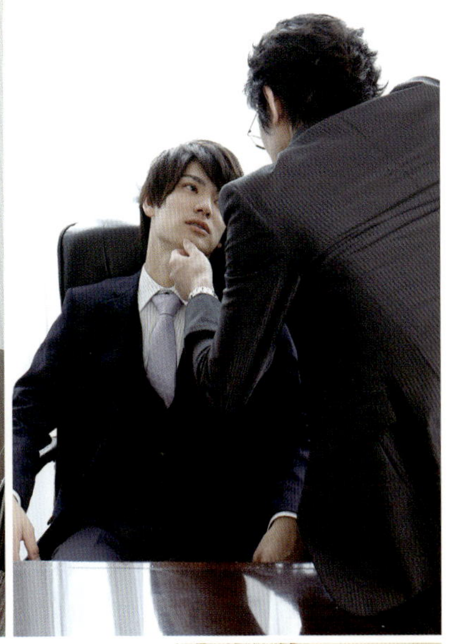

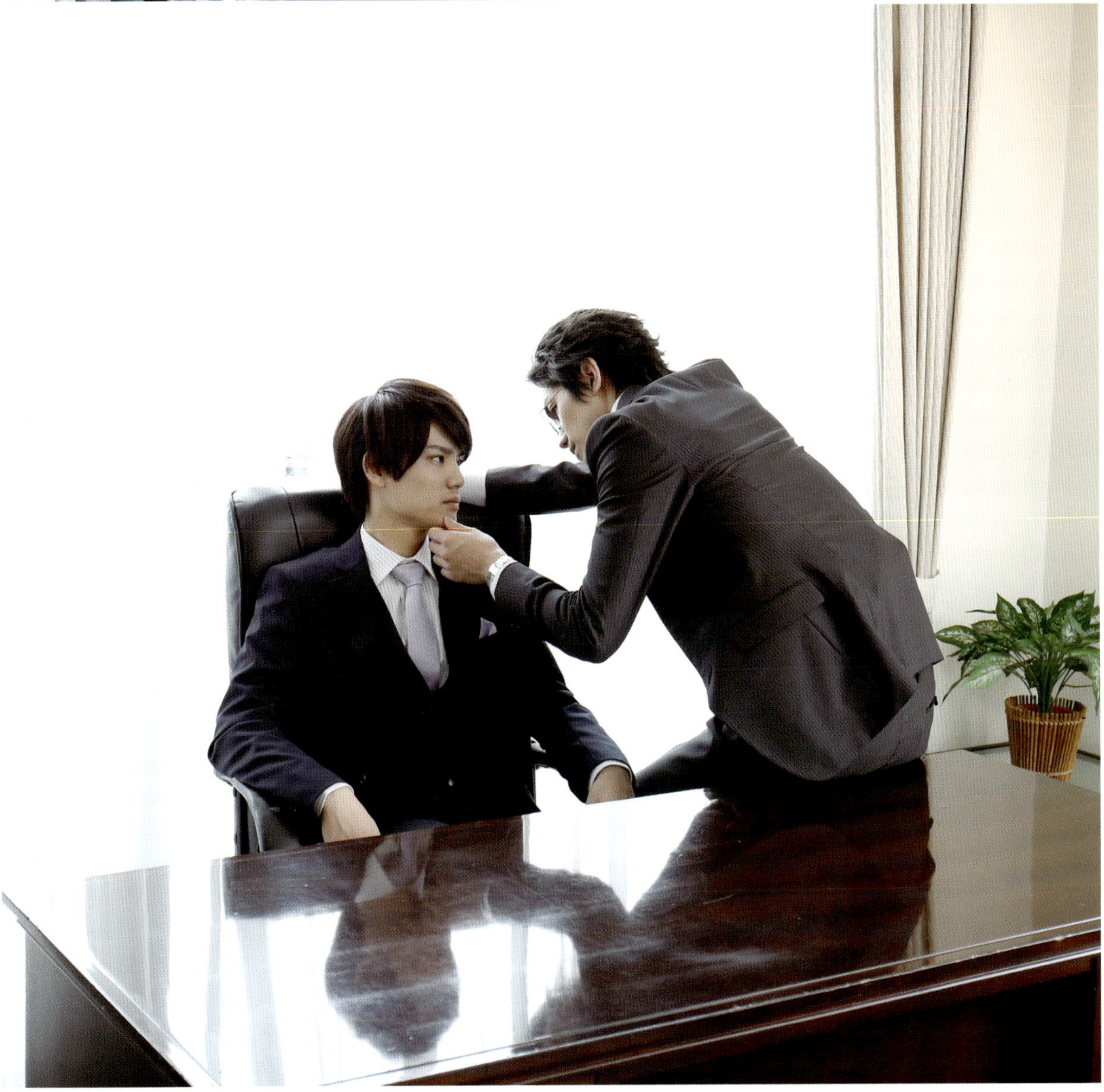

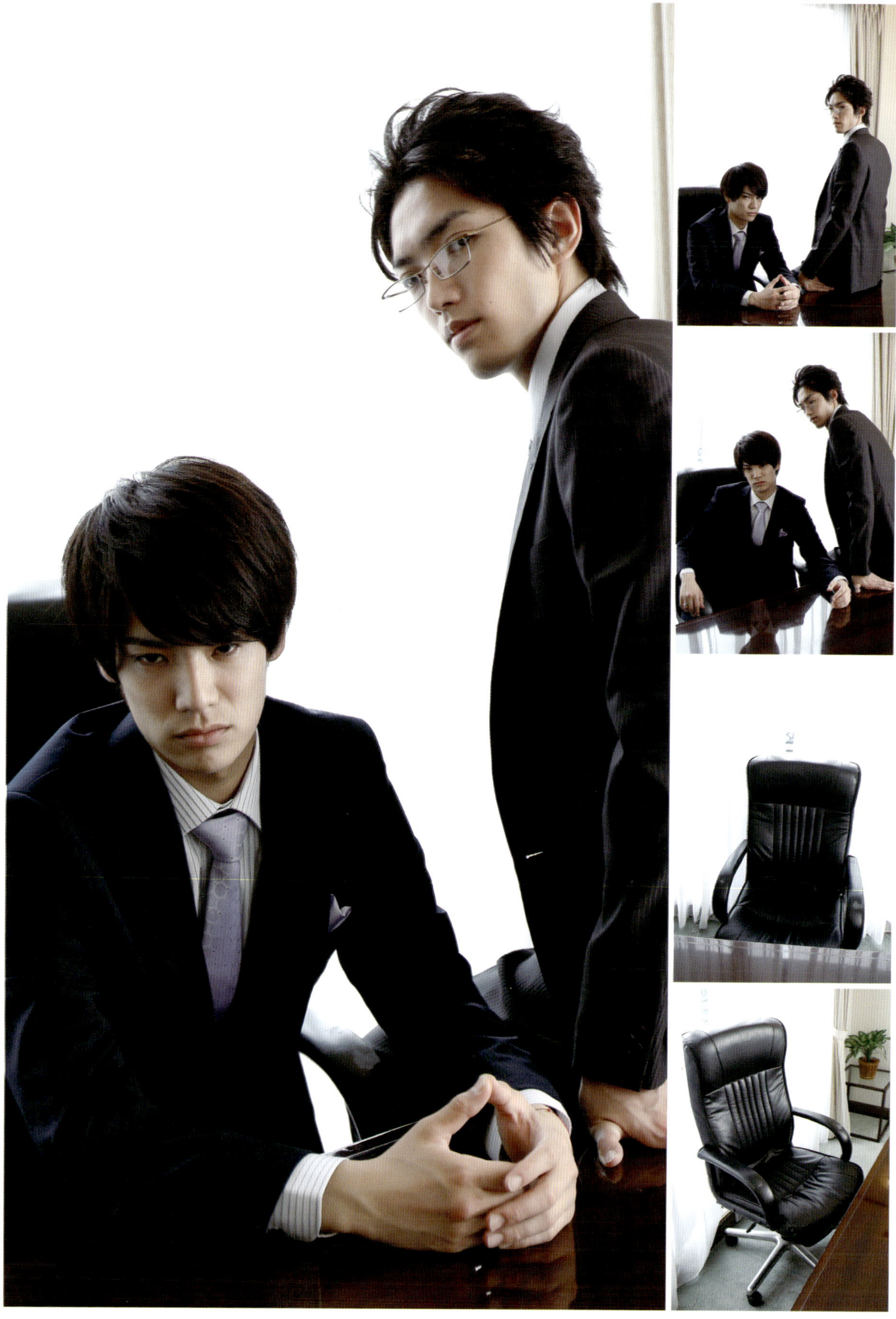

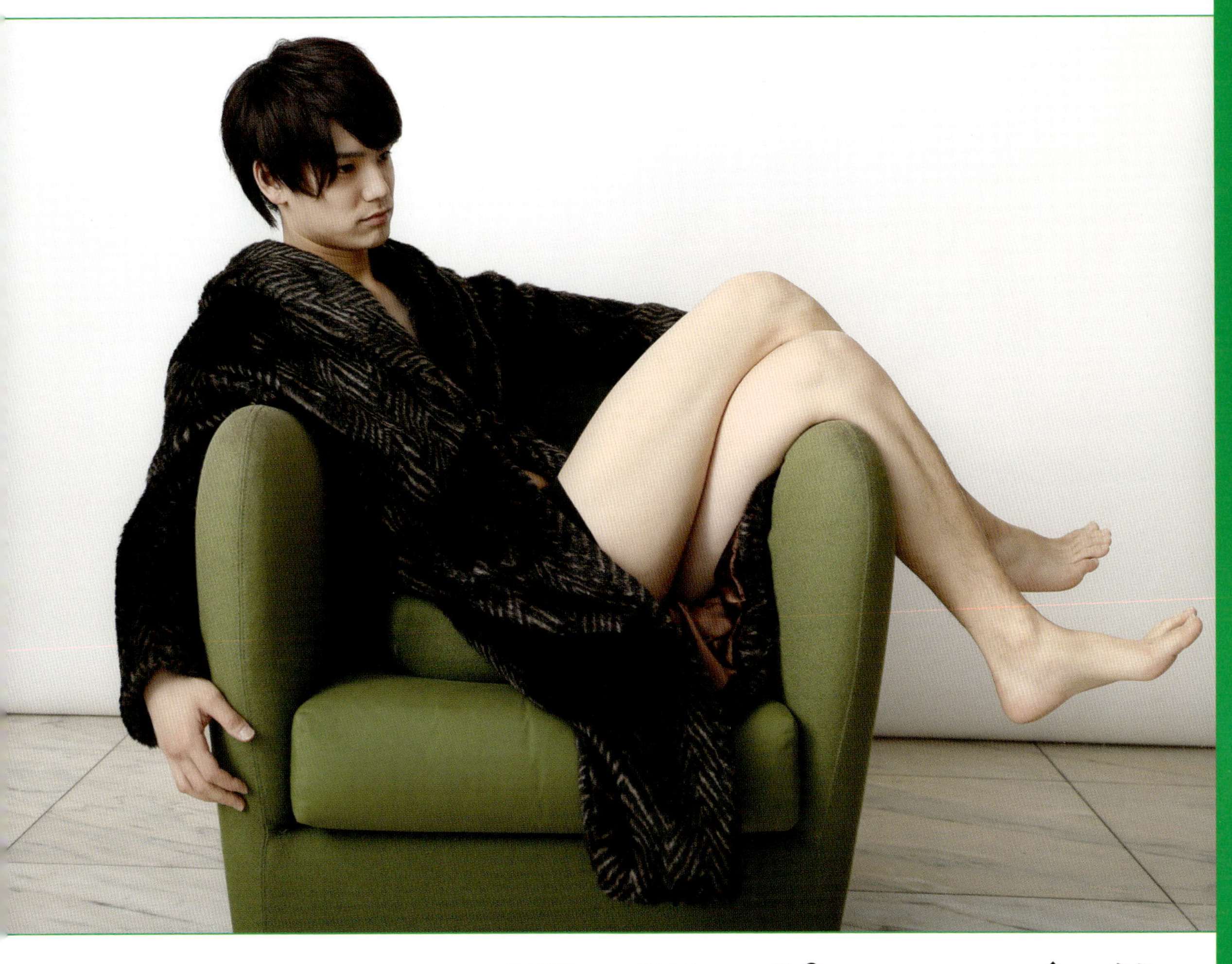

回 転 ポ ー ズ 集

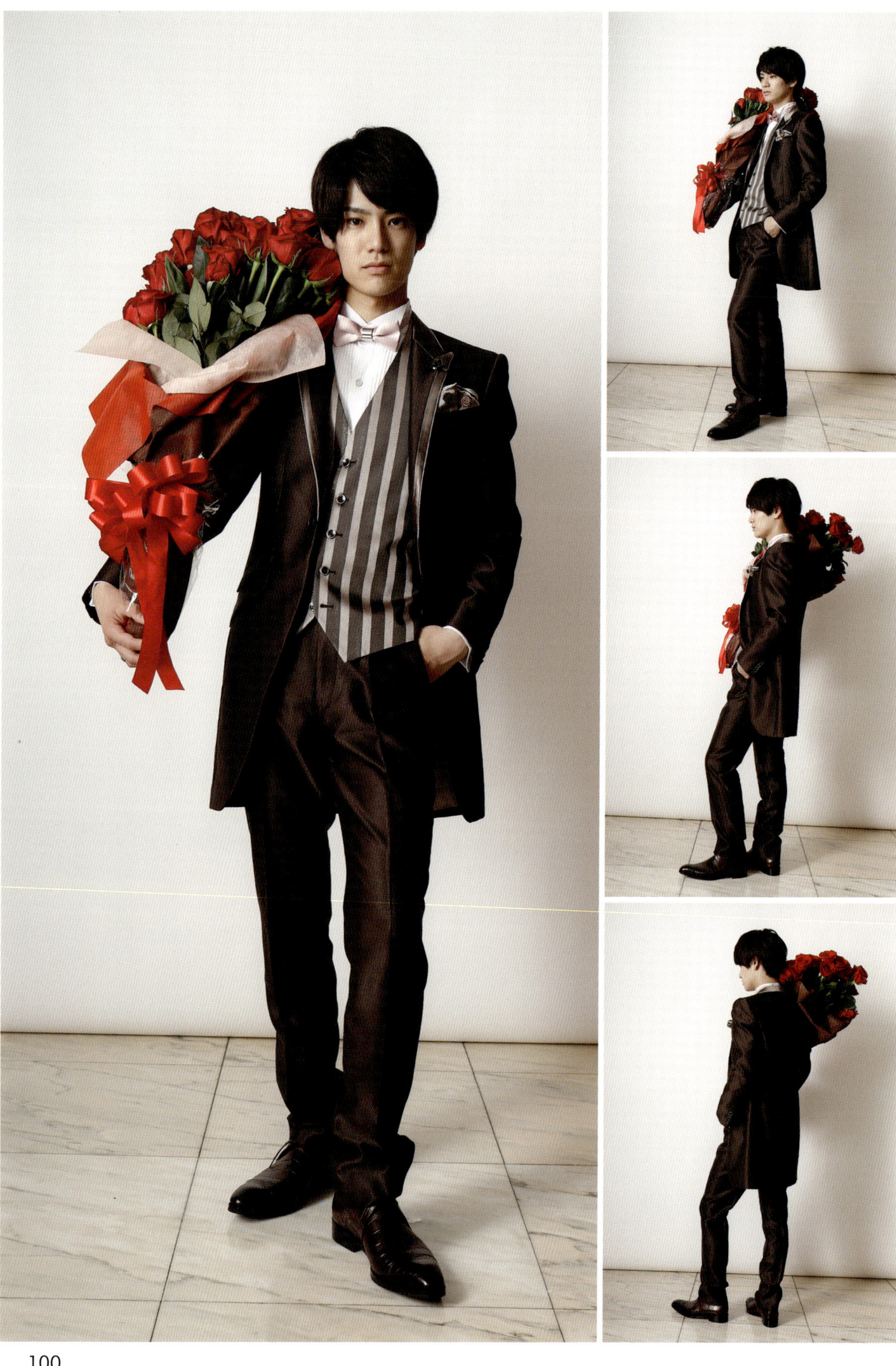

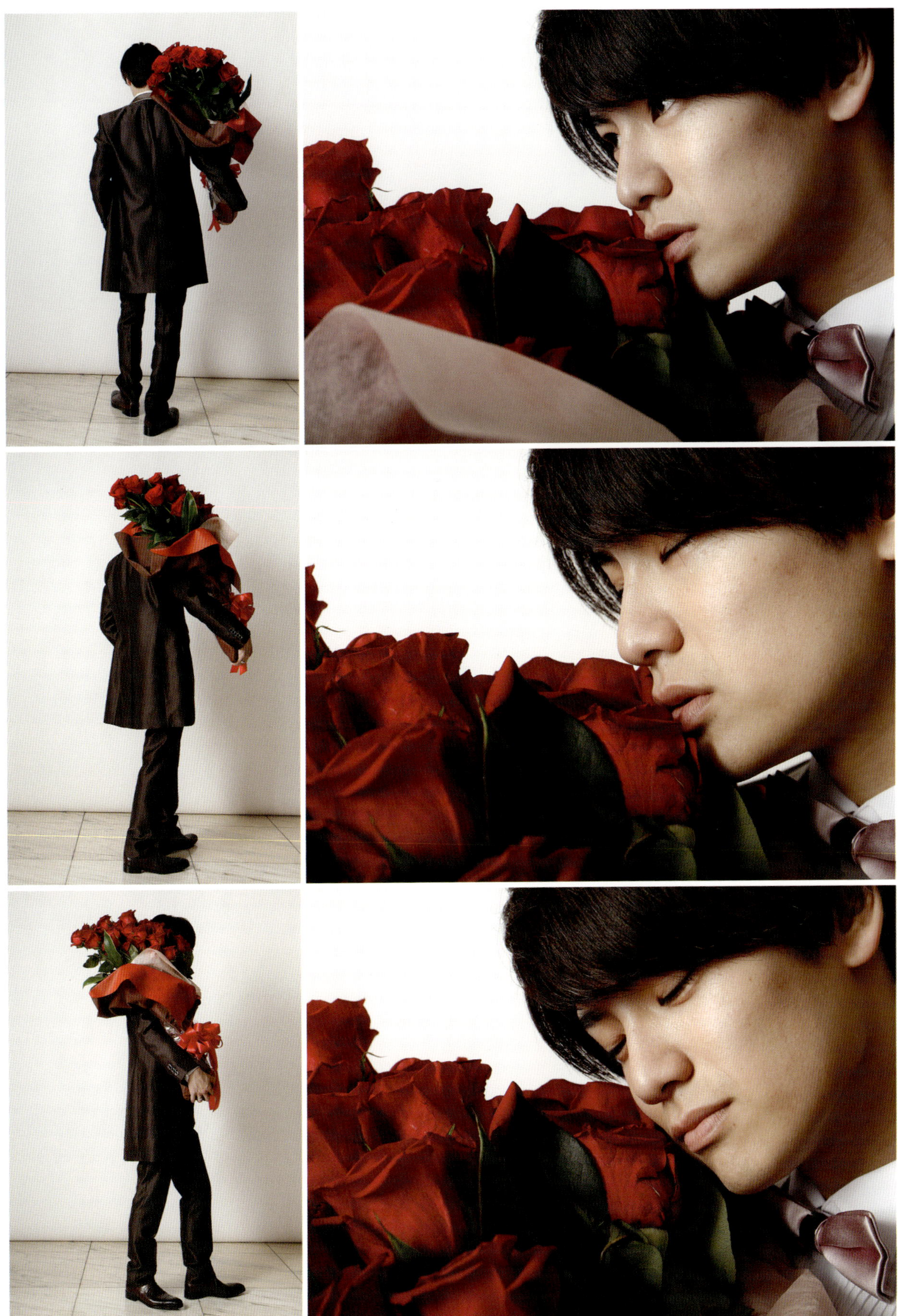

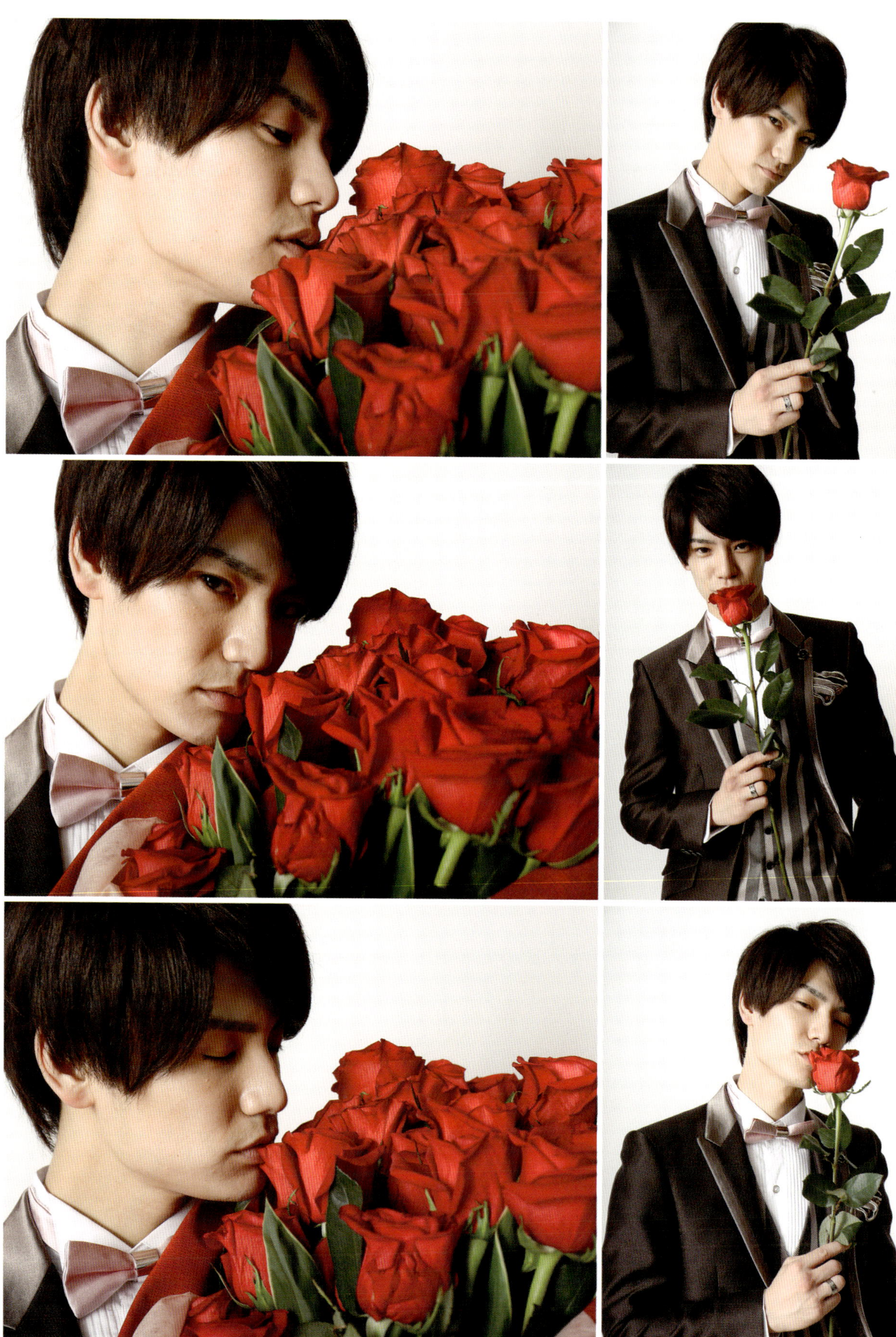

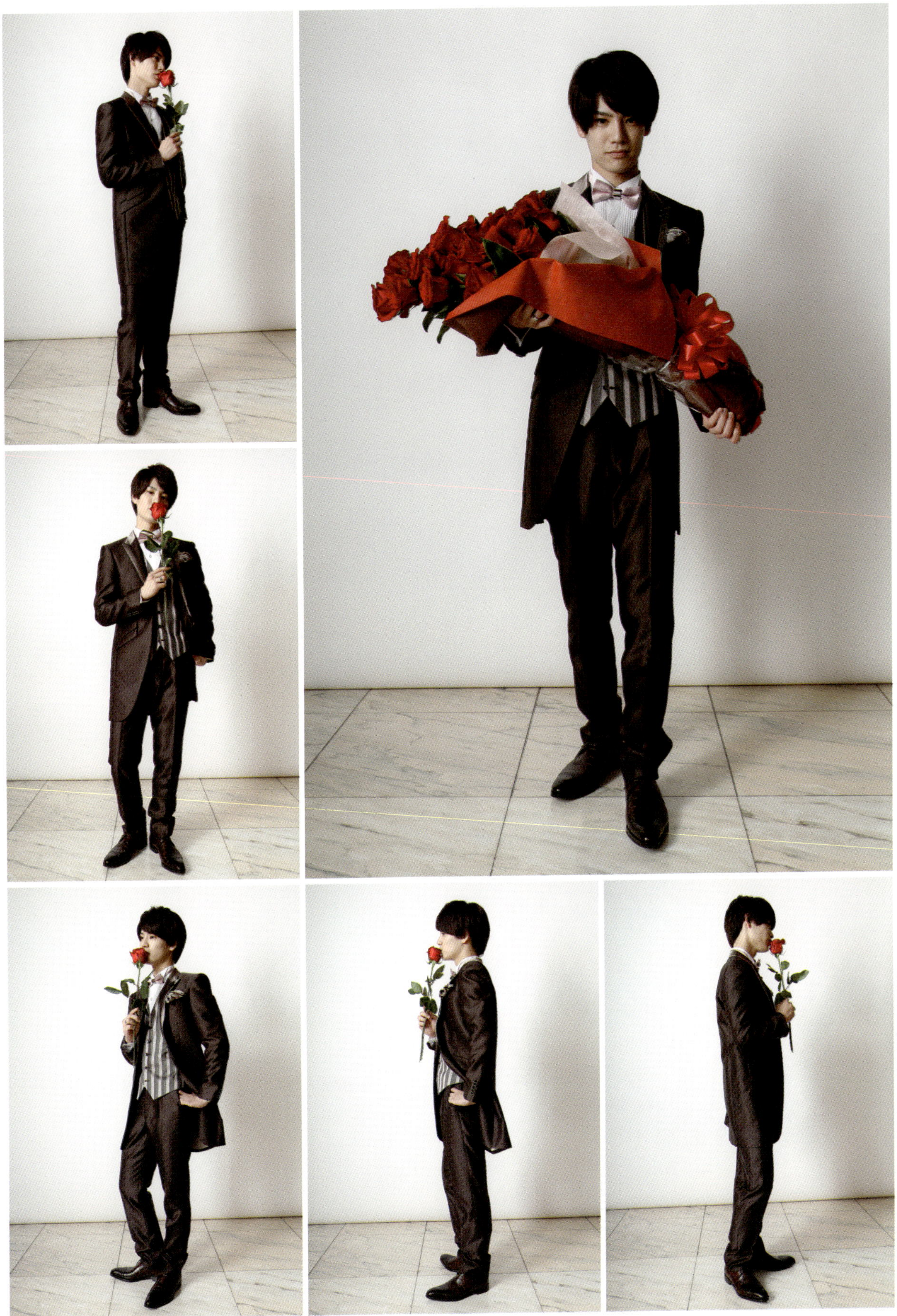

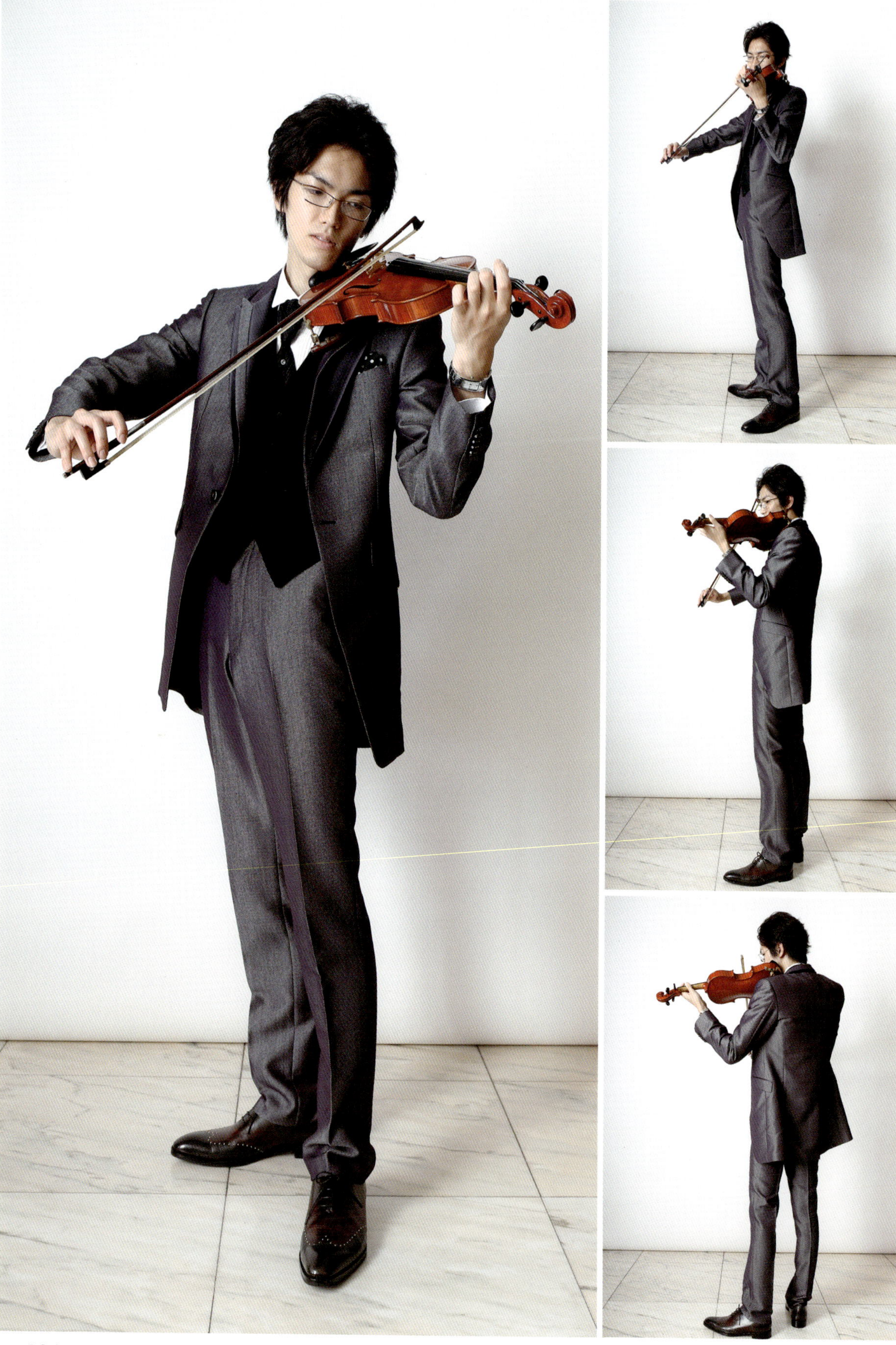

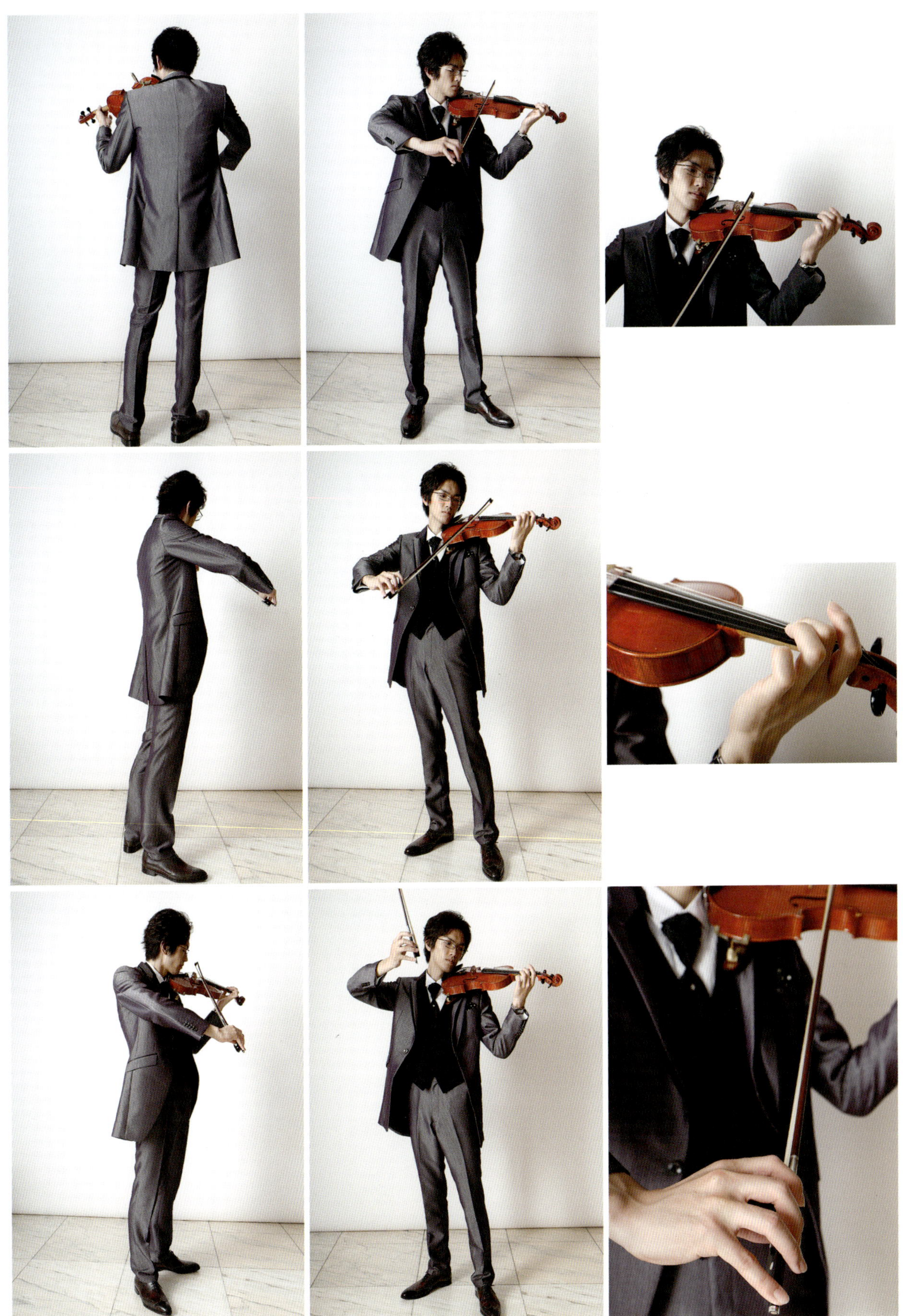

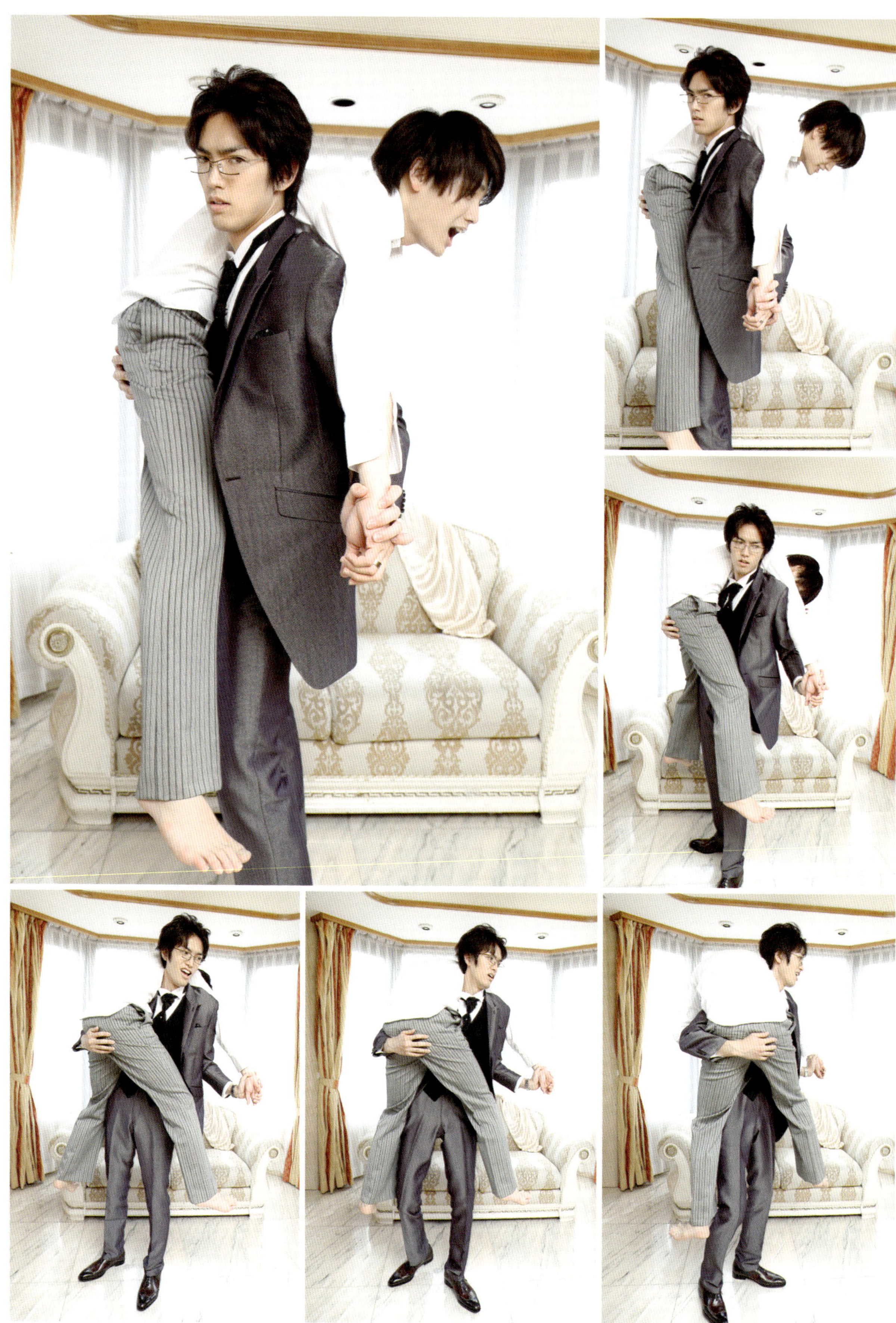

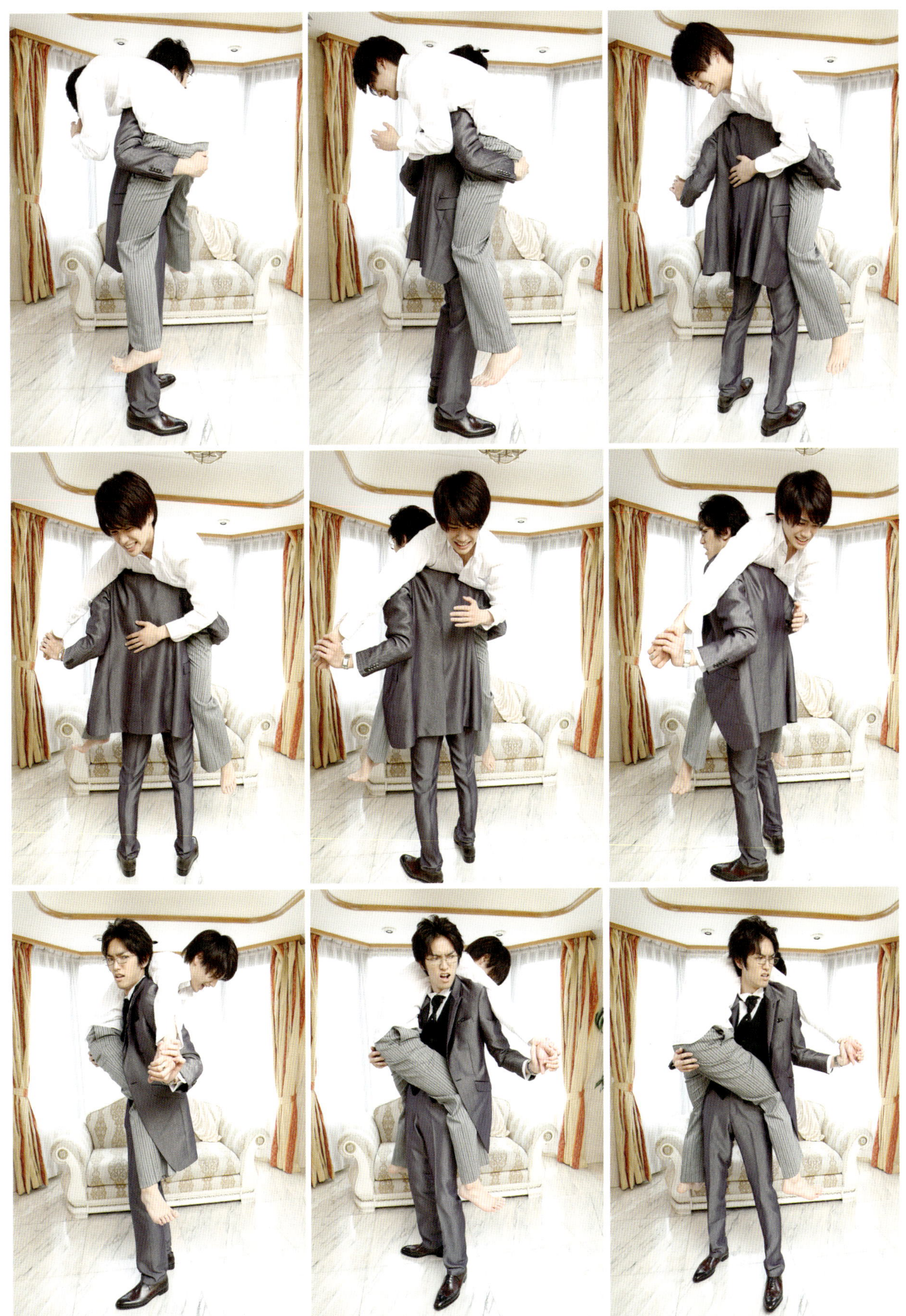

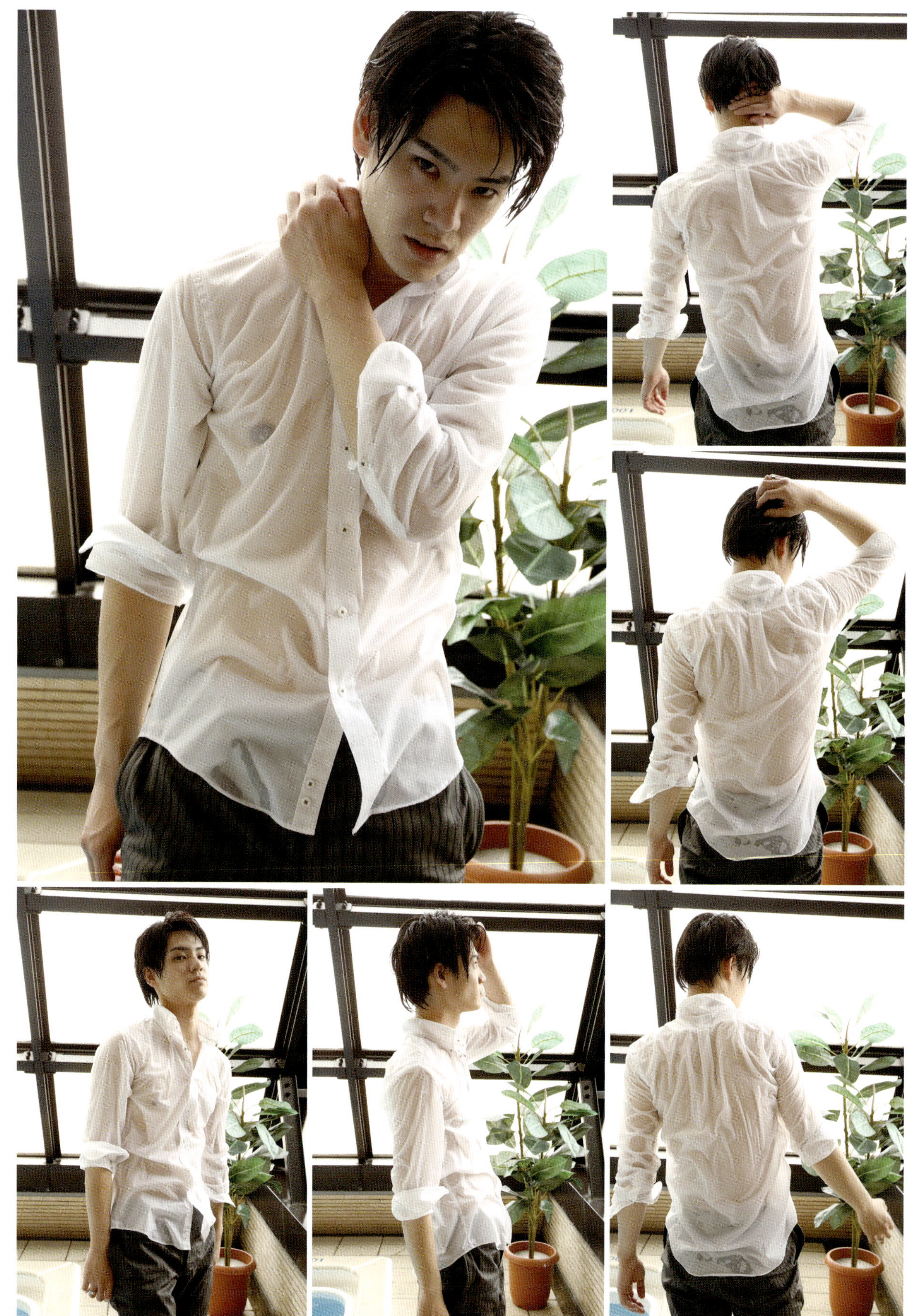

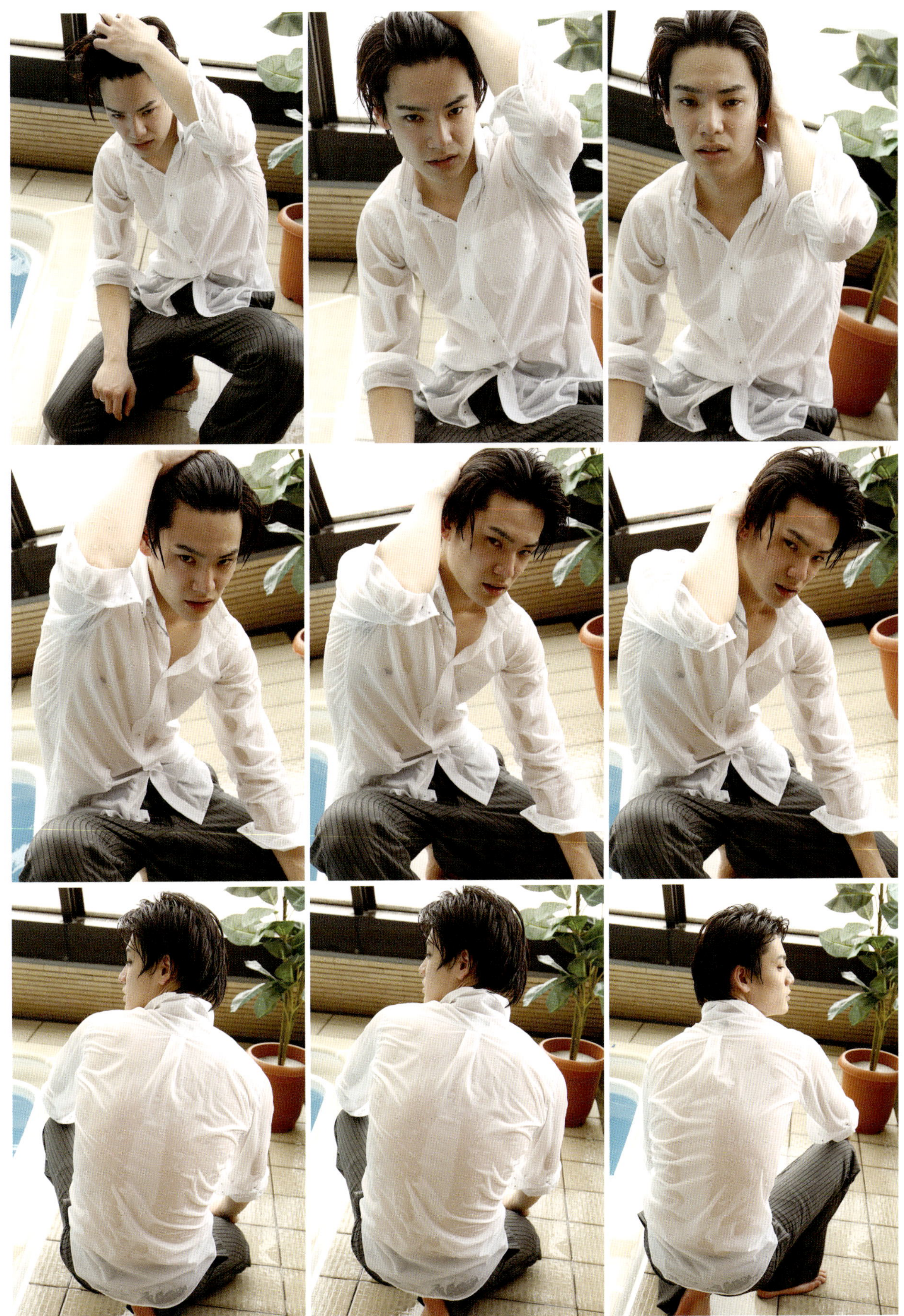

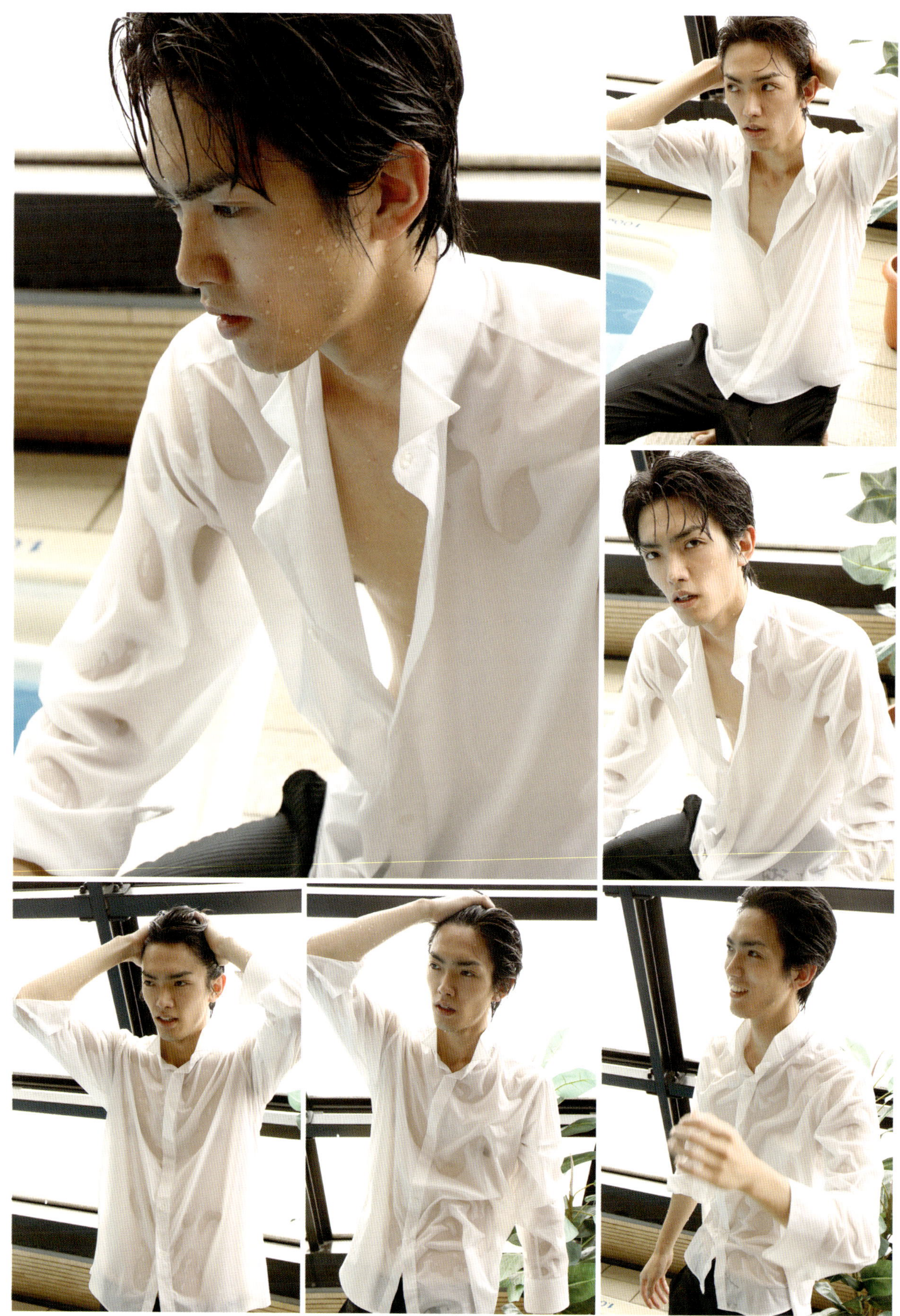

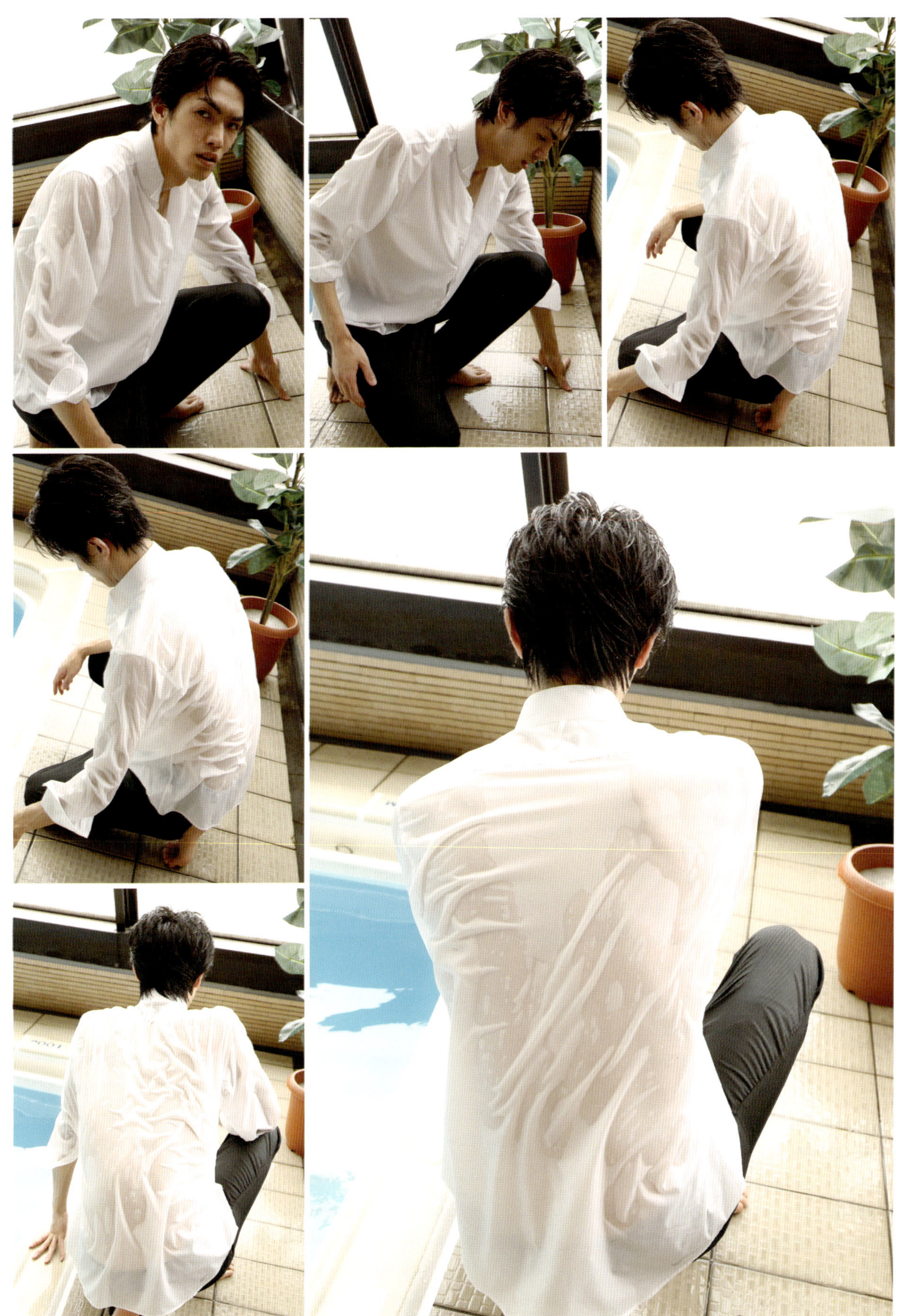

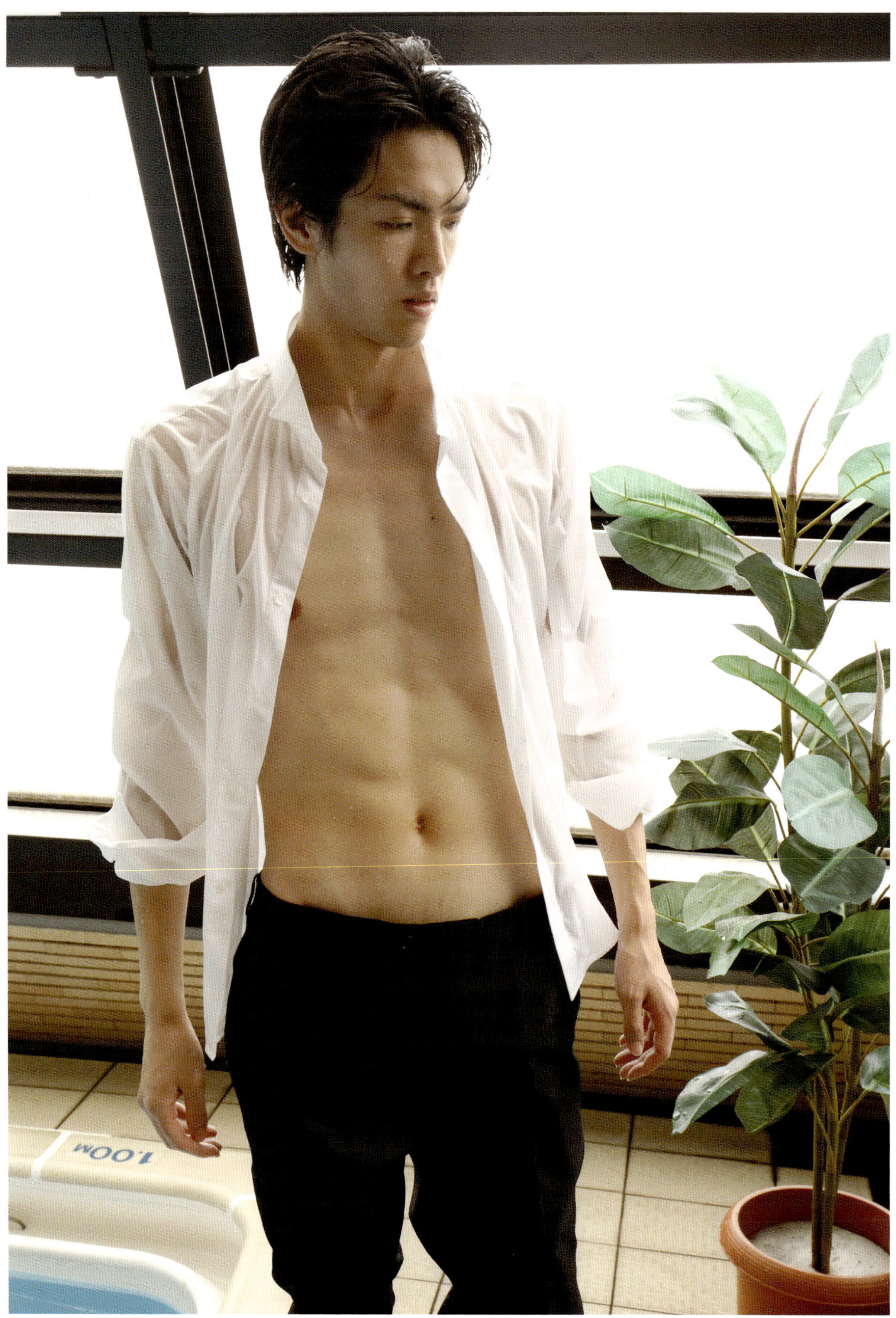
1.00m

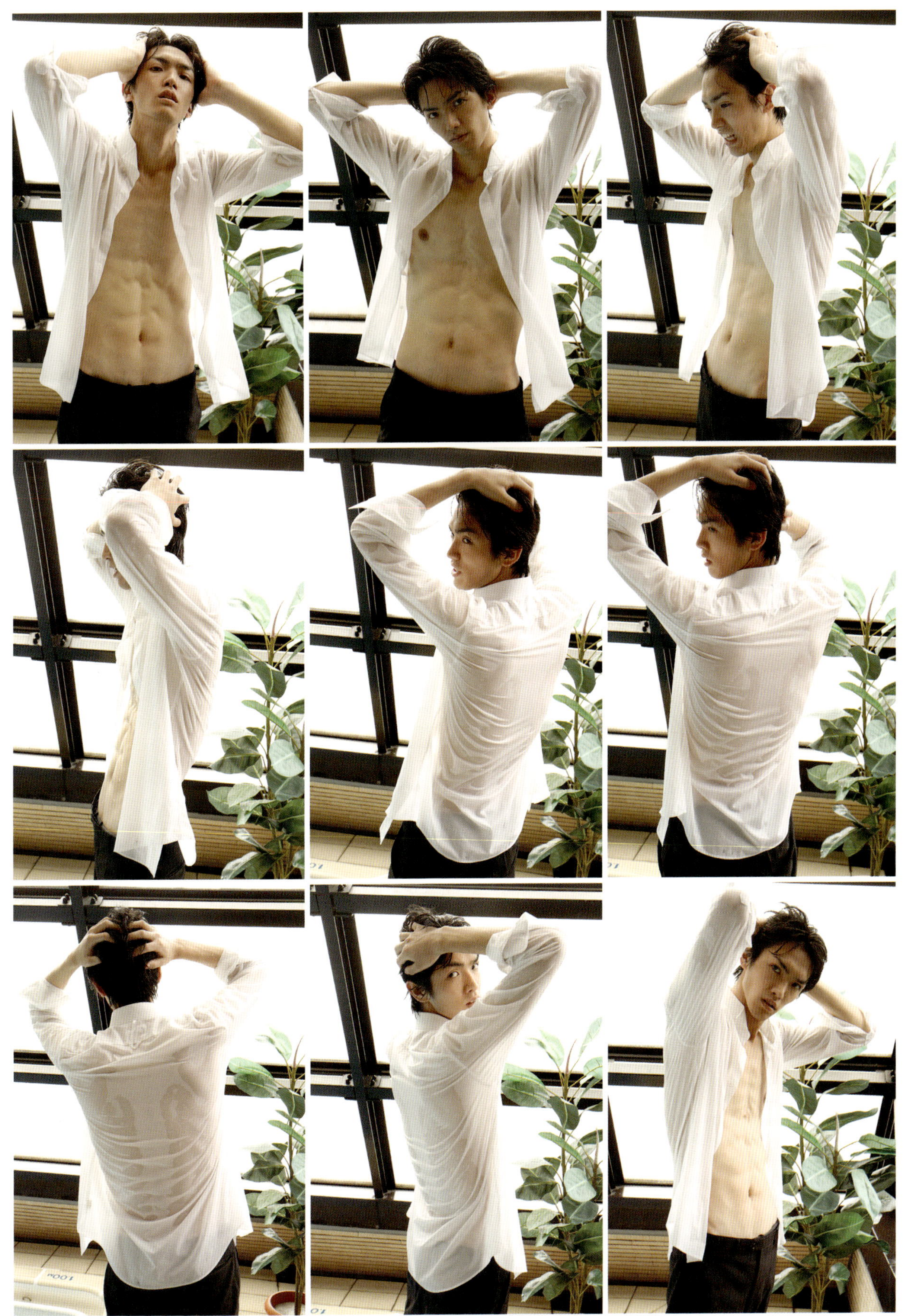

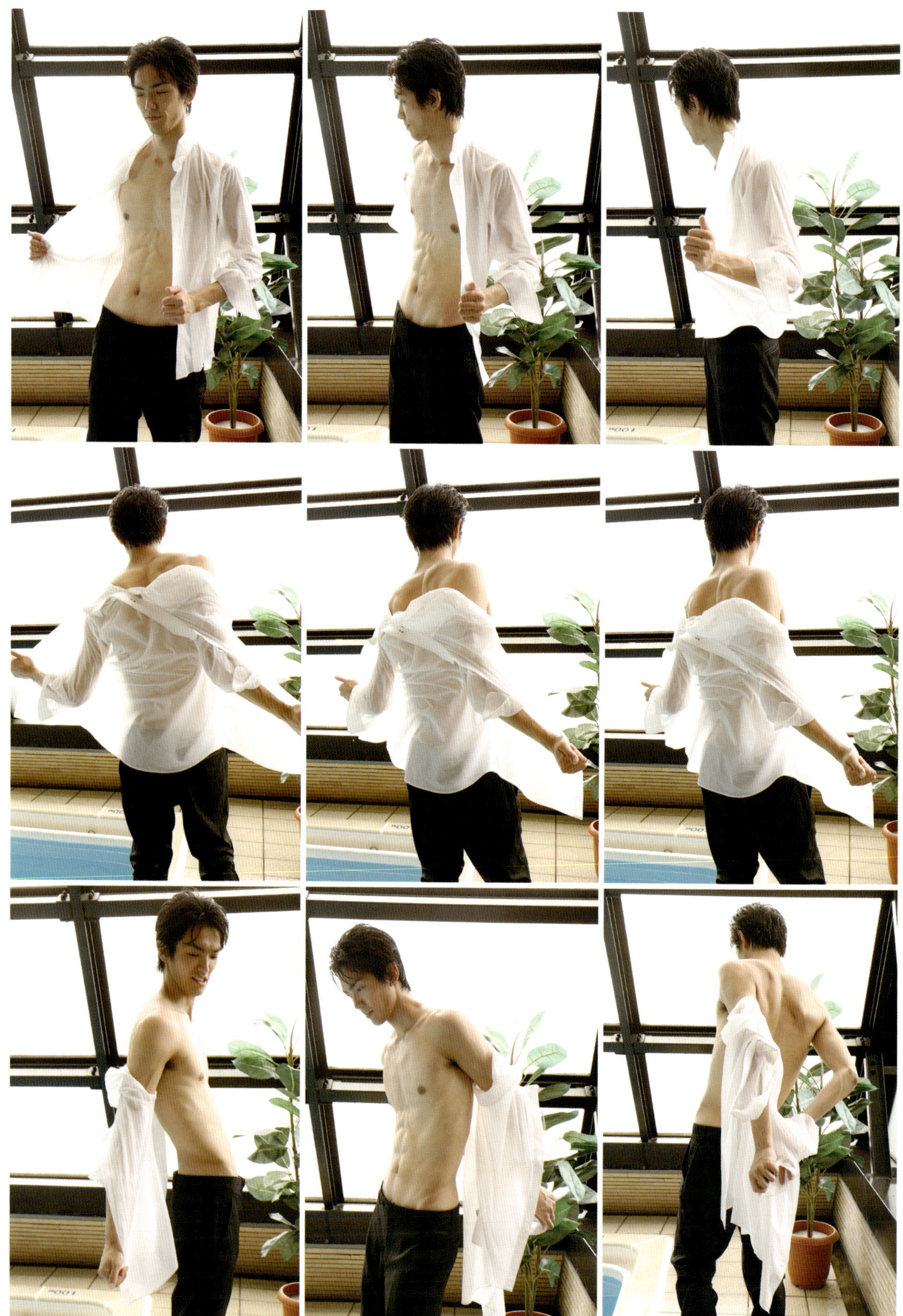

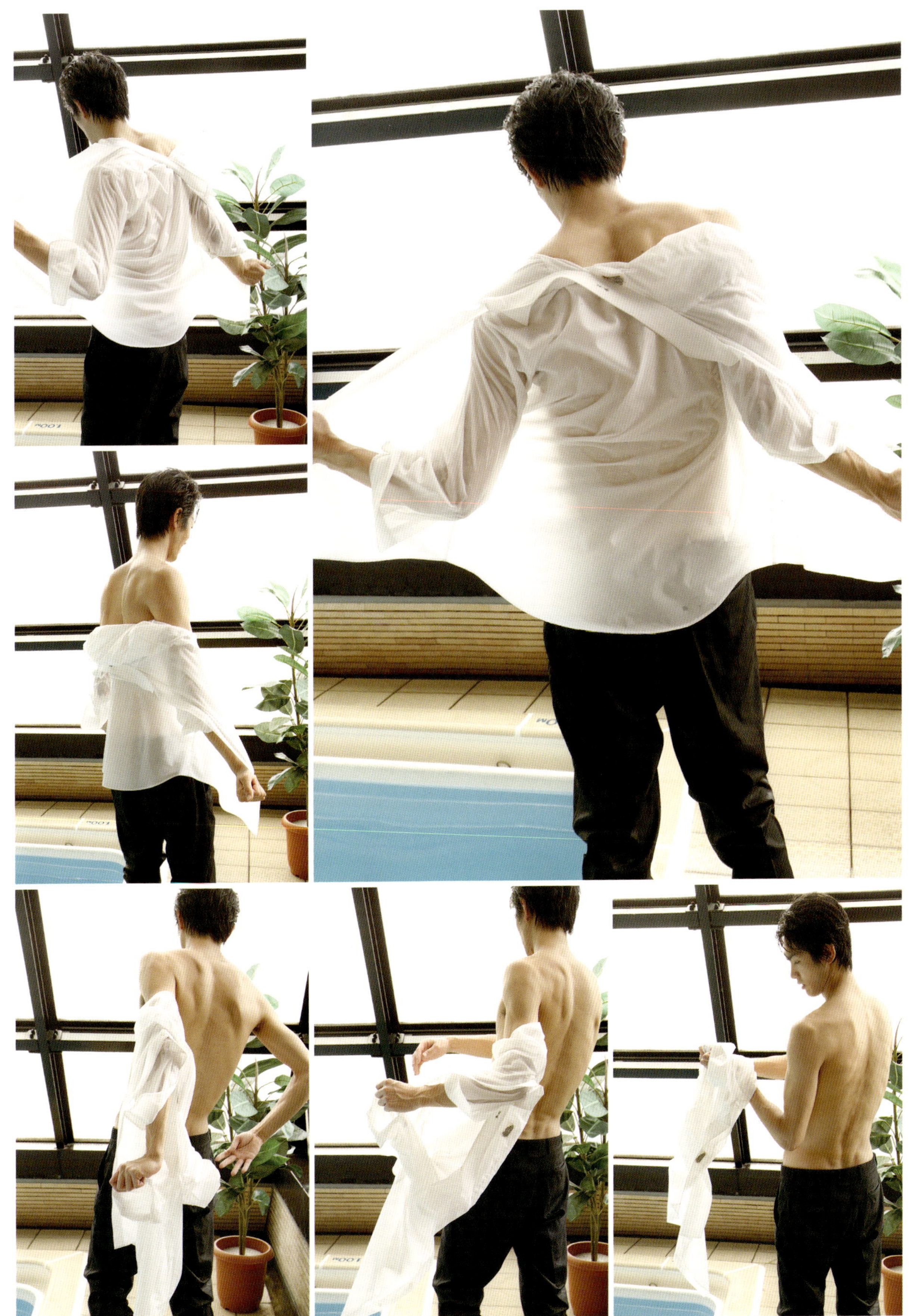

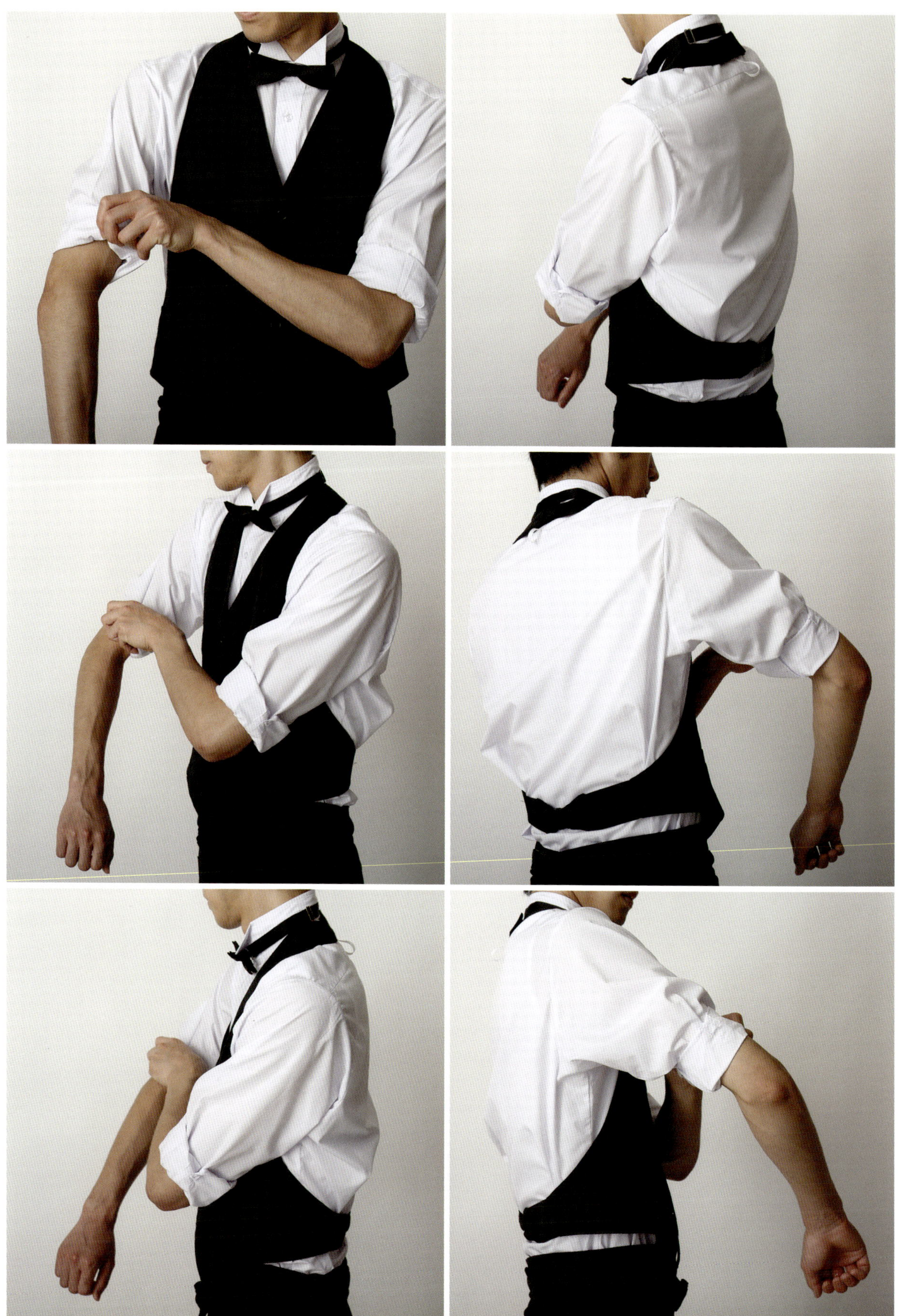

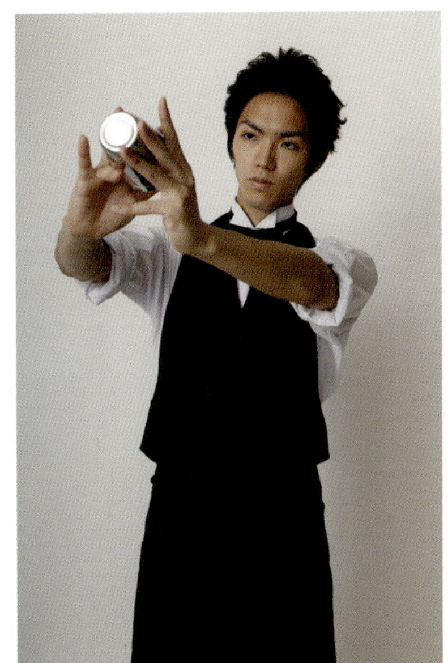

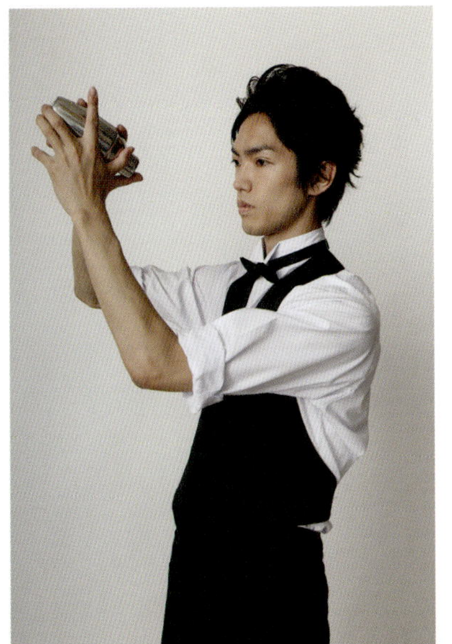

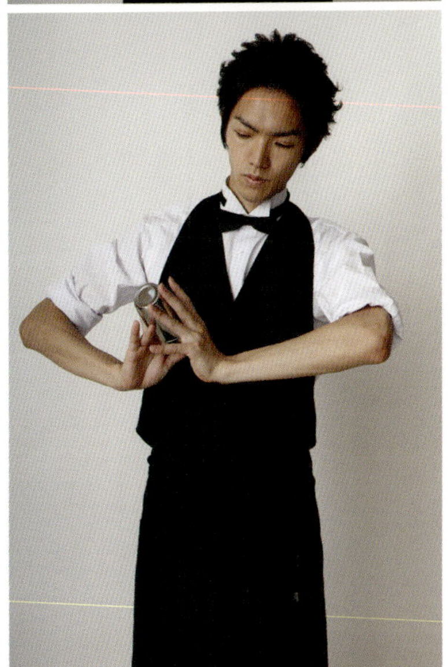

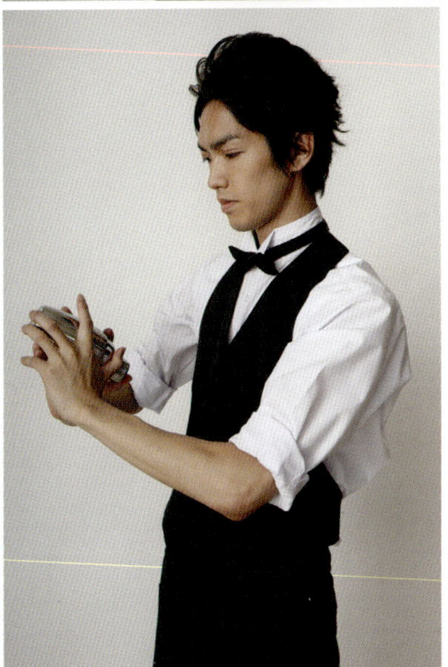

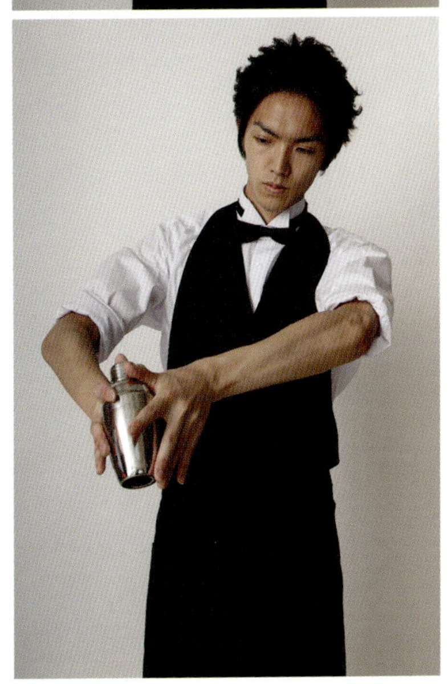

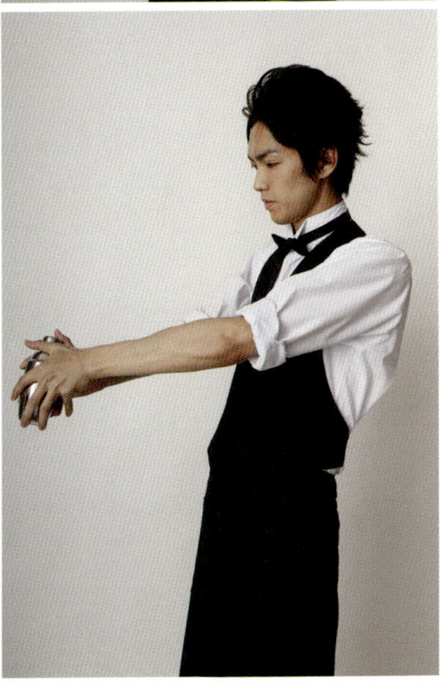

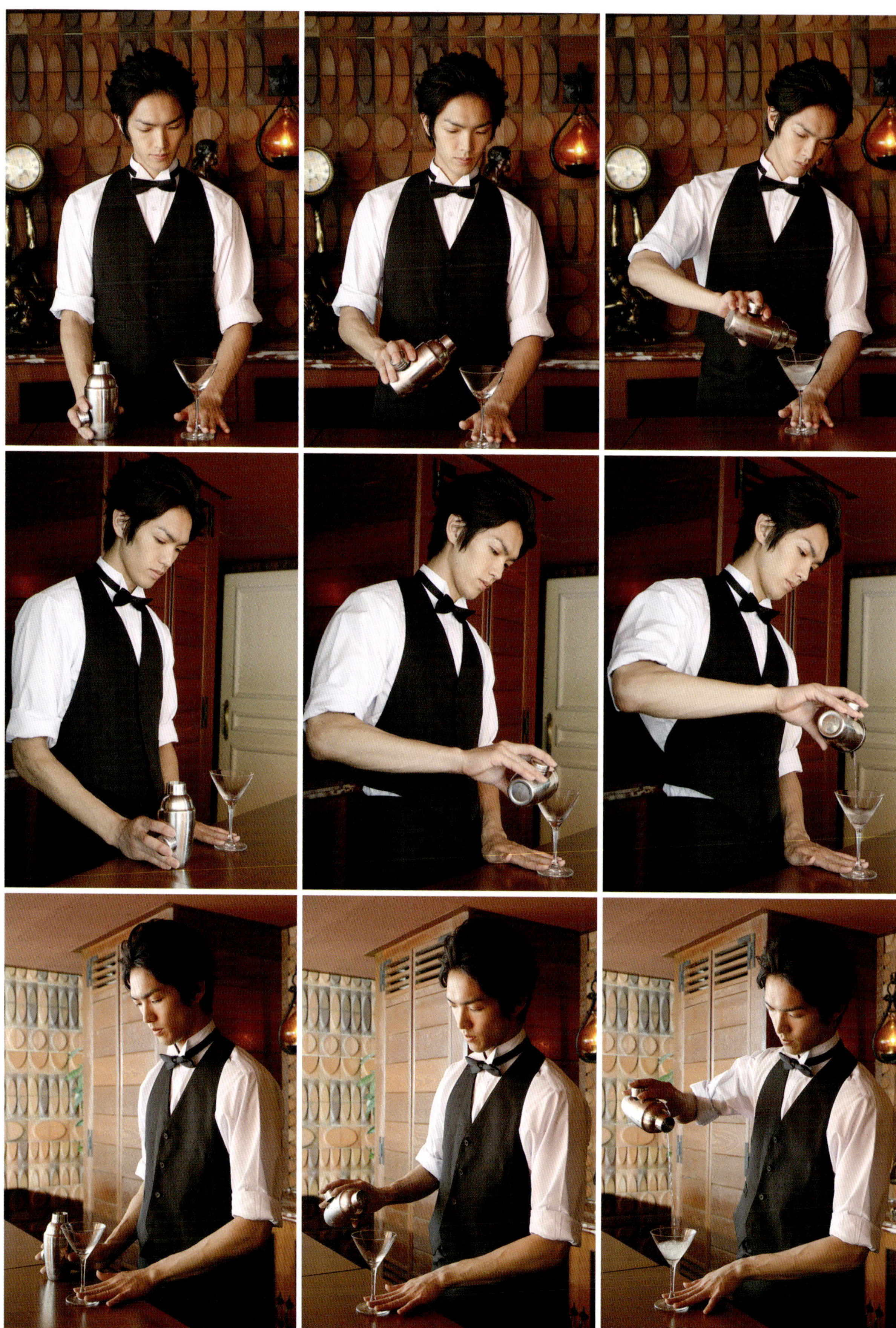

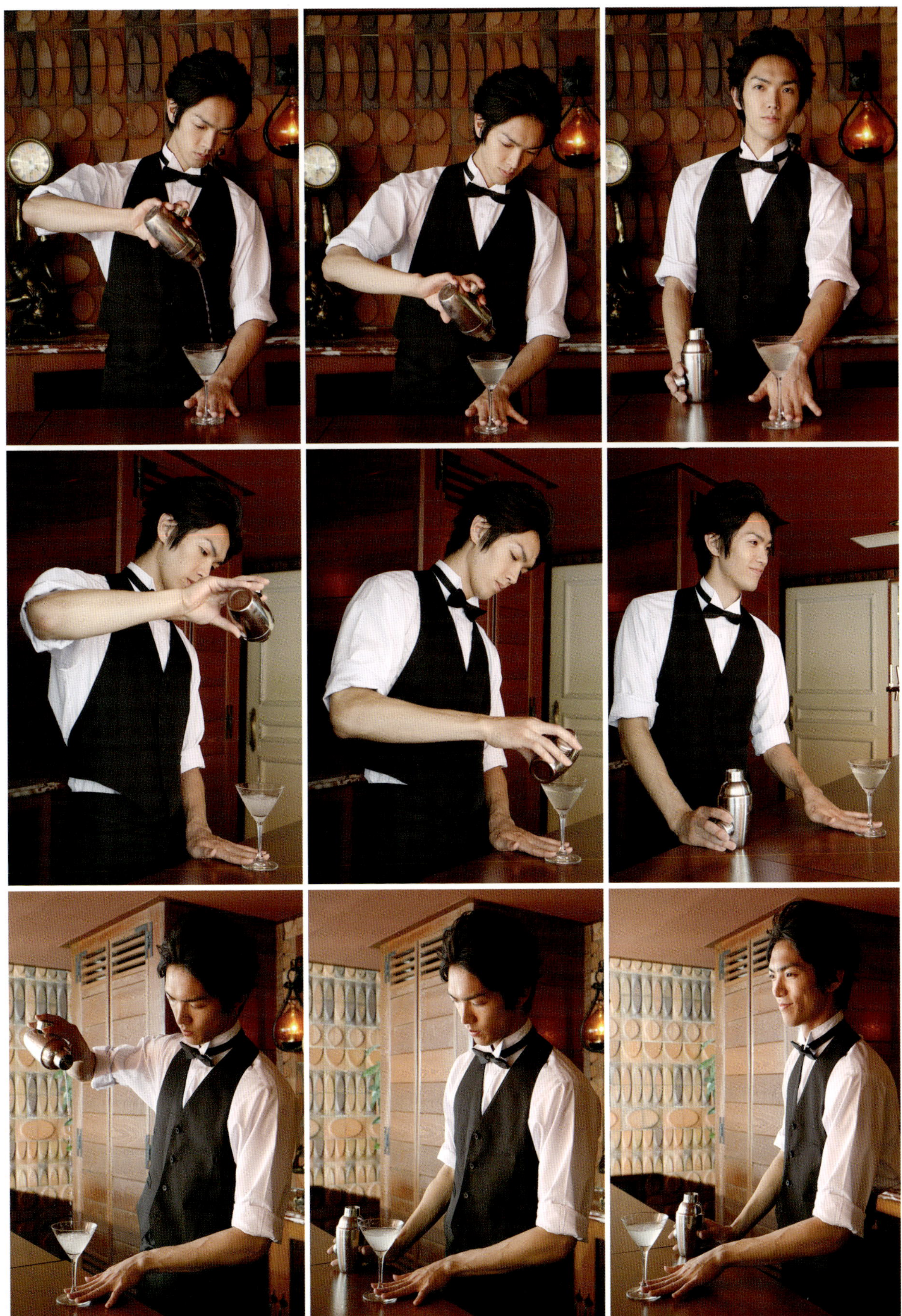

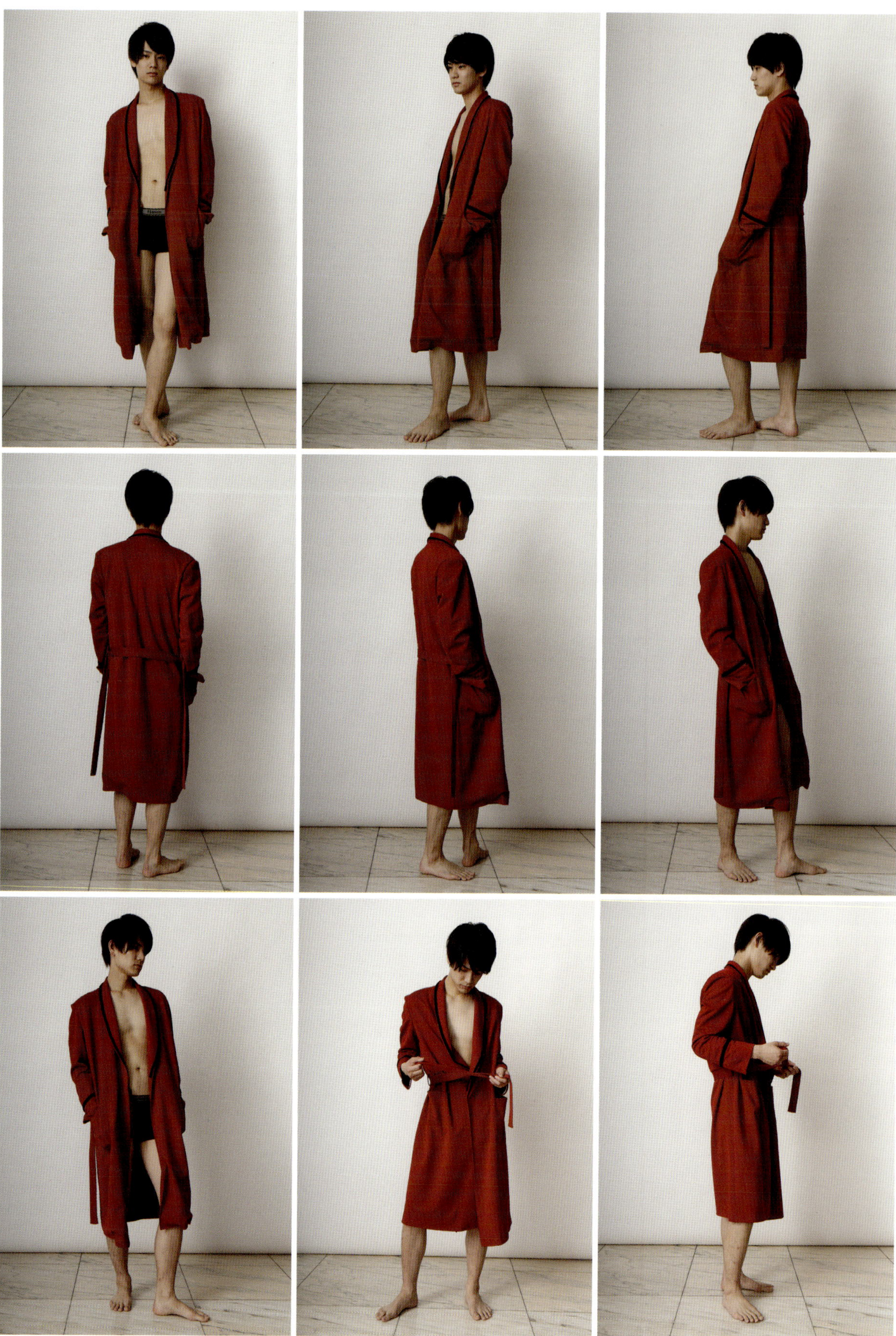

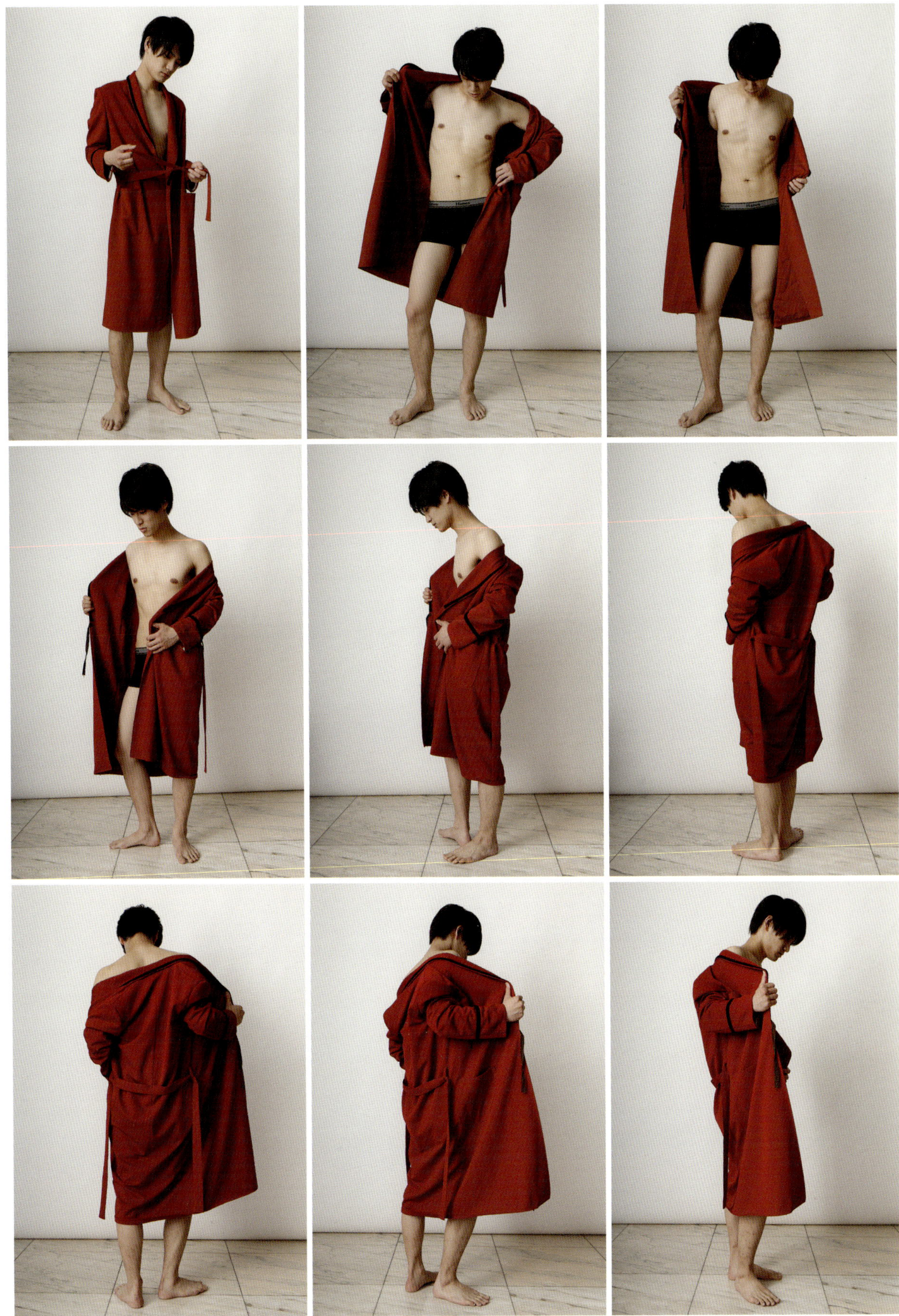

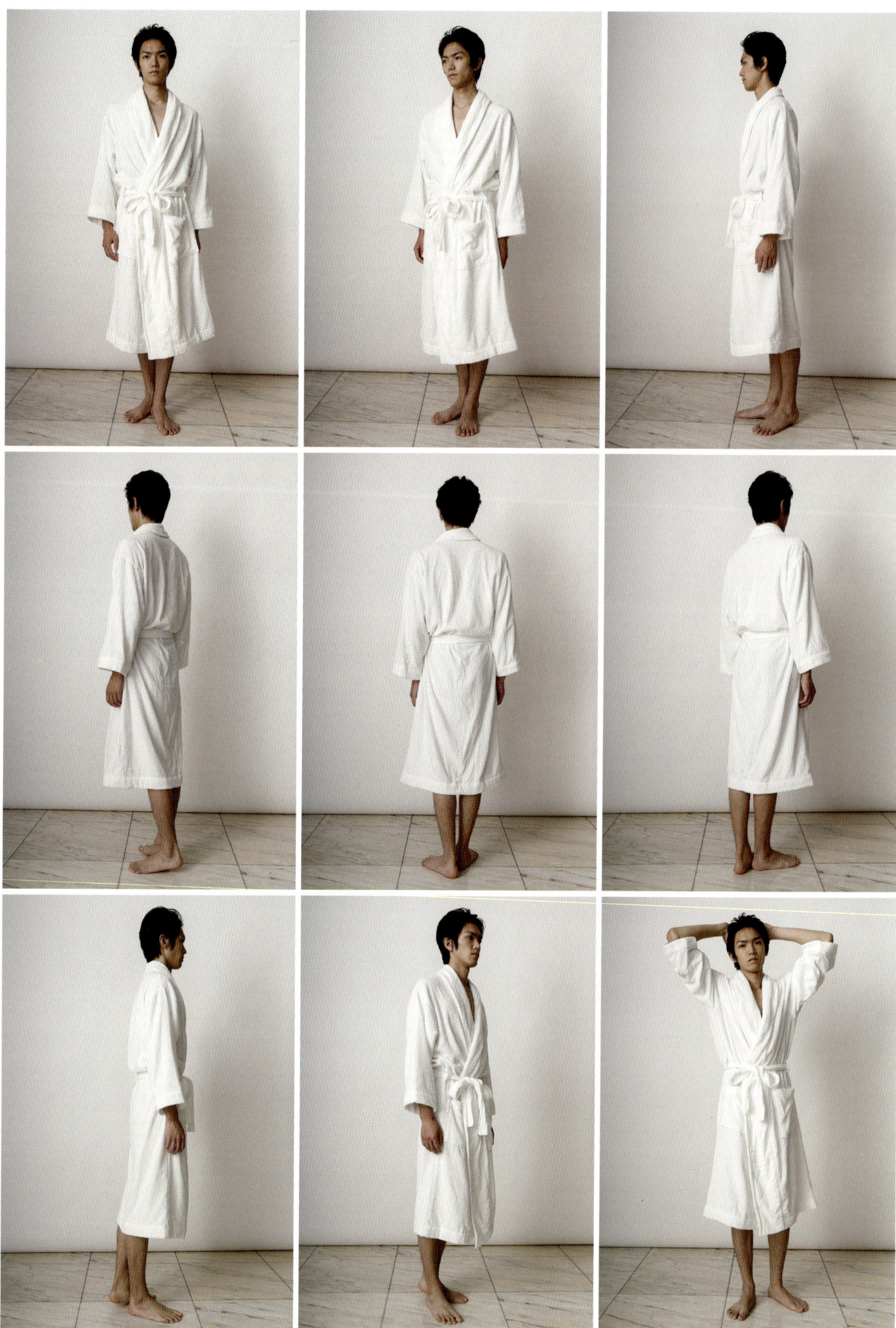

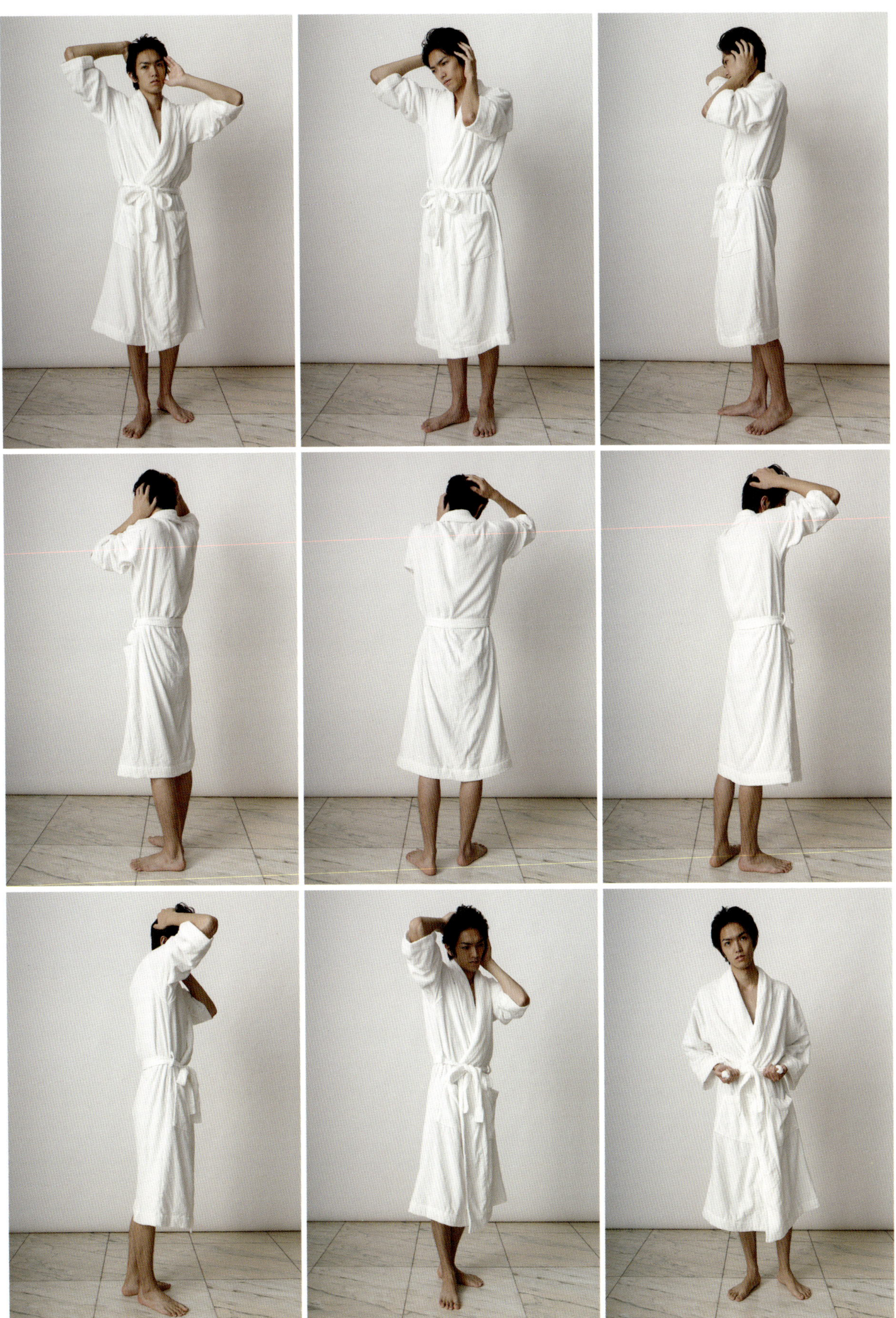

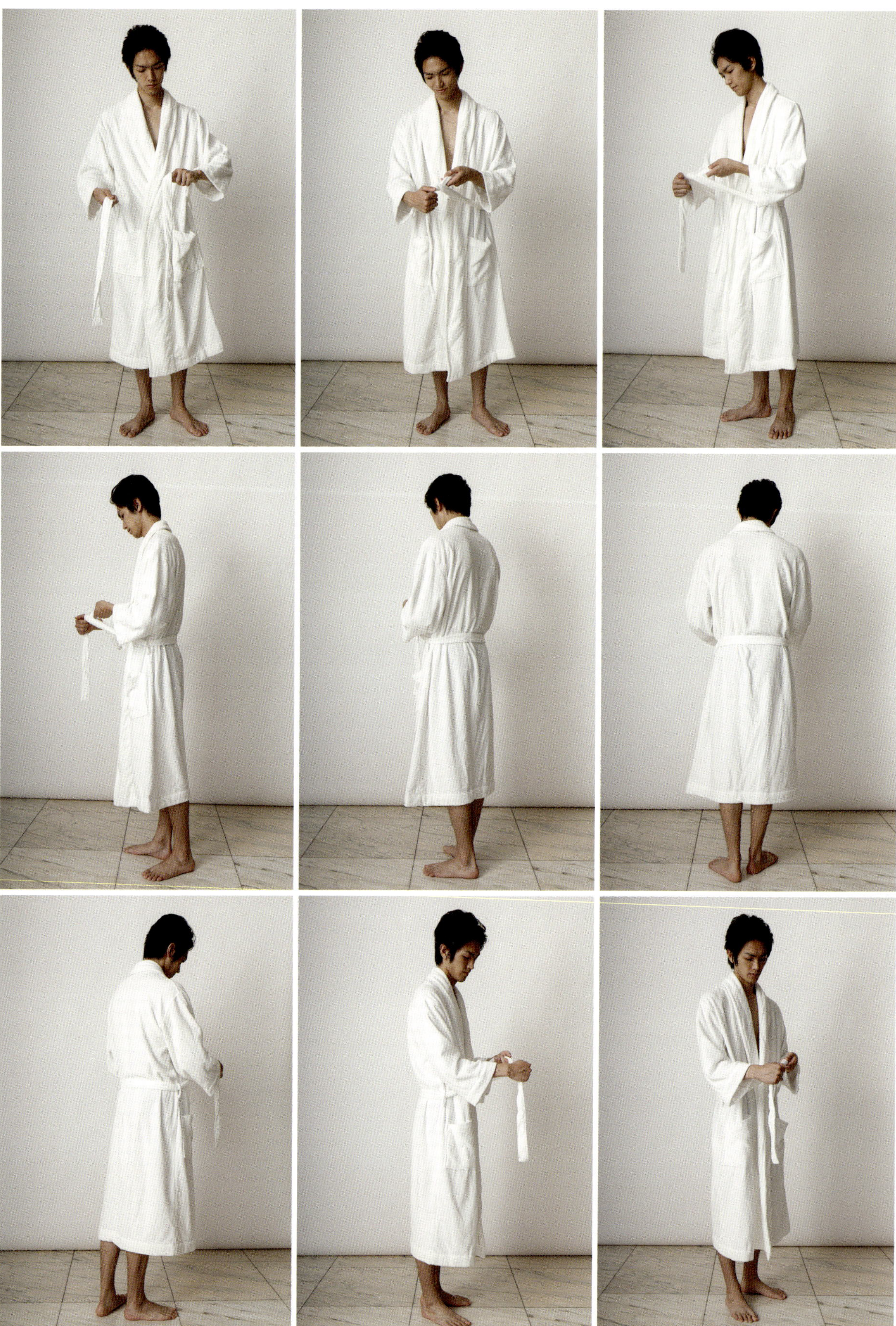

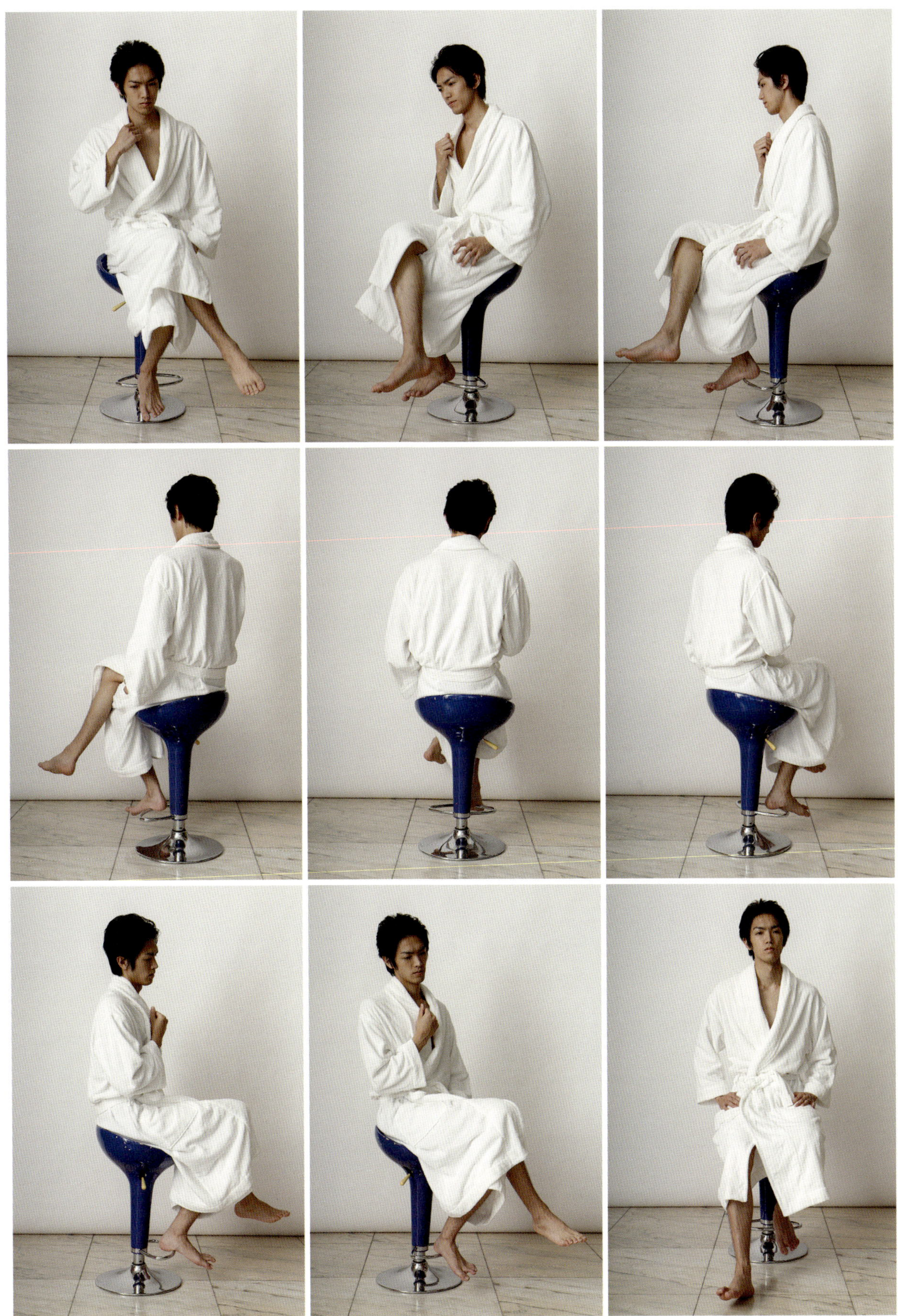

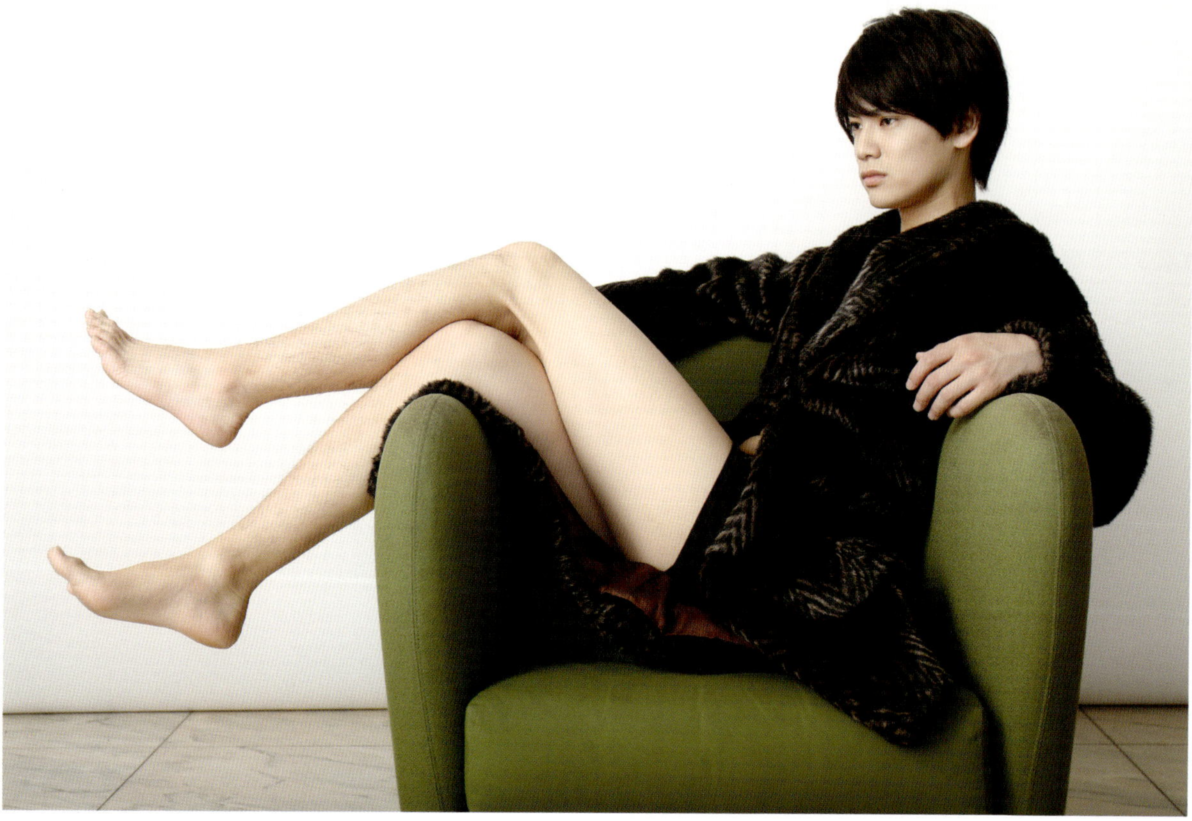

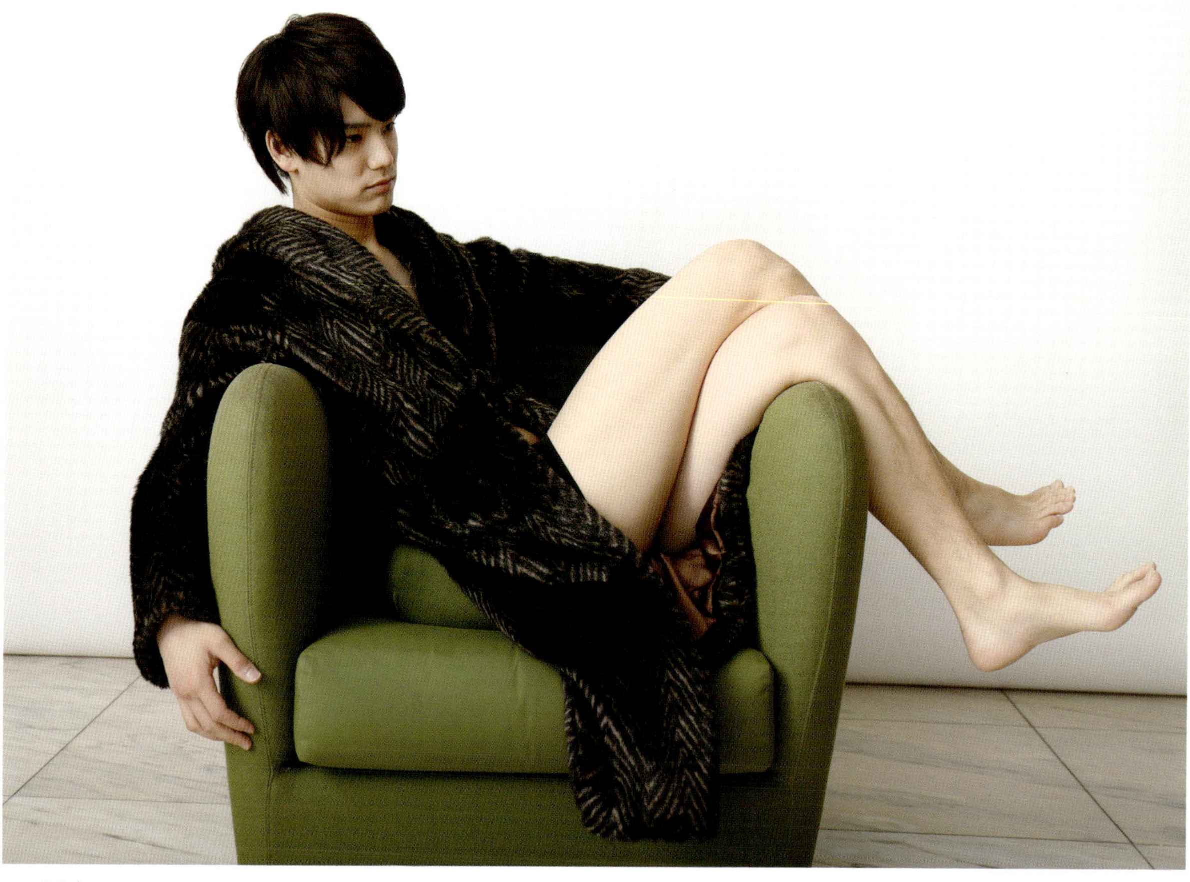

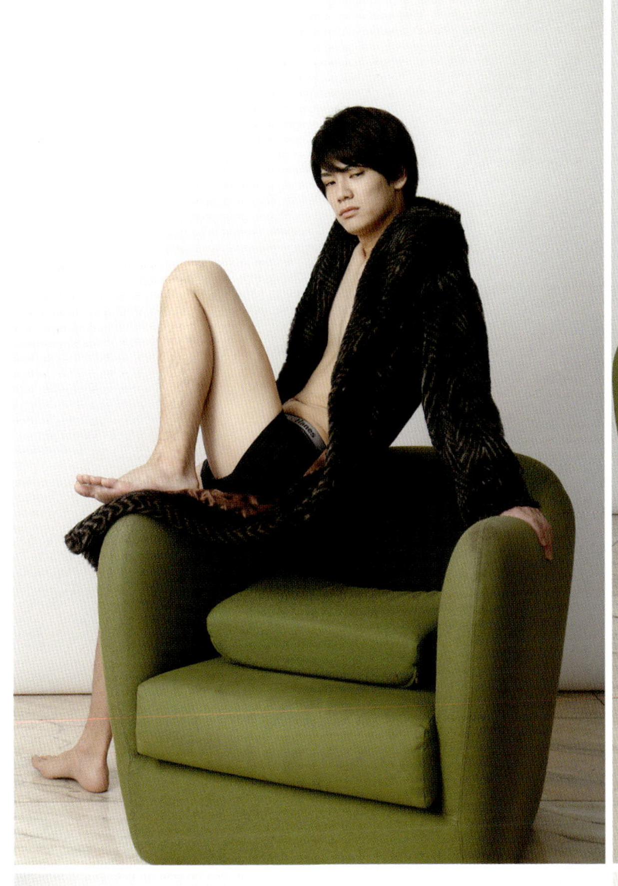
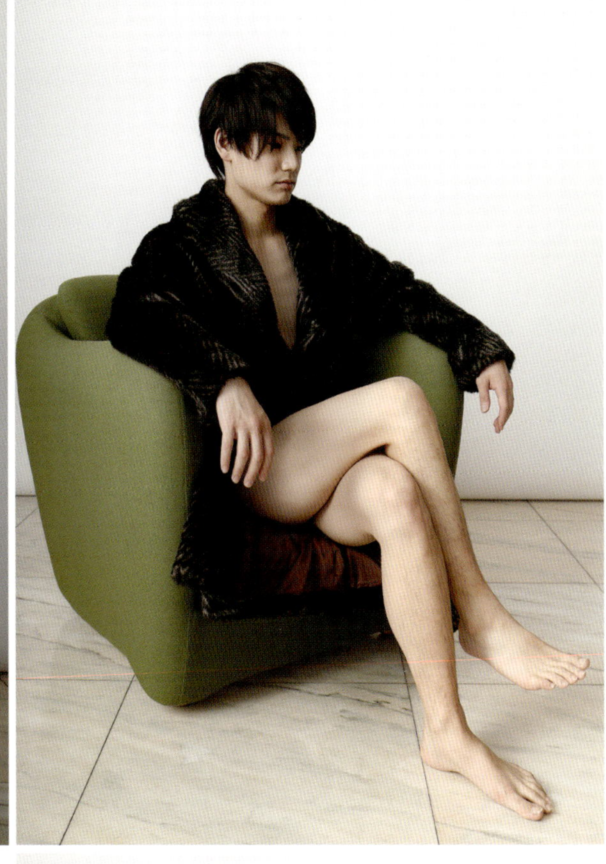
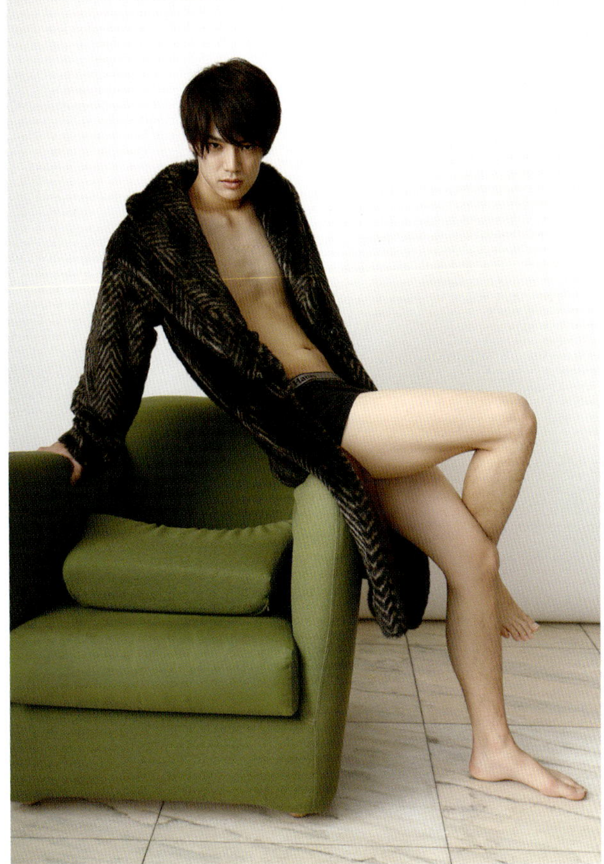
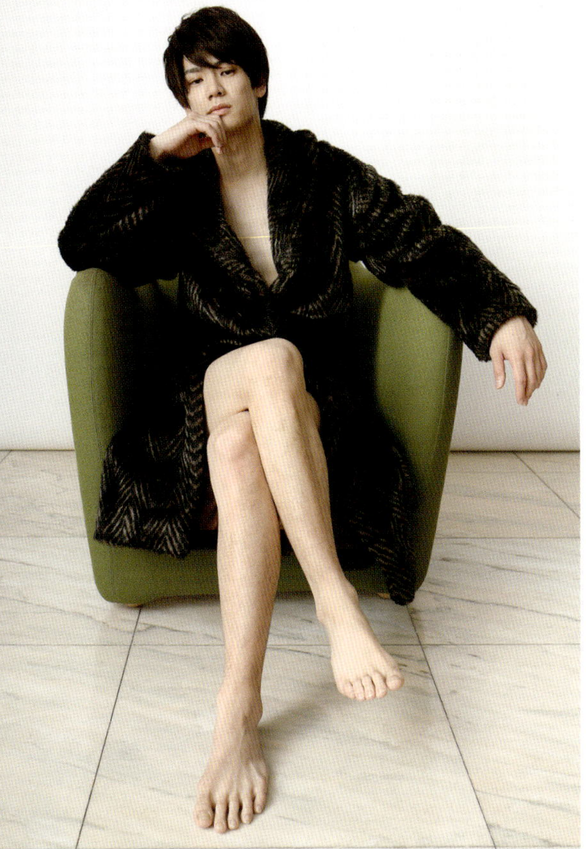

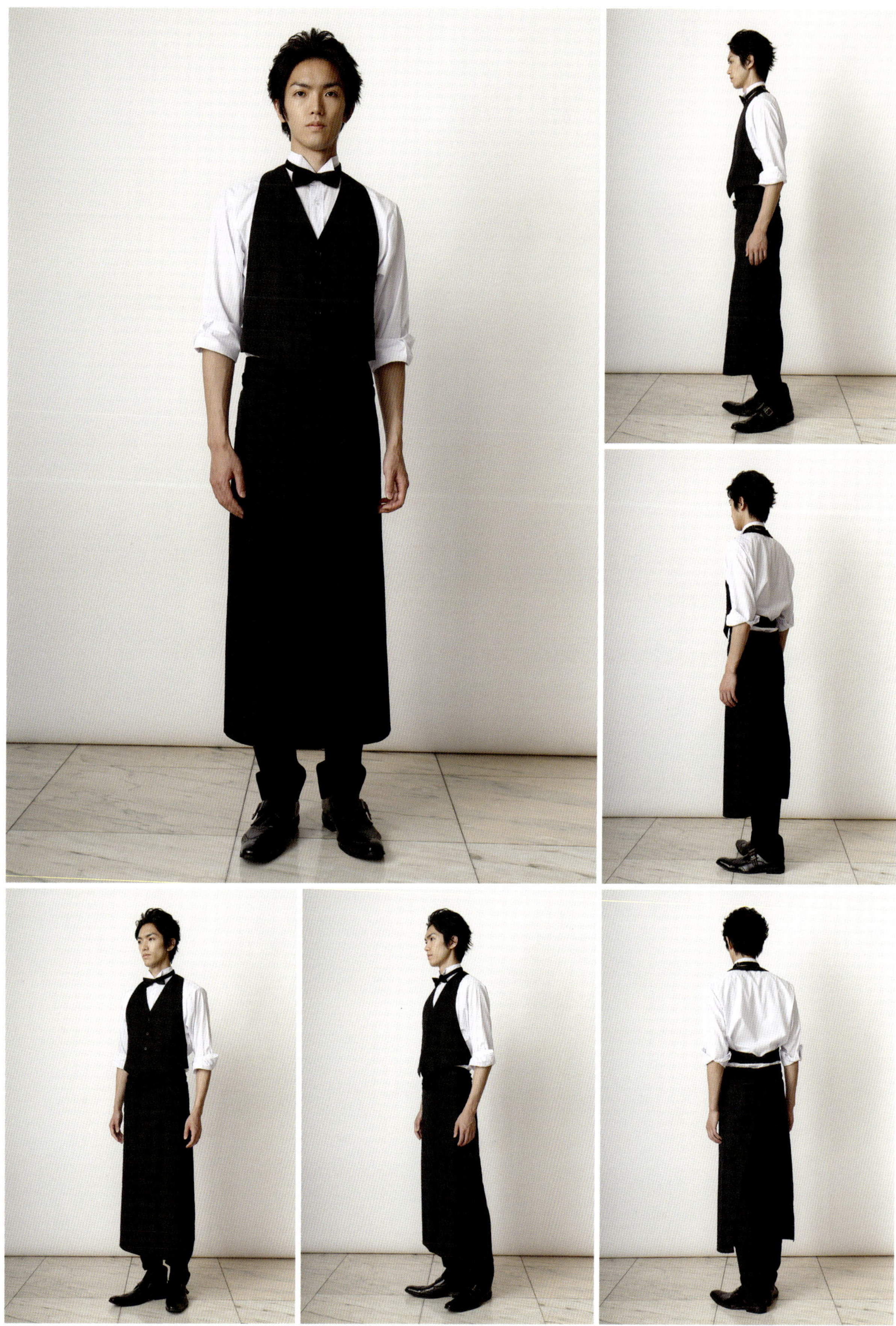

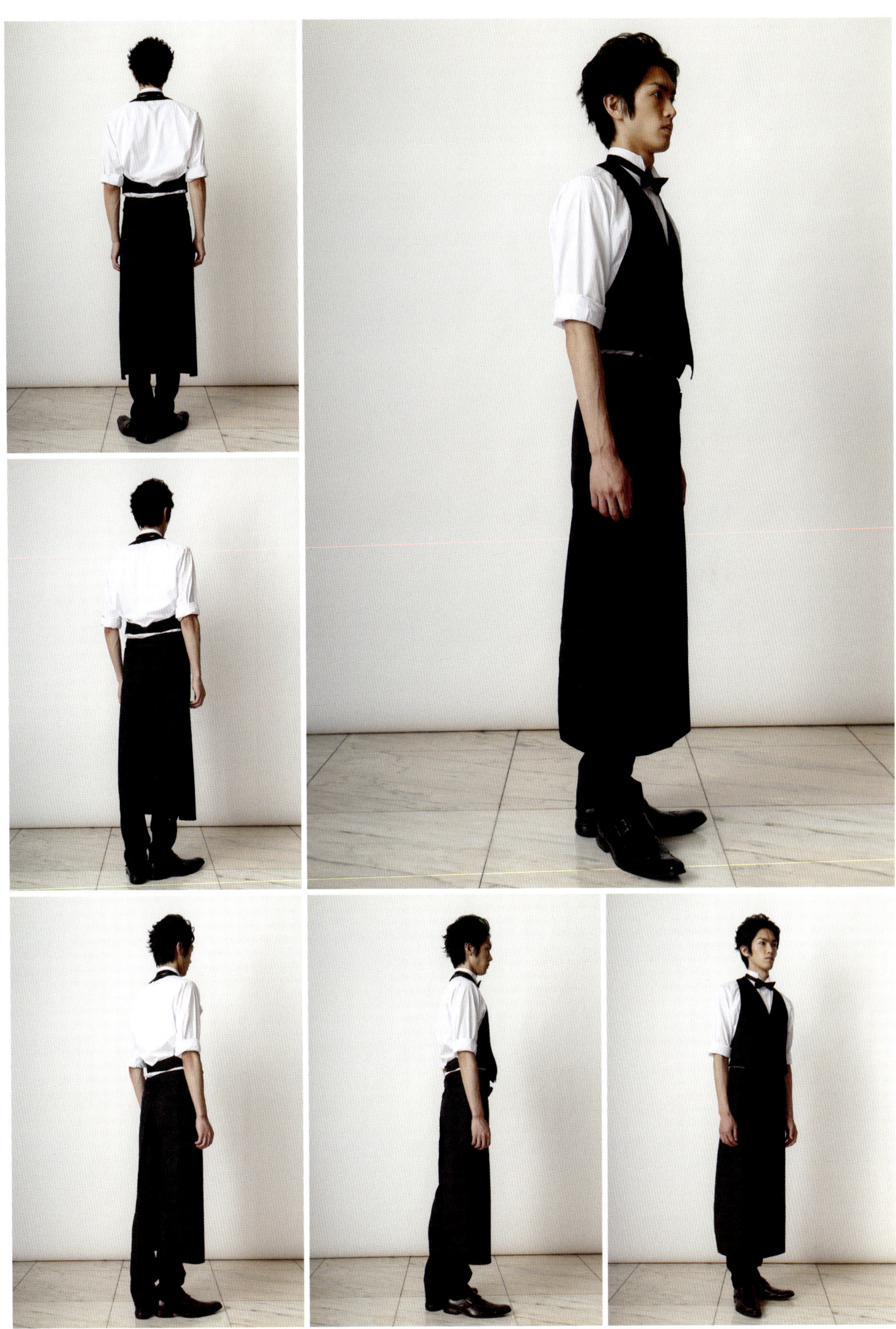

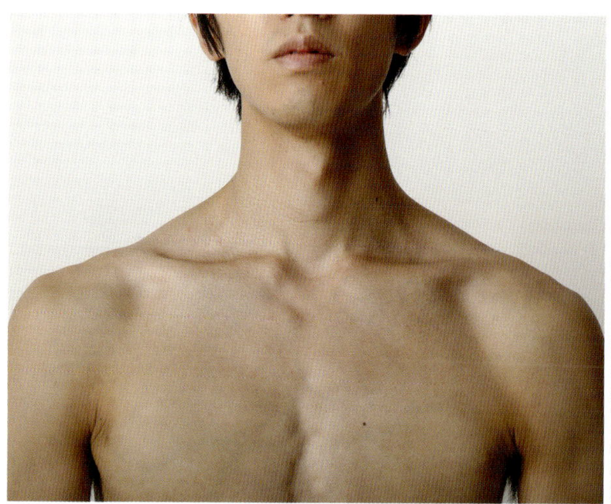
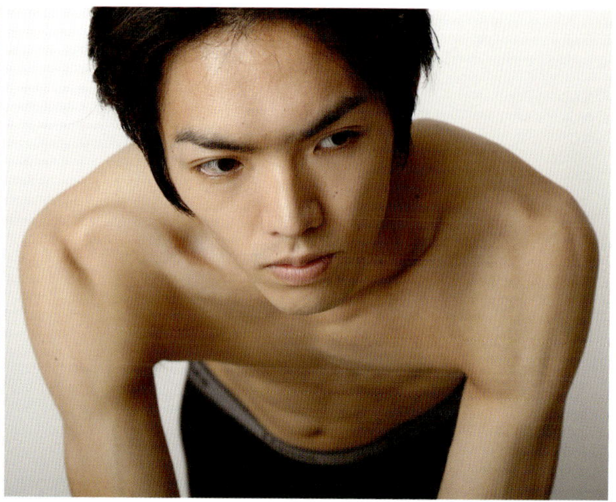
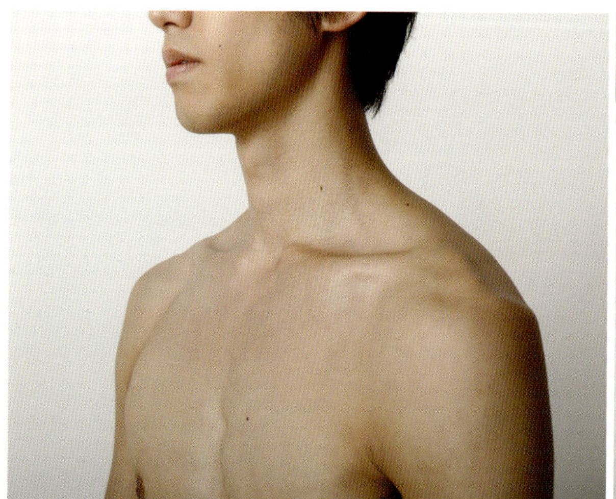
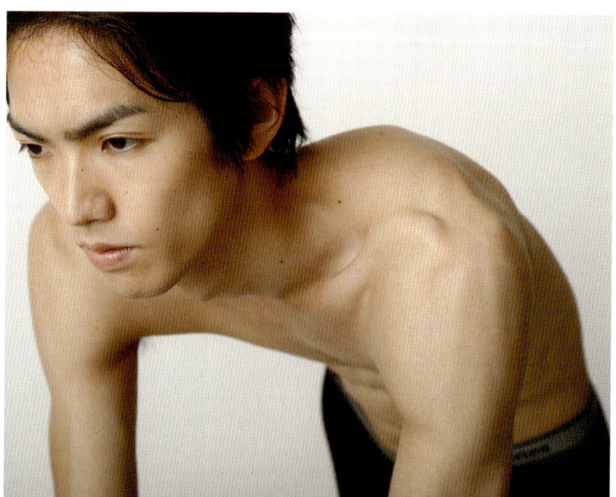
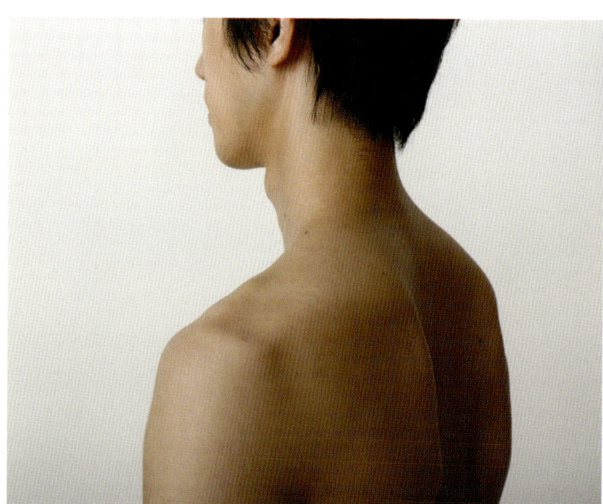
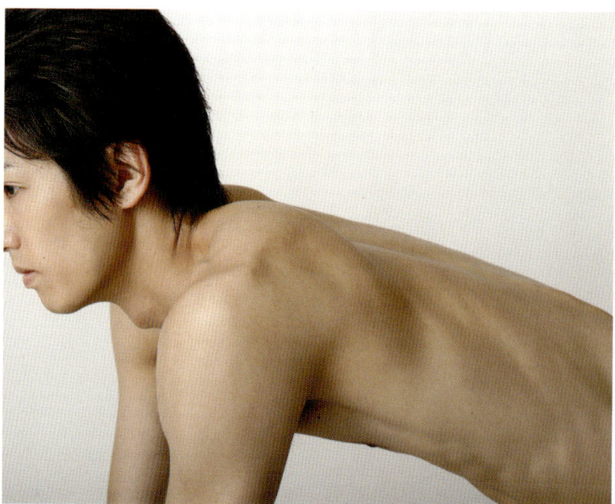

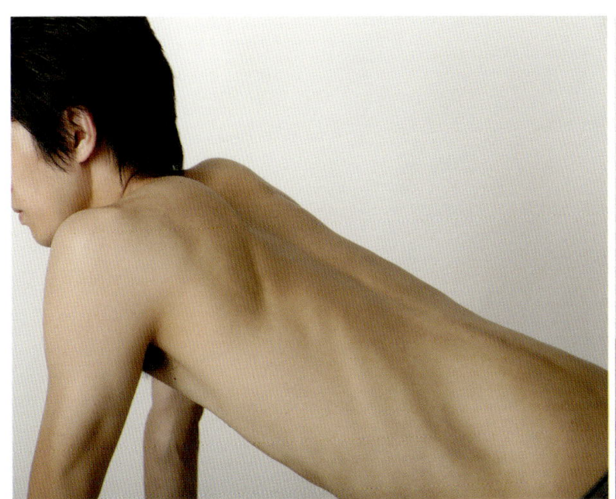
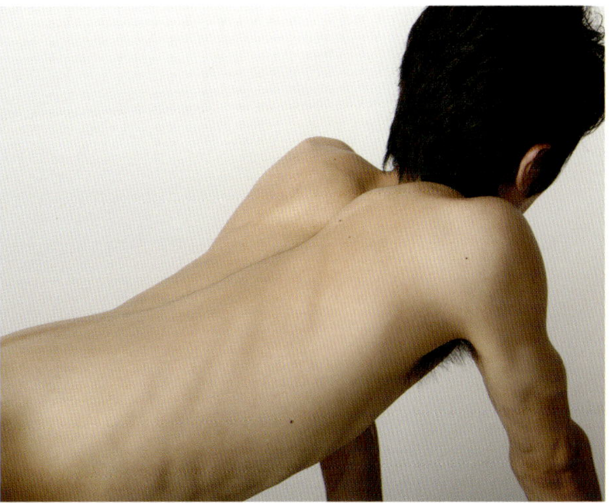
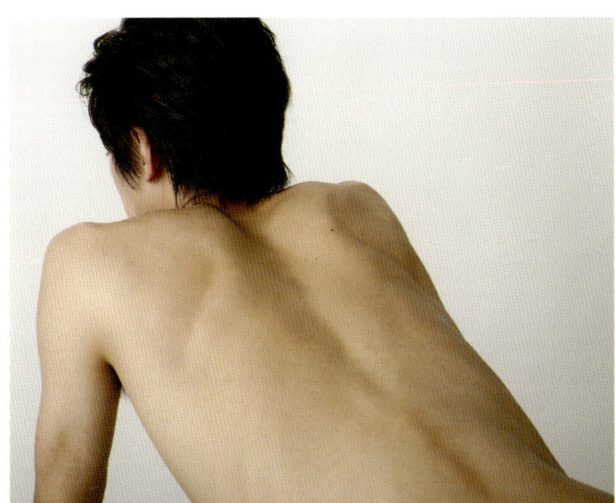
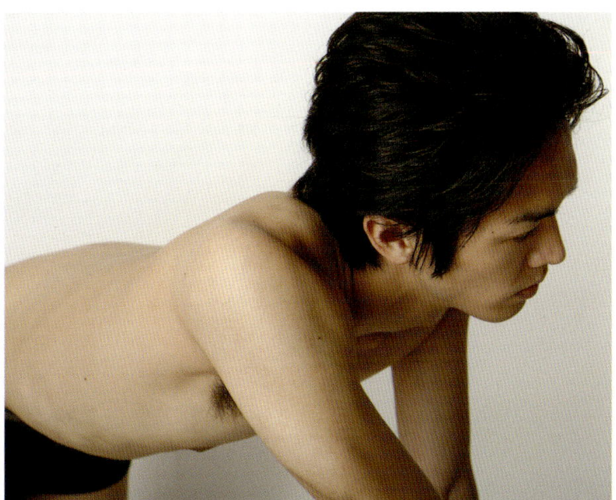
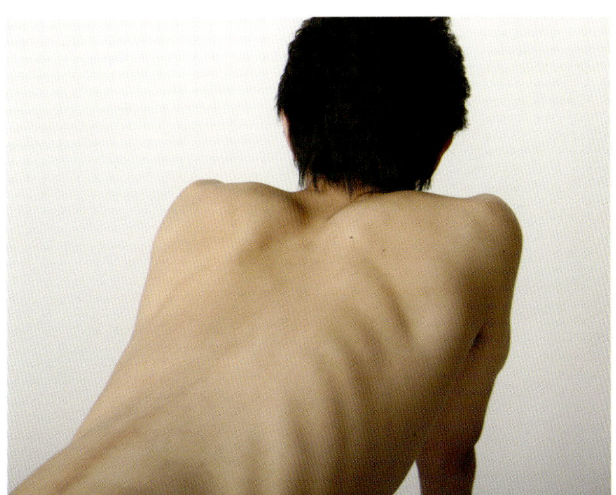
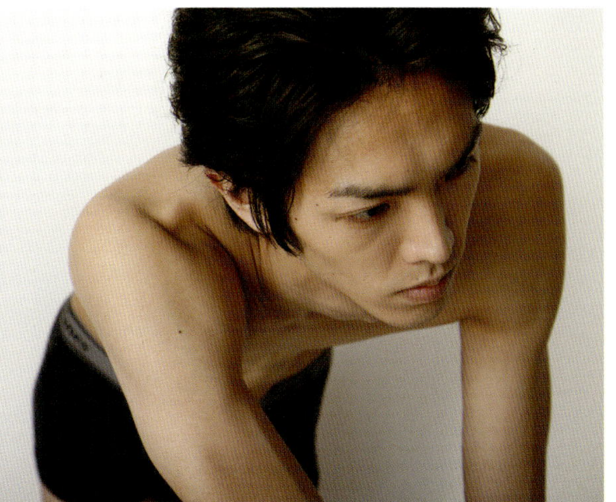

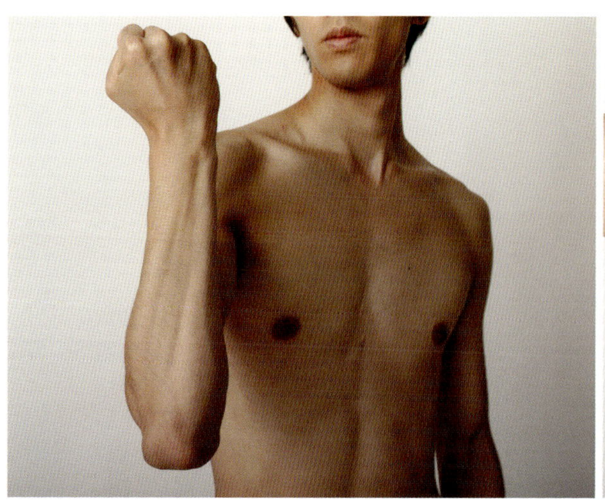
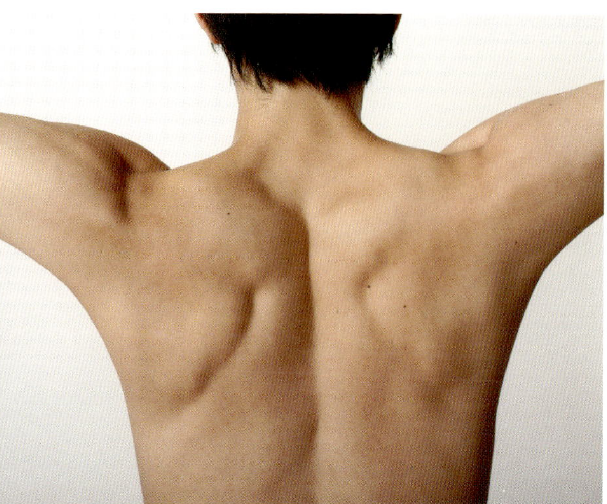

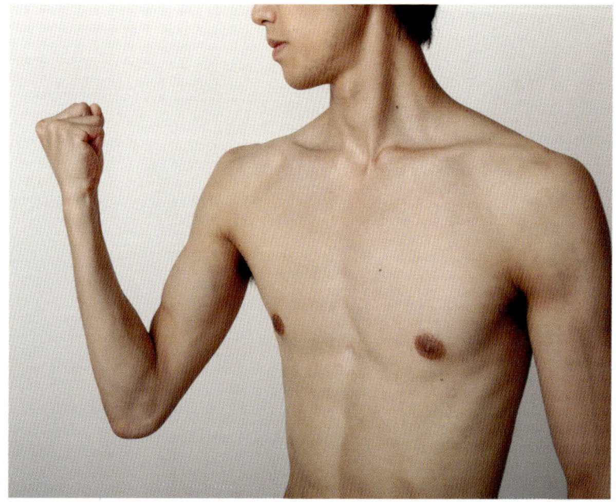
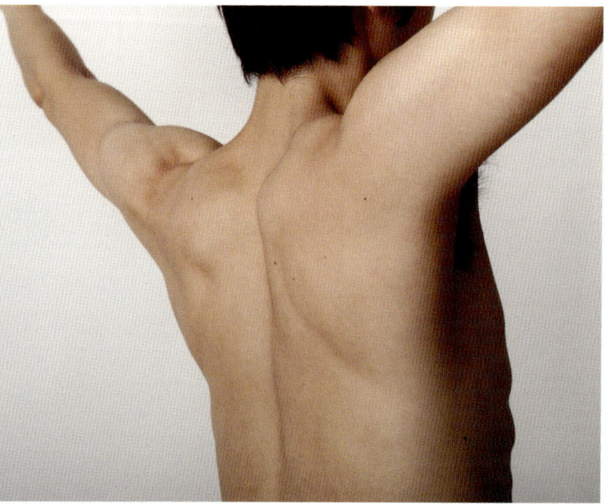

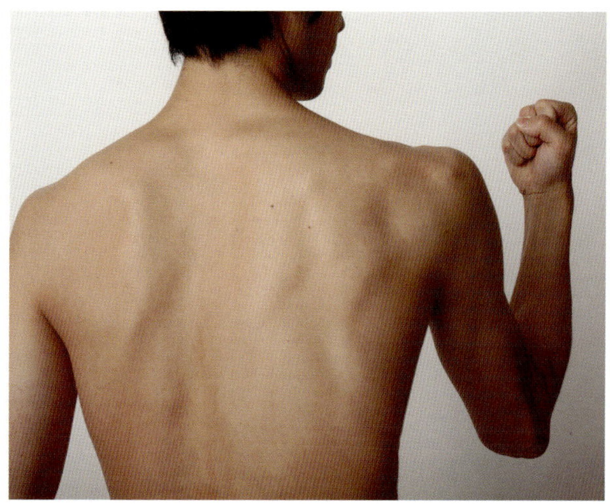
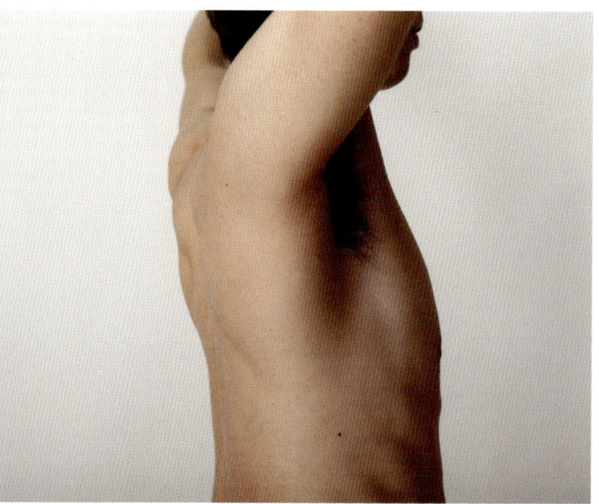

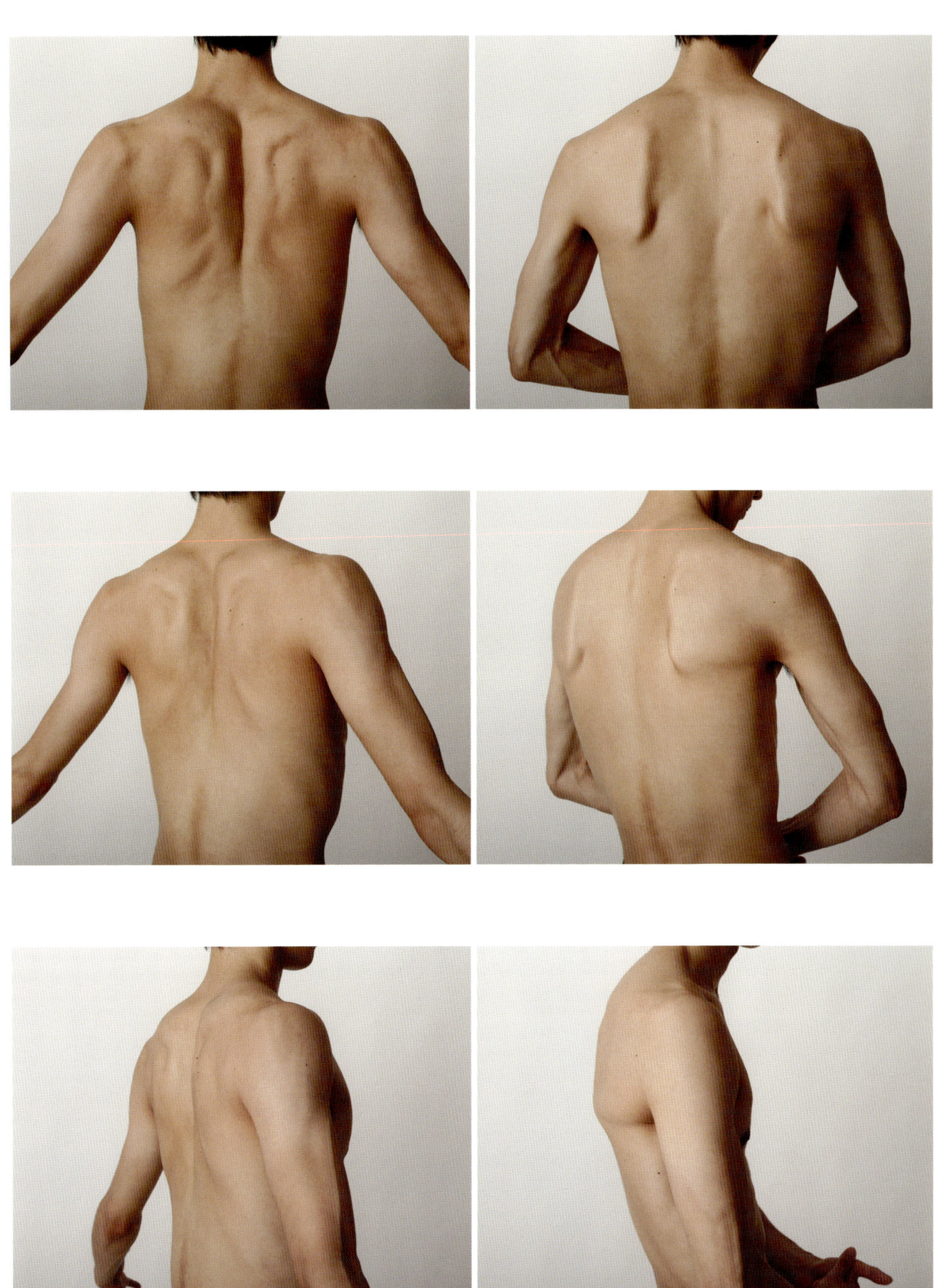

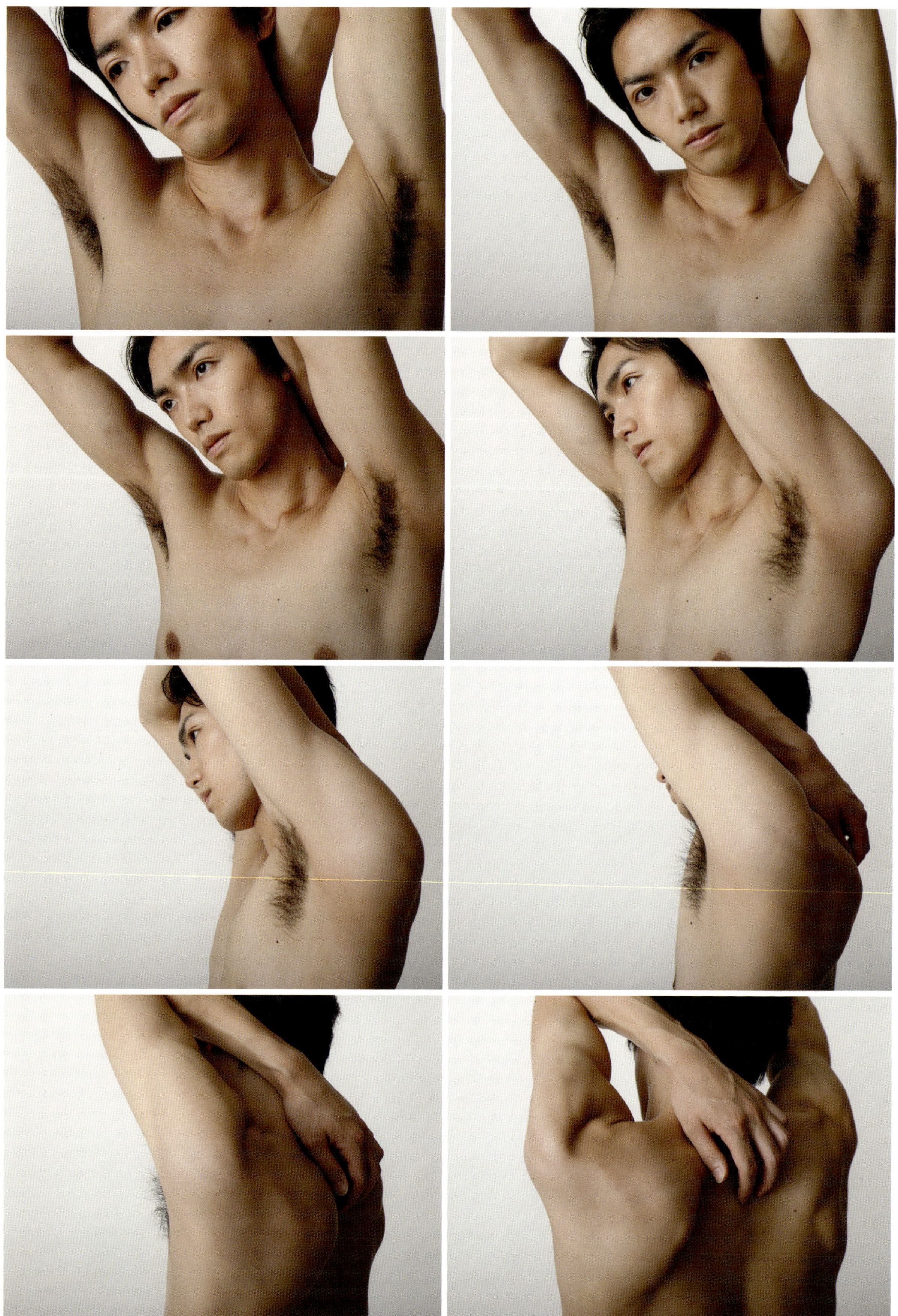

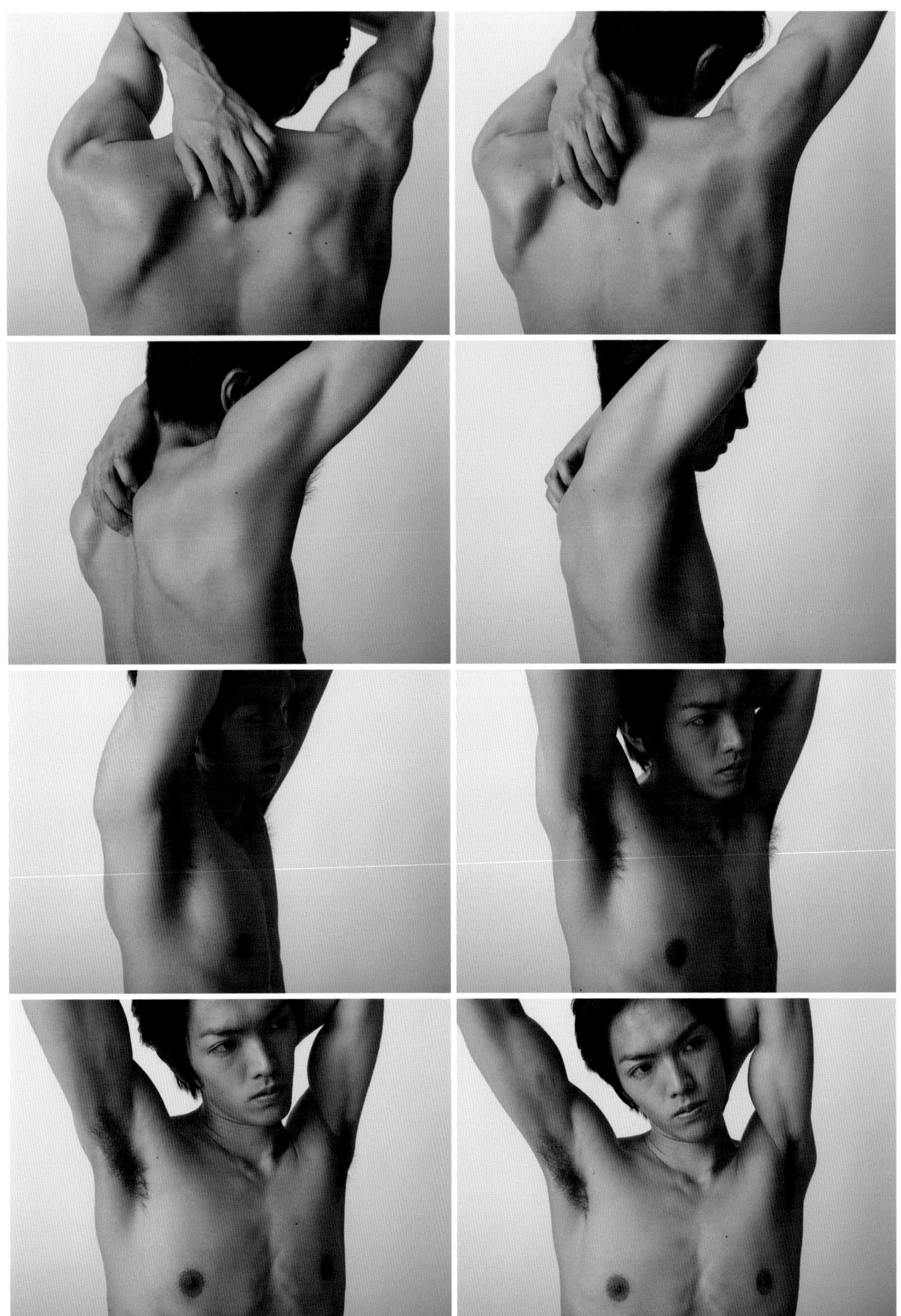

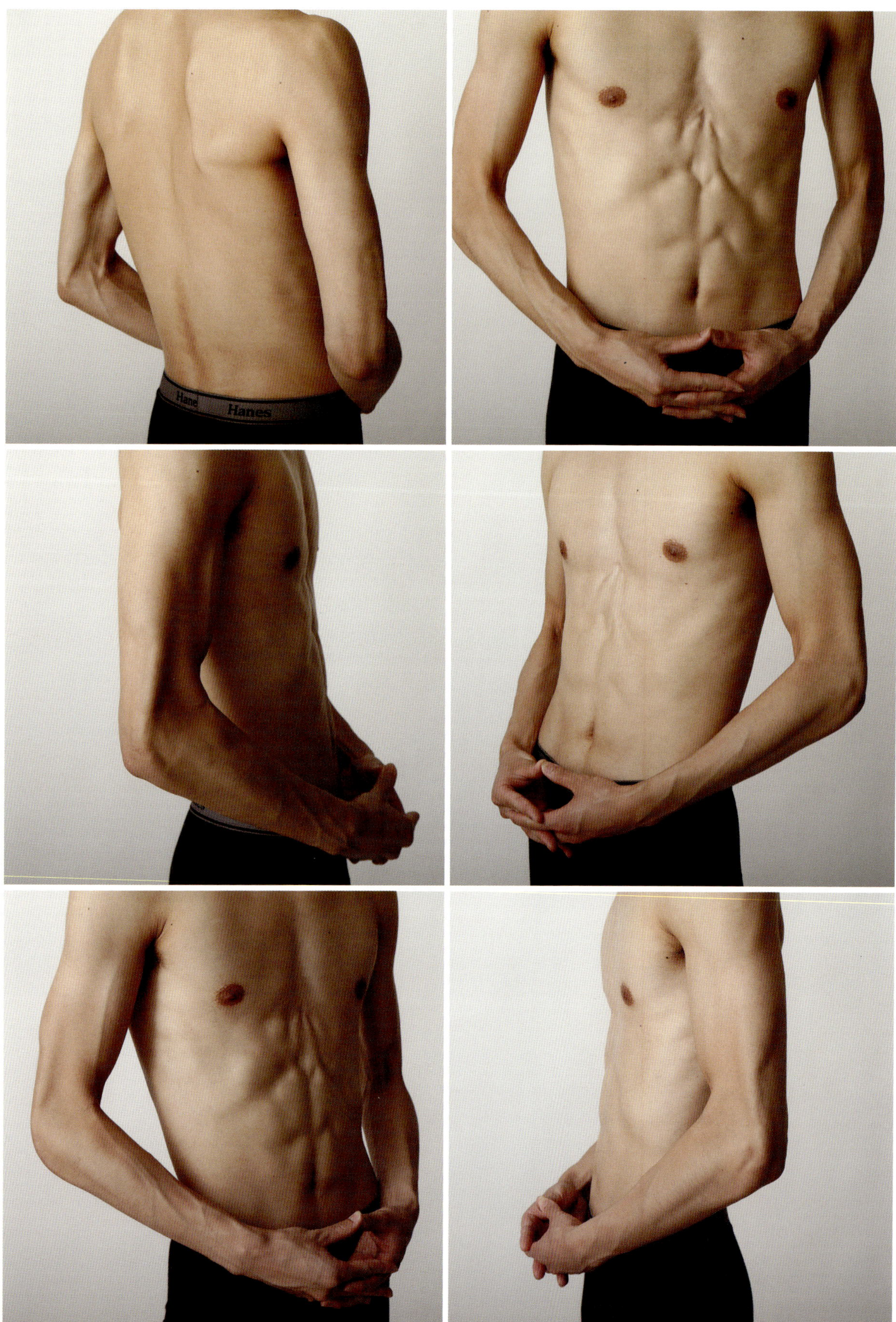

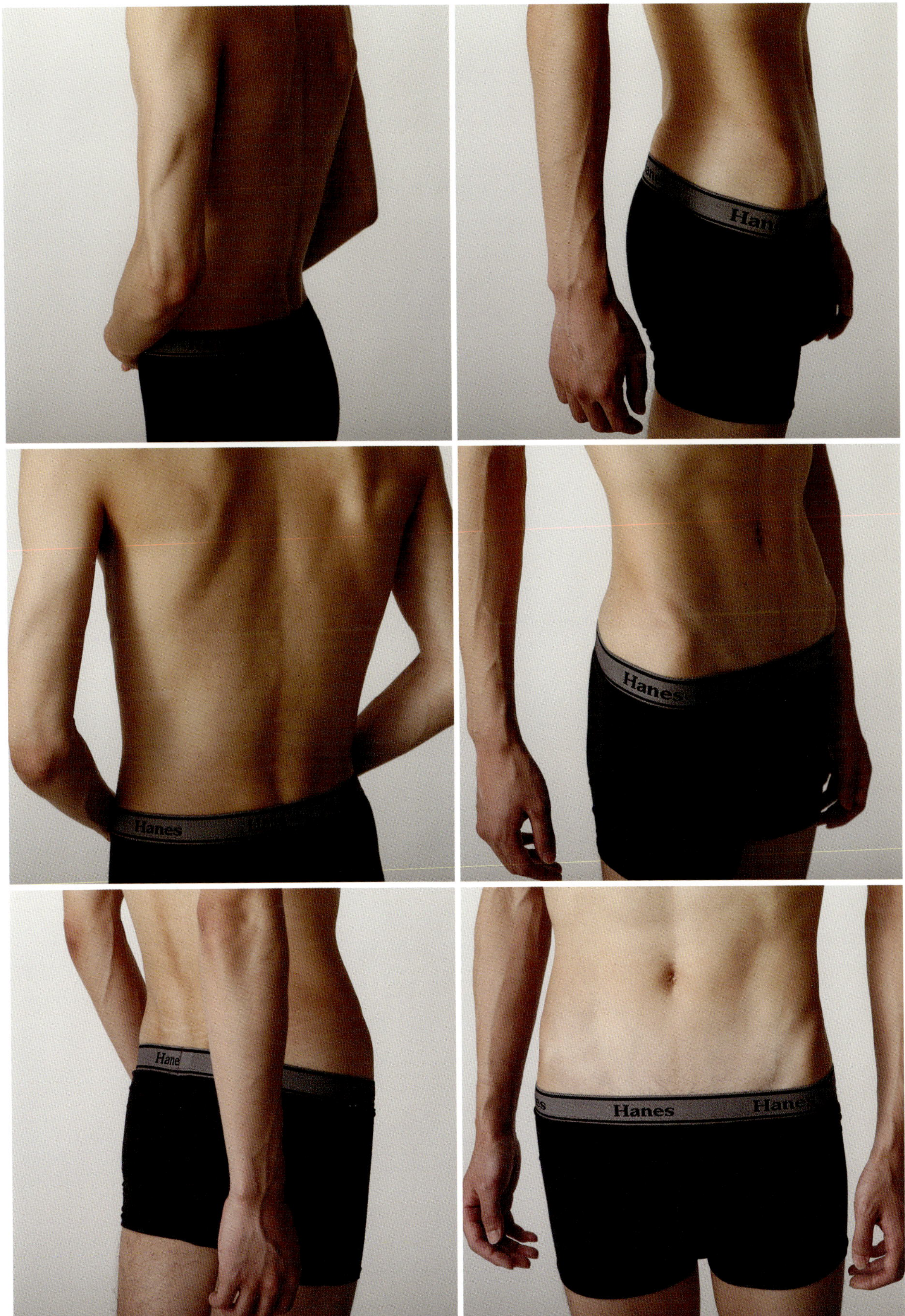

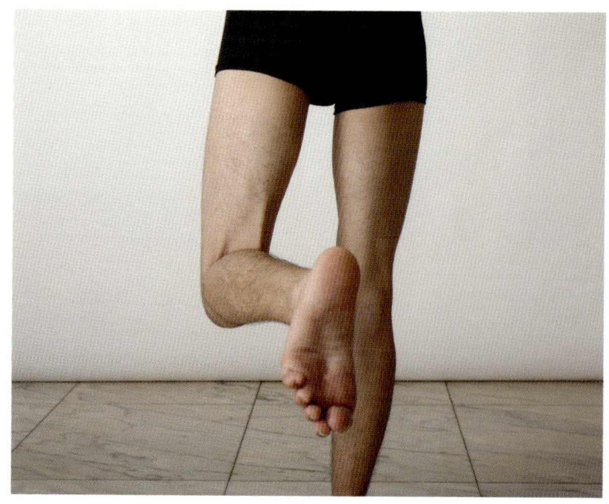
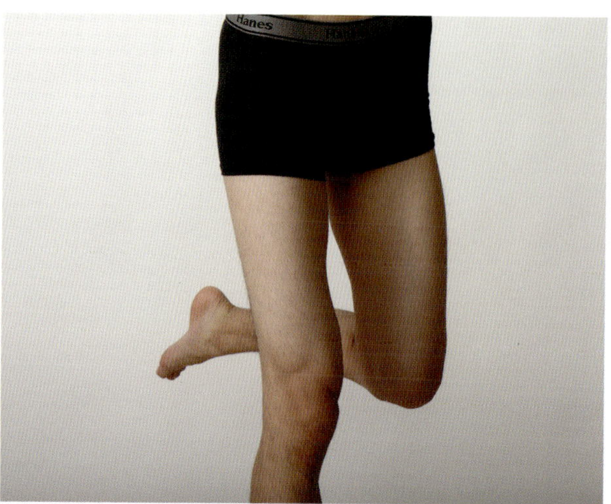
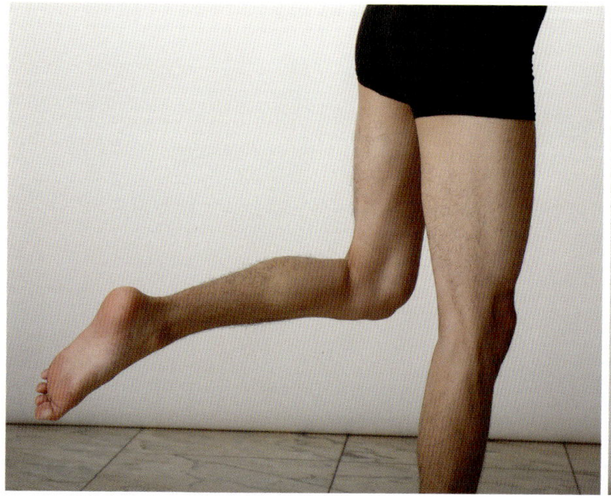
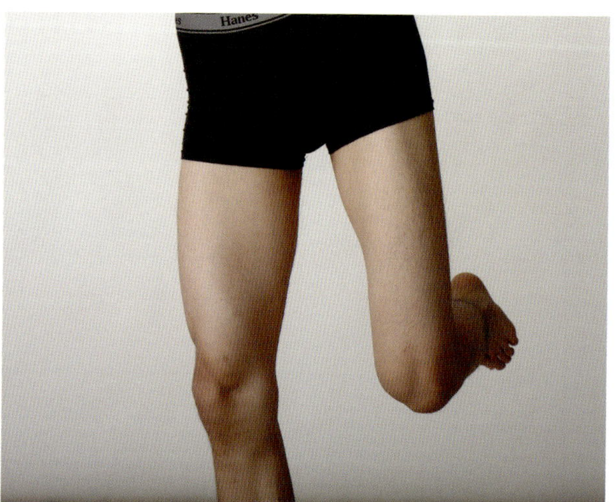
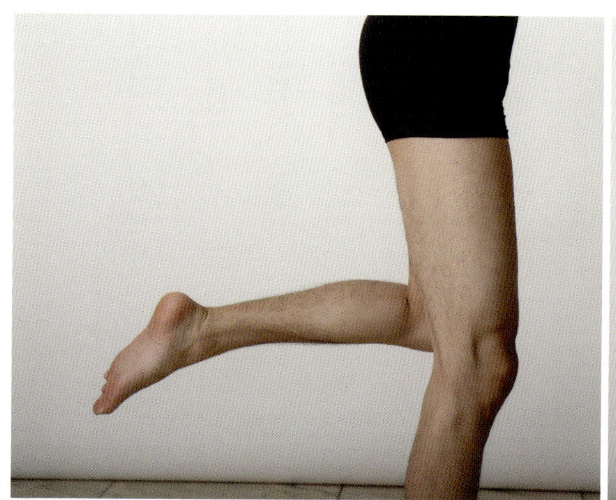
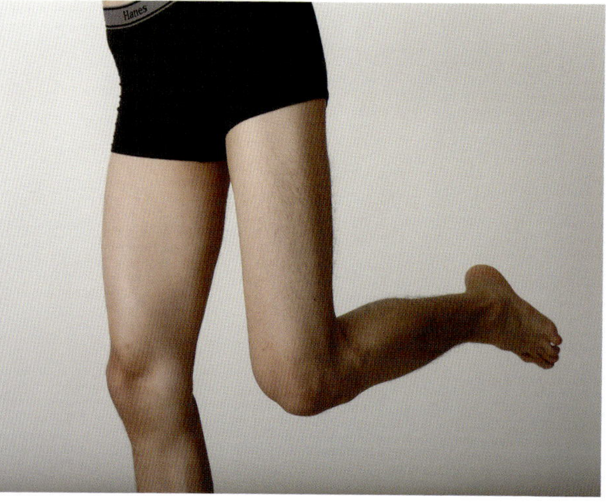

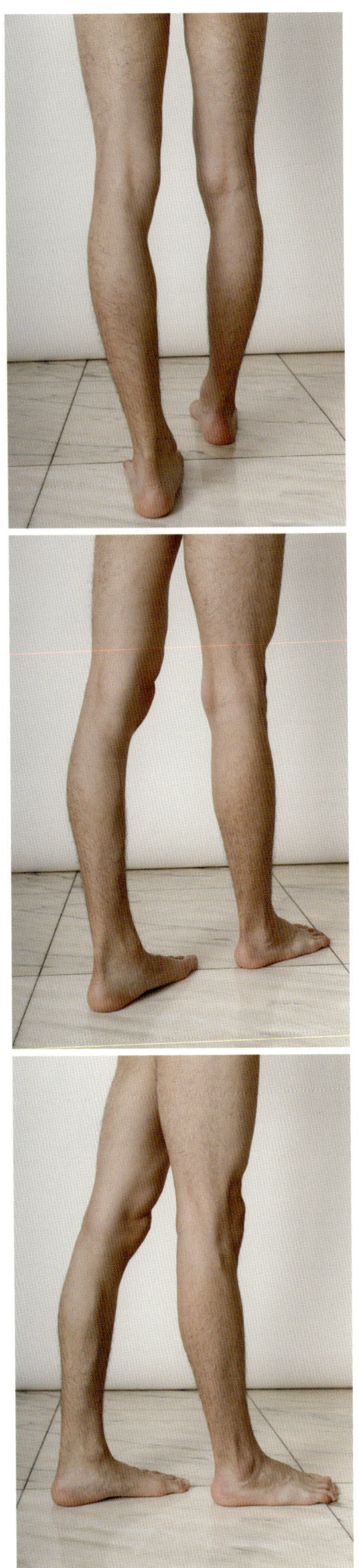
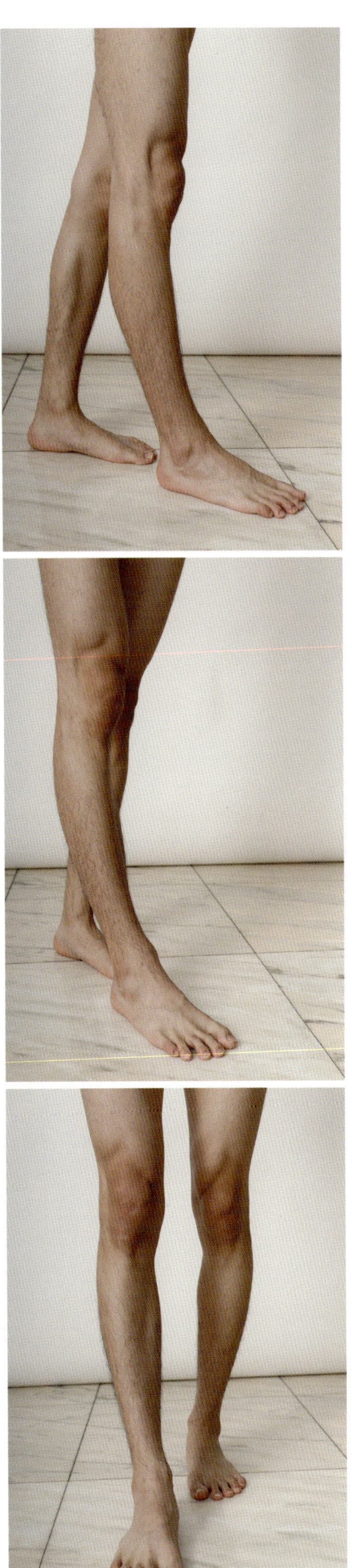

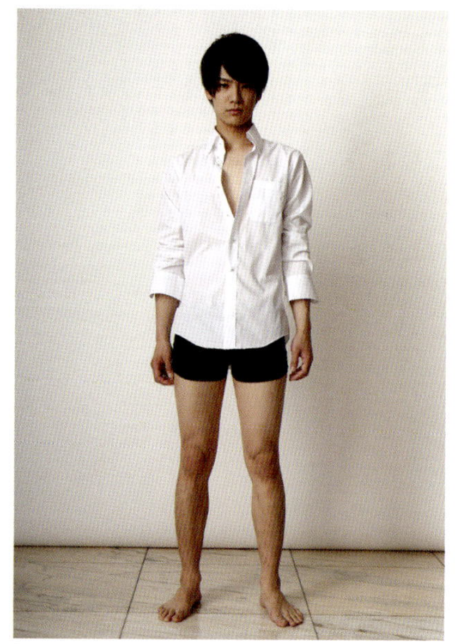
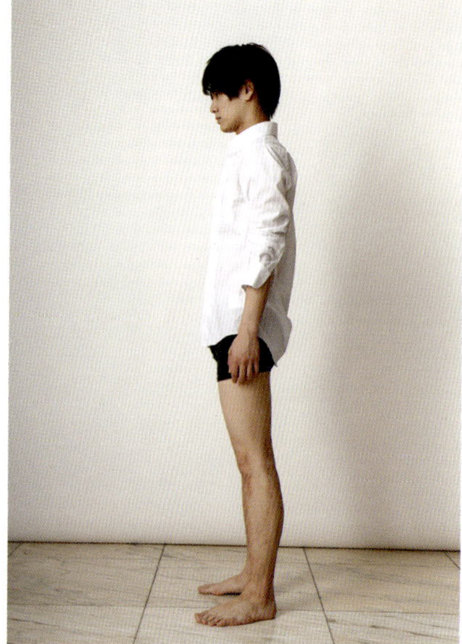
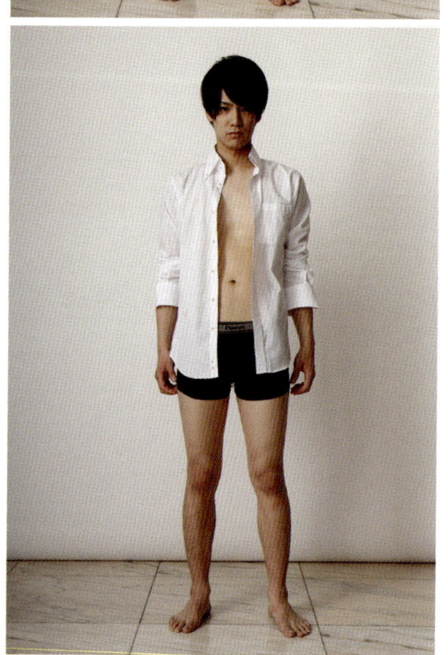
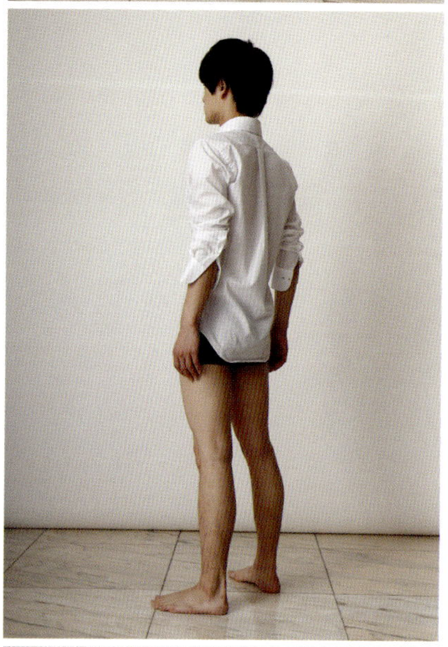
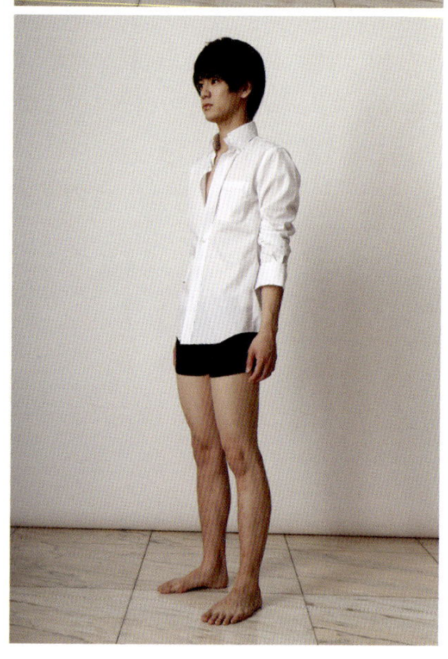
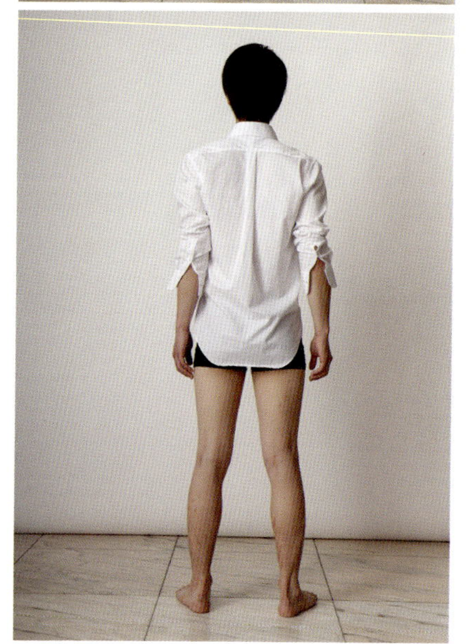

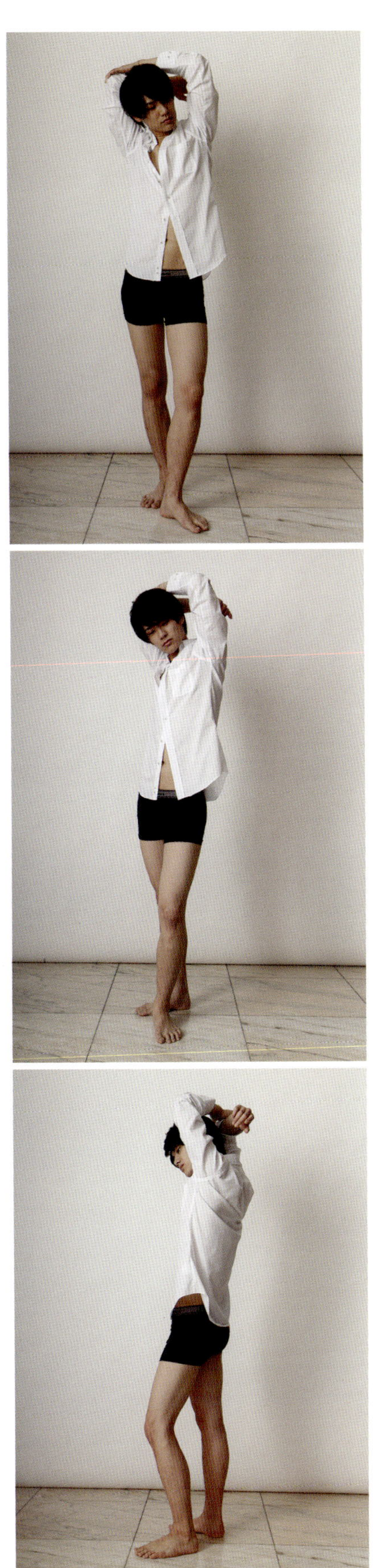

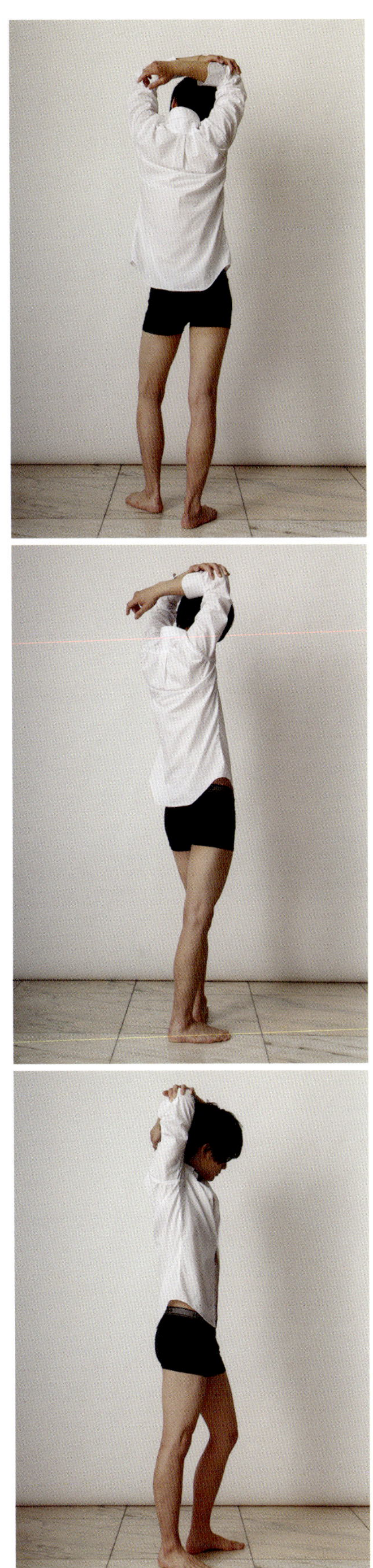

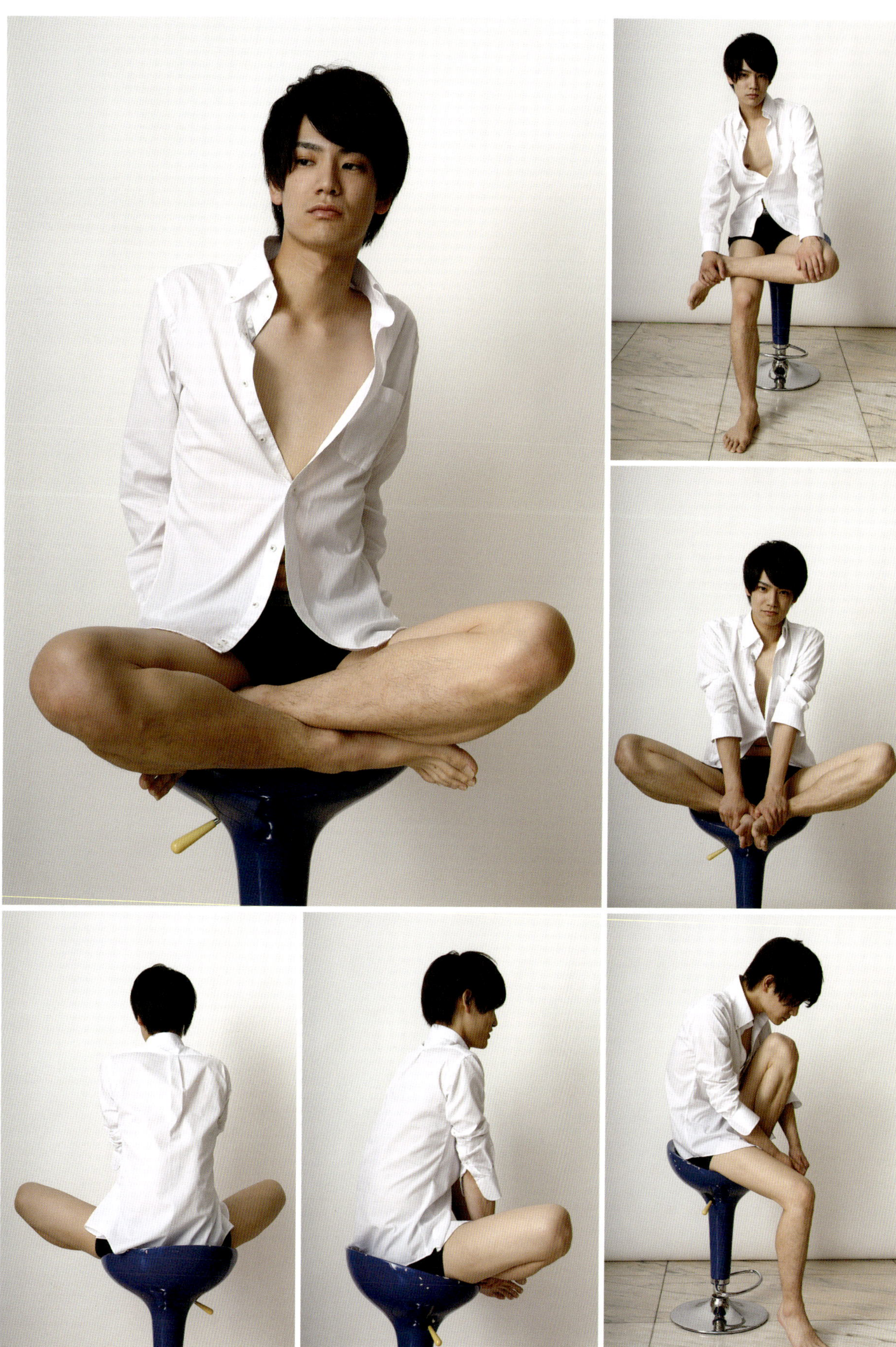

MODEL DATA

height : 188cm
height : 180cm
赤城海斗
Kaito Akagi
瀧沢犬太郎
Kentarou Takizawa

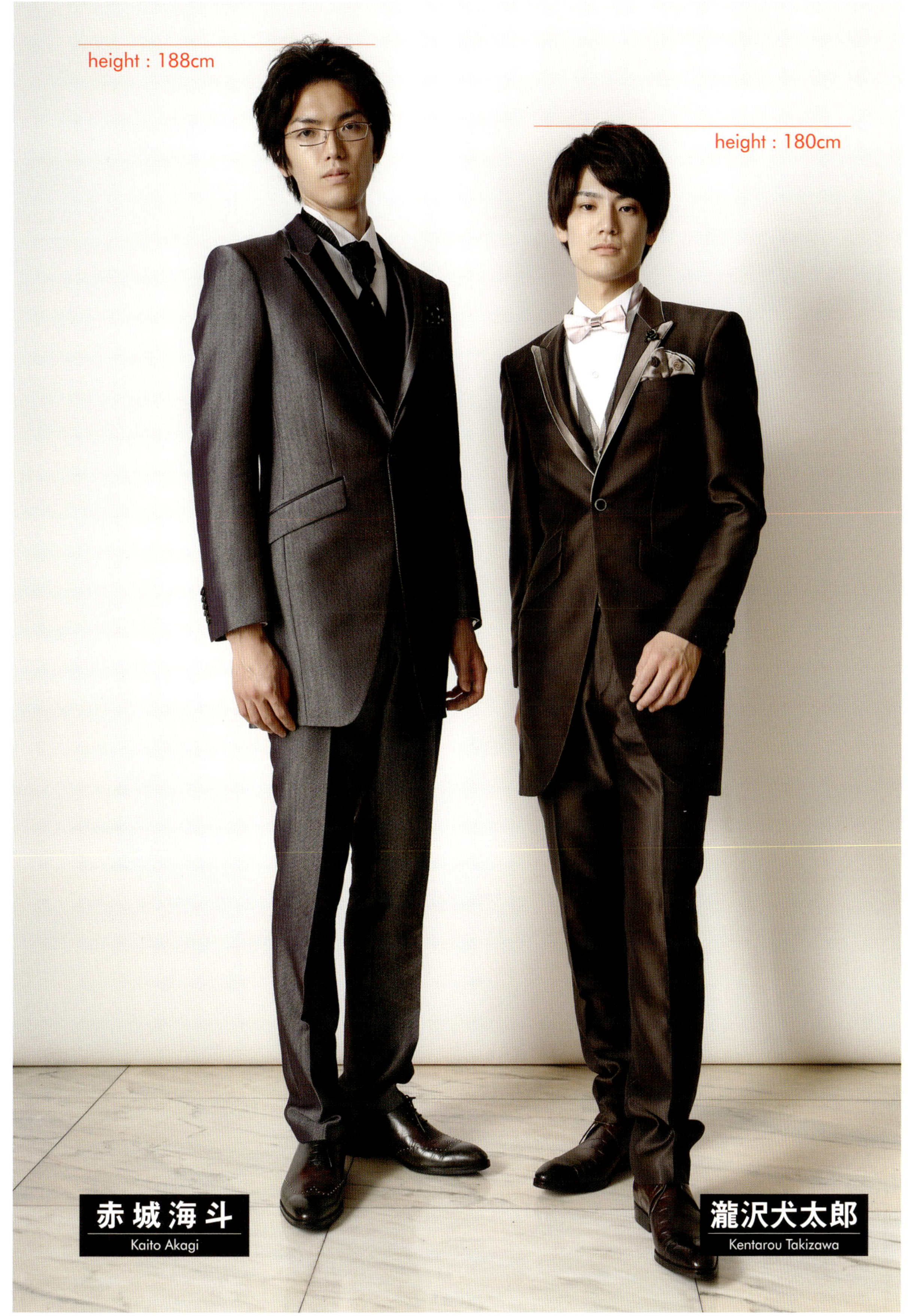

マンガ家と作る

BLポーズ集

[**⑥ セレブ篇**]

初版発行　2014年8月31日

[監修]　　　　　　北上れん
[撮影]　　　　　　遠山高広
[撮影ディレクション]　和田谷洋子（PPB）

[モデル]　　　　　赤城海斗
　　　　　　　　　瀧沢犬太郎

[キャスティング]　EIKI
[スタイリスト]　　松村美幸（GFA）
[ヘアメイク]　　　戸倉陽子

[協力]　　　　　　株式会社オーケープロダクション

with a WISH
VARIABLE MARRIAGE

[発行]　　　　　　株式会社　新書館
[編集部]　　　　　〒113-0024
　　　　　　　　　東京都文京区西片2-19-18
　　　　　　　　　TEL：03-3811-2631
[営業部]　　　　　〒174-0043
　　　　　　　　　東京都板橋区坂下1-22-14
　　　　　　　　　TEL：03-5970-3840
　　　　　　　　　FAX：03-5970-3847
[印刷・製本]　　　図書印刷株式会社

printed in Japan　　ISBN978-4-403-65068-0
[新書館HP]　http://www.shinshokan.com/comic